高等院校"十四五"系列教材·基础课系列
"互联网+"新形态一体化教材

大学公共体育俱乐部教程

主　编	杨　成	吴正峰		
副主编	刘圆芳	赵　慧	宋　博	
参　编	杨红芬	邓人月	彭宇丹	陈　皓	李欣悦
	刘月簇	曾维东	蒋易庭	徐　伟	刘晓晓
	宁　涵	虎蕊娜	陶　艳	卢仕玉	杨　泽
	刘慧慧	杨　帆			

华中科技大学出版社
http://www.hustp.com
中国·武汉

图书在版编目(CIP)数据

大学公共体育俱乐部教程/杨成,吴正峰主编. —武汉:华中科技大学出版社,2020.7(2023.9重印)
ISBN 978-7-5680-6295-4

Ⅰ.①大… Ⅱ.①杨… ②吴… Ⅲ.①体育组织-俱乐部-高等学校-教材 Ⅳ.①G807.4

中国版本图书馆 CIP 数据核字(2020)第 118756 号

大学公共体育俱乐部教程
Daxue Gonggong Tiyu Julebu Jiaocheng

杨　成　吴正峰　主编

策划编辑：江　畅
责任编辑：张　娜
封面设计：优　优
责任监印：朱　玢

出版发行：华中科技大学出版社(中国·武汉)　　　电话：(027)81321913
　　　　　武汉市东湖新技术开发区华工科技园　　　邮编：430223
录　　排：武汉创易图文工作室
印　　刷：武汉科源印刷设计有限公司
开　　本：787mm×1092mm　1/16
印　　张：17.5
字　　数：454 千字
版　　次：2023 年 9 月第 1 版第 8 次印刷
定　　价：49.50 元

本书若有印装质量问题,请向出版社营销中心调换
全国免费服务热线：400-6679-118　竭诚为您服务
版权所有　侵权必究

前 言

大学生通过大学体育教育,可以有效增强体质,增进健康,促进生理和心理的和谐发展。体育学习和锻炼能够培养学生坚强的意志、顽强拼搏的精神和超越自我的品质,有助于强化学生的竞争意识和协作精神,并最终成为全面发展的合格人才。

本书以强身育人为根本目标,以树立"健康第一"的思想为主旨,以学生的学习和锻炼兴趣为中心,用情境模块的编写思路统领全书,注重引导培养良好的体育锻炼习惯,掌握科学的体育锻炼方法,对提高学生的个人身体素质,进而增强全民族的体质,具有十分重要的意义。

为实现上述宗旨,在本书编写指导思想上着重强调了内容的实用性,尤其是以立体化、全方位教材建设理念,加强了教学素材库视频资料建设,配合大学体育俱乐部制改革,以新形态教材的方式,强调科学健身方法,将学习延伸至课外,注重教材的实用性。

本书重点突出以下特色:

1. 观念更新

引用新的研究资料和参考文献,打破以往体育教材重体魄、轻心理的惯例,双管齐下,两者并重,在教材中贯穿两条主线,使学生在强健体魄的同时,形成健康的心理素质。

2. 结构实用

在结构上突出技能教学,项目层级的设计使学生对学习什么、怎样学习、应该掌握什么以及还应该了解什么更加明确。

3. 内容直观

根据学习需求建立视频资料库,以视频代替图文,通过手机扫描二维码获取动作视频,增强了直观学习的效果,同时也让学生能够在课余时间进行自主学习,以适应大学体育俱乐部制改革的需求。

4. 精心选择

精心选择了在实际大学体育运动中基础广泛、易于开展、学生喜爱的体育项目加以详细介绍,同时拓展了一些休闲体育项目以丰富学生的学习内容。

编写本书的过程中,编者参阅了大量国内外同类教材和专家、学者的研究成果,在此谨向各位专家、学者致谢!

尽管我们在教材建设的创新方面做了很多尝试,仍可能存在疏漏之处,恳请各位读者予以关注,并将意见、建议及时反馈给我们,以便下次修订时完善。

编者

2020 年 7 月

目　　录

第一章　体能训练概述　/1
第二章　专项技术　/13
　　第一节　足球　/13
　　第二节　篮球　/18
　　第三节　排球　/27
　　第四节　网球　/34
　　第五节　台球　/40
　　第六节　定向运动　/45
　　第七节　攀岩运动　/67
　　第八节　器械健身　/73
　　第九节　功能训练　/81
　　第十节　瑜伽　/86
　　第十一节　街舞　/94
　　第十二节　啦啦操　/97
　　第十三节　民族舞　/104
　　第十四节　健美操　/107
　　第十五节　健身气功　/112
　　第十六节　跆拳道　/117
　　第十七节　武术　/128
第三章　运动战术与操舞编排　/134
　　第一节　足球　/134
　　第二节　篮球　/146
　　第三节　排球　/149
　　第四节　网球　/152
　　第五节　台球　/156
　　第六节　定向运动　/159
　　第七节　攀岩运动　/161
　　第八节　器械健身　/165
　　第九节　功能训练　/167
　　第十节　瑜伽　/171
　　第十一节　街舞　/172
　　第十二节　啦啦操　/177

第十三节　民族舞　/179
第十四节　健美操　/183
第十五节　健身气功　/188
第十六节　跆拳道　/203
第十七节　武术　/205
第十八节　排舞运动　/212

第四章　竞赛活动的组织与实施　/217
第一节　竞赛活动的实施与管理　/217
第二节　常用竞赛文件及相关表格　/220
第三节　常见的竞赛编排方法　/231
第四节　田径比赛的编排工作　/238

第五章　科学健身　/249
第一节　影响大学生体质健康的因素　/249
第二节　国家学生体质健康标准　/250
第三节　健身小常识　/263

附录　大学生个人体育成长档案　/266

第一章 体能训练概述

一、体能训练的概念

(一)体能的定义

体能主要是指身体适应生活、运动和环境等的综合能力。美国运动医学学院将体能定义为"机体在不过度疲劳状态下,能以最大活力愉快地从事休闲活动的能力,以及应付不可预测的紧急情况的能力和从事日常工作的能力"。体能较好的人在日常生活、工作和运动或从事体力劳动时均有较好的适应能力。

(二)体能的分类

体能可以分为健康体能和竞技体能两种。健康体能也被称为"健康体适能",主要指个人能力足以胜任日常生活工作以外,还有余力享受休闲娱乐,以及能够应付压力及突如其来的变化的身体适应能力,主要包含身体成分、心肺耐力、柔韧性、肌肉力量、肌肉耐力等要素。竞技体能是指运动员的基本运动能力,是竞技水平的重要体现,主要通过身体的形态、力量、速度、耐力、灵敏等表现出来。

(三)体能训练的内容

体能训练涉及身体形态、身体机能、运动素质,主要包括一般体能训练和专项体能训练。

1. 身体形态

身体形态指人体外部与内部的形态特征。外部形态特征主要指:高度(身高、坐高等)、长度(腿长、臂长、手长、足长等)、宽度(肩宽、髋宽等)、围度(胸围、腰围、臀围、臂围等)。内部形态特征主要指:心脏纵横径、肌肉的形状与横断面等。

1)影响身体形态的因素

经研究表明,环境和遗传等因素对身体形态的影响较大。例如,人类身体尺寸(主要指身高、体重、围度)通常随着环境气温的降低而增加。生活在低纬度环境中的人,通常体重较轻、四肢长;生活在高纬度环境中的人,具有胸廓、骨骼发达,躯干、四肢短等形态特征。不同地区的人表现出不同的形态结构,表明人体形态结构会较多地依附于环境。

从遗传因素来说,身高的遗传率男子约为79%,女子约为95%;体重的遗传率男子约为50%,女子约为42%。同时,其他身体形态指标也受遗传影响较大。

适当的运动和劳动都有利于生长激素的分泌,从而促进身体发育,对身体形态也有一定的影响。

2)身体形态的意义

身体形态与竞技水平有着密切的关系,遗传和环境等因素对身体形态起着重要作用,对运动素质也有较大影响。

不同的项目对身体形态有不同的要求。例如,篮球、排球等项目要求运动员身材高大;网球、羽毛球等项目要求运动员身高中等或中等偏上,举重、体操、田径等项目都对运动员身体形态有着不同的要求。

3) 身体形态训练

根据项目特点安排身体形态训练。由于不同项目所需竞技能力有所区别,而这些竞技能力对身体形态有一定的依赖性,因此,要根据不同项目的特点,安排相应的身体形态训练。

根据生长发育的形态特征安排身体形态训练。人体在不同年龄的生长发育特点是不同的,一般先增长高度、围度;心脏发育过程先增大容量,后增加心壁厚度。因此,不同时期的身体敏感度有所不同,身体形态训练也应该与之相适应。

2. 身体机能

身体机能是指机体各器官系统的功能。它是身体活动能力的基础,某一机能水平直接影响运动时所需的某一方面的能力。

1) 身体机能的内容

运动训练中经常涉及的身体机能指标主要有:心血管系统中的心率、血压、血红蛋白,呼吸系统中的肺活量、呼吸频率、最大摄氧量,肌肉结构中的肌纤维类型、数量、长度,感官功能中的视觉、听觉、平衡,高级神经活动类型,血睾酮等。

人体机能都有遗传特征,同时又有变异。如血型、血红蛋白、红白肌纤维比例等表现出遗传特征;最高心率、最大摄氧量、血乳酸系统等主要受遗传影响。心血管系统主要受遗传控制,其中最高心率的遗传系数高达 0.859;呼吸系统中最大摄氧量的遗传率为 93.6%。

2) 身体机能的意义

身体机能的许多指标都具有较强的遗传性,因此,选择运动员时,从遗传学的角度要选择身体机能突出的儿童,这对成年后取得较好的成绩奠定了基础。

身体机能的某些指标又有变异性,例如,肺活量的遗传性较小,经过后天的训练可大幅度改变。因此采用科学的训练,能大幅度改变具有变异性的身体机能。

3) 身体机能训练

良好的身体机能是取得高水平运动成绩的基础,需要采用系统、科学的方法进行训练。身体机能训练通过体能训练和专项训练来发展运动员的身体机能,同时,身体机能水平的提高,又能促进体能训练水平和专项成绩的提高。

3. 运动素质

运动素质是指机体在中枢神经系统控制下,在运动时所表现出来的各种基本运动能力,主要包括力量、速度、耐力、柔韧、灵敏等。运动素质是人体运动能力的基础,是竞技能力的重要决定因素。

构成体能的身体形态、身体机能、运动素质既相互独立又密切相关、彼此制约,每个因素都会影响整个体能水平。运动素质是体能的外在表现,运动训练中多以发展各种运动素质为体能训练的目标。

4. 一般体能训练

一般体能训练是指运用多种多样的对全面发展运动素质、身体机能有益的身体练习手段,为专项运动素质的全面发展和专项成绩的提高打好基础。

5. 专项体能训练

专项体能训练是采用直接发展专项运动素质的练习,以及在动作特点上进行与专项动作结构相似的或有紧密联系的专门练习。

一般体能训练是专项体能训练的基础,为专项运动素质的提高创造了必要的条件;专项体能训练则是提高专项运动成绩的特殊需要,直接为取得专项运动的优异成绩服务。

二、体能训练的价值

价值是指事物本身的属性、用途或积极作用。体能训练的价值主要体现在以下几个方面:

1. 促进身体健康

身体健康是人们从事生活、学习、工作、运动训练的必要条件,良好的健康状况是从事系统运动训练的根本保证。体能训练能够有效地提高练习者的机能,特别是心血管系统、呼吸系统,增强骨骼、肌肉、肌腱和韧带等运动器官功能,并使中枢神经系统机能得到明显改善;对于克服人体生物惰性、促进新陈代谢都具有重要作用。从而,提高机体对外界环境的适应能力以及抵抗疾病的能力,达到促进练习者身体健康的目的。

2. 充分发展运动素质

竞技体育运动中,运动员为了创造优异成绩刻苦训练,向人类身体运动能力的极限发起一次又一次的冲击。要充分挖掘人类运动能力的潜能,在赛场上创造优异成绩,就需要最大限度地发展力量、速度、耐力、柔韧、灵敏以及协调能力等运动素质,而体能训练正是实现这些目标的方法。通过体能训练,能够帮助运动员提高力量、速度、耐力、柔韧、灵敏以及协调能力,为运动员创造优异成绩打下坚实的基础。

3. 保证机体适应大负荷训练的需要

现代竞技运动竞赛频繁、竞争激烈,运动员要在重大比赛中取得胜利,需要通过大负荷的训练,长期对机体进行生物学改造,掌握专项技术和战术才能达到目的。从第一届奥运会至今,运动训练已经经过了自然发展阶段、新技术广泛运用阶段、大运动量阶段和科学训练阶段。科学训练阶段的一个重要特点就是将现代科学技术广泛运用于训练,科学、系统地监测训练过程,在此基础上保证大负荷训练。而大负荷训练要求运动员要有强健的体魄和良好的身体机能,通过体能训练能够为此打下基础,并使运动员在不断加大负荷的情况下,保证训练和比赛的需求。

4. 有利于掌握复杂、先进的运动技术

体能训练实际上是使练习者的各个器官系统的功能得到协调发展,让其具有从事专项竞技运动能力的过程。不同的运动项目对运动能力有不同的要求。例如,短跑运动员需要较强的爆发力、快速的反应和移动速度,具有专项柔韧性和应对快速运动的协调能力。体操、拳击、球类等运动都需要不同运动素质的配合。运动员只有在充分发展各项运动素质的基础上,才能更好地掌握复杂、先进的运动技术。

5. 创造优异的成绩,延长运动寿命

竞技能力是取得优异成绩的主导因素,主要由身体形态、身体机能、运动素质、专项技术、战术、心态等因素决定。这几个因素可以概括为体能、技能、心理能力,而体能是由身体形态、身体机能和运动素质表现出来的。实践证明,优异的运动成绩建立在身体形态的改变、机能水平的高度发展、运动素质的不断增强的基础上。体能训练对身体形态的改变越深刻、身体机能水平就越高,衰退速度则越慢,能保持的时间则会更长,这样运动员运动水平的衰退速度也会变慢,运动员就能保持更长时间的高水平的竞技能力。

三、体能训练的原则

体能训练的原则是人们对体能训练客观规律的认识与反映,是体能训练实践的普遍规律和基本经验的概括与总结,是进行体能训练必须遵循的准则。

1. 系统性原则

系统性原则是指运动员在接受训练到创造最佳成绩再到运动寿命截止的过程中,都应该按照体能发展的内在规律,做出相应的合理规划,持续不断地进行训练。系统性原则不仅要求对整个训练过程进行系统规划,而且对训练中的不同阶段,在内容、手段、负荷等方面都要做系统的安排,尤其是青少年时期以及达到高水平成绩之后的训练,更应该考虑周全。在不同的年龄段,人体会有不同的"敏感期",因此应该在相应的阶段抓住有利时机,进行相应的体能训练,促使体能最大化的发展,充分挖掘潜力,为创造优异成绩打下基础。当达到高水平运动成绩后,运动员的身体形态、身体机能、运动素质都处于相对稳定的状态,想进一步发展,就需要更加周密的考虑。

2. 全面性原则

全面性原则是指在发展专项运动技能的前提下,应全面安排和充分发展运动员的各项运动素质,特别是儿童和青少年时期,更应全面发展各项运动素质,以促进专项成绩的提高。全面性原则主要有以下三点依据:

第一,广泛、全面的发展运动素质和提高身体机能,是达到高水平专项运动水平的基本前提和基础。

第二,人体各器官系统之间存在依赖性,训练后人体产生的各种变化也是相互依存的。发展运动素质要求人体若干系统同时介入,因此,在训练初期,必须采用正确的全面发展运动素质的方法,使技术和战术所需的形态和机能,都得到全面提高。

第三,要达到高水平的运动成绩,必须要在早期进行全面的运动素质提高。因为各项运动素质的发展是相互影响、相互制约的,运动素质和运动技能的转移需要一定的基础条件,专项运动素质和技能也需要建立在一般运动素质的基础上。全面发展运动素质并不意味着运动员的全部训练时间都用于全面训练,随着运动员运动水平的不断提高,其训练也应朝着更专项化的方向发展。

3. 结合专项原则

结合专项原则是指在全面发展的基础上,体能训练必须根据各运动项目的技术、战术和专项特点充分发展专项所需的运动素质,以促进运动员创造优异成绩。主要依据有以下两点:

(1)体能训练的作用集中体现在创造更好的专项成绩的最终目标,因此体能训练不能偏离专项原则。

(2)技术、战术训练是专项训练的重要组成部分,体能训练为技术和战术训练提供了基础。因此,一般体能训练应与专项训练相结合。

在开展运动训练时,必须科学地确定一般体能训练和专项训练的比例。体能训练的内容和手段必须突出重点,并紧密结合专项需要,要确定与专项运动有关的最重要的运动素质和机能,做到有针对性地进行训练。

4. 从实际出发原则

从实际出发原则是指体能训练的安排要因人、因项目等不同。要从训练对象、训练条件等实际情况出发进行安排。从实际出发原则要求体能训练要有针对性,既围绕提高专项成绩的最终目标,又要根据运动员的情况,合理确定和安排体能训练的内容及负荷。

四、体能训练的方法

(一)力量训练

人类的一切活动都离不开力量,力量也是体育运动中的首要素质。在大部分运动项目中,力量是取得优异成绩的基础。在体育活动中,人体必须表现出一定的力量,有时甚至需要竭尽全力。例如,世界优秀足球运动员在射门时踢球的最大力量可达700 kg,优秀跳高运动员起跳时腿要承受300 kg~450 kg的压力。力量对其他运动素质的发展也起着重要的作用,是提高运动成绩的重要基础。科学的力量训练不仅能提高力量水平,使练习者肌肉发达、神经系统更灵敏,动员更多肌纤维参与运动,提高动员和利用能量的能力,同时对防止运动损伤也有积极的作用。

1. 力量的概念

力量是人体运动技能的一种表现形式,是人体或人体某部分肌肉收缩和舒张时克服阻力的能力。肌肉在工作时需要克服的阻力分为内部阻力和外部阻力。内部阻力指肌肉的黏滞性、各肌肉间的对抗力;外部阻力指物体重量、摩擦力等。

力量主要来源于肌肉的收缩。正常成年男子肌肉重量与体重的百分比为43.5%,女子为35%;男性运动员的肌肉则更为发达,可占体重的45%,而力量性项目的优秀运动员的肌肉则可达到体重的46%。

2. 力量的分类

在体育运动中,根据不同项目对力量素质的要求以及力量的表现形式,可以将力量分为多种类型。例如,将力量按肌肉收缩形式划分为静力性力量和动力性力量;按体重与力量的关系划分为绝对力量和相对力量;按力量的表现形式划分为最大力量、速度力量和力量耐力。

1)静力性力量和动力性力量

静力性力量是指肌肉收缩时产生的,可以完成某些静止不动的用力动作或整个动作中肢体不产生明显位移的力量。例如:平板支撑时用到的就是静力性力量。

动力性力量是指肌肉收缩或拉长时,使身体或者身体某一部分产生位移或推动别的物体产生运动的力量。动力性力量实际上又包含了绝对力量、相对力量、最大力量、速度力量以及力量耐力。

2)绝对力量和相对力量

绝对力量指不考虑体重因素,人体或人体某部分用最大力量所能克服最大阻力的能力。绝对力量的发展对某些项目起着决定性作用,例如,投掷类项目、举重等。

相对力量指每千克体重所表现出来的力量,主要反映人体的绝对力量与体重之间的关系。相对力量的大小等于最大力量与体重的比值。相对力量对于需要克服自身体重阻力的项目具有重要意义,例如,体操、跳跃、短跑等。

3)最大力量、速度力量和力量耐力

最大力量指人体以最大意志发挥尽可能大的肌肉力量,即克服最大阻力的能力。最大力量主要取决于肌肉横断面的大小和肌纤维的数量以及神经募集能力。

速度力量指人体在特定的负荷条件下所表现出来的最大动作速度。速度力量最典型的表现形式是爆发力,它是指在尽可能短的时间内,以最快速度克服阻力的能力。爆发力是由力量和速度有机结合的一种力量素质,其计算公式为:力量×速度。

力量耐力是指长时间、反复地完成工作时肌肉持续收缩的能力。力量耐力的发展不仅依赖于肌肉力量的发展,而且依赖于血液循环系统和呼吸系统。

3. 力量训练的方法

1)最大力量的训练

发展最大力量的训练方法有很多,如重复法、强度法、静力练习法、极限强度法、退让练习法和电刺激法等,下面对重复法、强度法以及静力练习法进行介绍。

(1)重复法:持续不断地重复用力,以负荷区间为75%～90%的强度进行练习,每组重复3～6次,组间休息3分钟。这种训练方法不仅能促进人体的新陈代谢,而且能引起工作肌群的增长,从而提高肌肉力量。

(2)强度法:以大的、亚极限和极限重量(85%～100%的强度)进行练习,每组重复1～3次,6～10组,组间休息3分钟。强度法训练保证了神经肌肉工作的高度集中与绝对力量的发展,能让练习者在肌肉体积没有明显增加的情况下,提高相对力量。这种训练需要较大的体力并做好心理准备,对中枢神经也有较高要求,长期训练会造成心理疲劳,因此,不能只采用这种方法。

(3)静力练习法:肌肉在紧张用力时其长度不变的力量练习。静力练习法一般采用较小的负荷量以递增重量的方法进行练习,既可以发展最大肌力,又可用于训练薄弱肌肉群的力量,以及技术训练。

2)速度力量的训练

速度力量是速度与力量的综合表现,所以力量和速度决定了最大动作速度的发展。爆发力是速度力量中非常具有代表性的力量形式,发展爆发力在较多运动项目中都具有重大意义。发展爆发力的训练方法有以下几种:

(1)快速用力法,速度的增长就是力量增长的标志。快速用力法包括小强度快速用力和中等强度快速用力:小强度快速用力是采用30%～60%的强度,进行3～6组、每组5～10次的练习,有利于培养练习者的速度意识和快速运动反射的传播;中等强度快速用力是采用最大强度的70%～85%进行4～6组、每组3～6次的练习,对于提高肌肉力量的爆发性极为有效,例如高翻、抓举等练习。

(2)超等长练习法是结合肌肉的退让练习和克制练习的训练方法。该方法的主要生理机制是当肌肉被快速拉长超过自身的正常长度时,肌肉和肌腱出现牵张反射,弹性势能增加,从而提高了收缩的力量。

3)力量耐力的训练

力量耐力是力量素质和耐力素质的综合,它是在静力性或动力性工作中长时间保持肌肉紧张而不降低工作效果的能力。根据肌肉的工作方式可以分为静力性耐力和动力性耐力。

发展局部的力量耐力可采用轻负荷进行3～6组、重复15～25次、组间休息1～2分钟的训练。

(二)速度训练

1. 速度的概念

速度是指人体或人体的某个部位进行快速移动的能力。它包括三个方面:对各种刺激快速反应的能力、快速完成动作的能力和快速通过某一距离的能力。速度是运动员的基本素质之一,在体能训练中占有重要地位。

2. 速度的分类

速度素质主要分为反应速度、动作速度以及移动速度。

1)反应速度

反应速度是指人体对各种信号刺激的快速应答能力。如,短跑运动员从听到枪声到起跑的时间,各种球类运动中运动员在瞬间变化情况下做出反应的快慢等。运动员反应速度的快慢取决于信号通过反射弧所需的时间,即反应时间的长短,反应时间越长,反应速度越慢。

2)动作速度

动作速度是指人体或人体的某一部分快速完成单个动作或成套动作的能力。动作速度还可以通过单位时间内所完成动作的数量予以衡量,数量多则动作速度快,数量少则动作速度慢。动作速度与准备状态、动作熟练程度、协调性、速度力量以及速度耐力有关。

3)移动速度

移动速度是指在周期运动中,单位时间内人体快速位移的能力。在技术动作中移动速度又分为平均速度、最高速度和加速。移动速度与步长、步频及两者的比例,肌肉放松能力、运动技能巩固程度有关。

3. 速度训练的方法

1)反应速度的训练

反应速度受遗传因素影响较大,是一个经后天训练较难改变的指标。运动训练并不能改变人的反应速度,训练的作用只是把受遗传因素影响所决定的最高反应速度表现出来,并稳定下来。训练方法主要有简单反应速度训练和复杂反应速度训练。

(1)简单反应速度训练:用早已熟悉的动作去完成事先已知的,但又是突然出现的信号,如在短跑中鸣枪时运动员的反应。

(2)复杂反应速度训练:也称为选择反应速度,指人对瞬间的变化做出相应动作的反应速度。在球类运动中,由于对抗激烈,经常会出现变换动作的情况,所以这类项目对复杂反应速度有极高的要求。复杂反应在运动中大部分属于选择反应。选择反应有两种形式的反应:一是对移动目标的反应,是对运动客体的变化做出反应;二是选择动作的反应,是根据对手动作变化做出相应的动作反应。提高复杂反应速度可采用以下方法:

移动目标练习:对移动目标产生应答并做出选择反应。一般要经历四个阶段:看或者听到目标移动所产生的信号、判断目标移动的方位及速度、选择自己的行动方案、实施行动方案。其中,第一阶段所需时间最长,而其他三个阶段的时间都要短得多,所以,需要针对第一阶段进行强化练习。例如,篮球训练中,以不同的位置、方向或以不同速度传球都可以提高运动员对移动物体的反应能力。

选择性练习:随着各种信号复杂程度的变化让运动员做出相反或规定的应答动作。例如,教练喊立正,但要求运动员蹲下,喊向右转,运动员应向左转;或者教练喊数字,运动员要做出规定的动作。

2) 动作速度的训练

动作速度不仅与动作技术紧密联系,同时还与力量、耐力、协调性等其他运动素质水平有关,所以动作速度的发展应与其他运动素质的训练和技术训练密切联系。由于速度素质不易转移,因此在动作速度的训练中,专项要求不同,动作速度的训练内容也不一样。动作速度的训练方法主要有以下几种:

(1) 加速动作法:大多数速度练习都包含有从静止到最大速度的加速阶段,例如,田径项目中跳跃类项目的助跑等。把加速阶段引入动作练习,是提高动作速度的重要途径。

(2) 减小阻力法:减小外界自然条件阻力或人体自身体重阻力的练习方法。例如,下坡跑、牵引跑、顺风跑、顺风骑等练习都能提高运动员高速运动时的感受能力。

(3) 利用后效作用法:利用动作加速或器械重量变化而获得的后效作用来提高动作速度。例如,跳高训练中,先进行负重跳可获得重量减轻后的后效作用;在推铅球之前可先用加重铅球练习,可以获得重量减轻后的后效作用。

(4) 负重练习法:大多数项目所需的动作速度都与力量素质有着重要的联系,因此,发展动作速度应该与力量训练相结合。

(5) 完善技术法:动作速度的提高,在很大程度上取决于完善的运动技术。这是因为动作幅度大小、工作距离长短、工作时间多少、动作的方向和角度以及用力部位等,都与动作速度大小有着密切关系。

(6) 加大练习难度法:通过缩小练习完成的空间、时间和限制场地活动条件等方式进行。因为运动中动作速度表现的平均水平和快速动作的完成,主要受专项活动持续时间和活动场地等影响,因此在速度训练环节中,可以限制练习的时间和空间,使运动员以最大速度完成。

(三) 耐力训练

1. 耐力的概念

耐力是指人体在较长时间内,保持特定强度负荷或动作质量的能力,是人体最基本的运动素质之一。耐力素质对人的生活能力和运动能力都有着重要的影响。人的耐力提高,会伴随着心血管系统功能的改善,以及有氧代谢能力的提高。同时,人体骨骼肌和关节韧带等运动装置能够承受更长时间的负荷,以及心理上能克服长时间工作所产生的疲劳。

2. 耐力的分类

按氧代谢的特征可以将耐力分为有氧耐力和无氧耐力。

1)有氧耐力

有氧耐力是指机体在氧气供应比较充足的情况下,坚持长时间工作的能力。有氧训练的目的是提高运动员机体输送氧气的能力,促进新陈代谢,为以后提高运动负荷提供前提条件。

2)无氧耐力

无氧耐力是指机体在氧气供应不足的情况下,能坚持较长时间工作的能力。无氧耐力工作是在机体长时间处于供氧不足的状态下进行的,通常需要高功率输出或者重复性的高速动作。

部分田径项目中高水平运动员有氧系统和无氧系统的供能比例如表1-1所示。

表 1-1　部分田径项目中高水平运动员有氧系统和无氧系统的供能比例

田径项目/米	100	200	400	800	1000	1500	3000	5000
无氧/(%)	95	90	80	65	60	50	20	10
有氧/(%)	5	10	20	35	40	50	80	90

3. 耐力训练的方法

1)有氧耐力的训练

有氧耐力是人体长时间从事中小强度运动的能力,主要依靠体内的糖、脂肪、蛋白质与氧气充分结合后释放能量来维持运动。有氧耐力的发展水平取决于三方面的因素:运动中必需的能源物质的储存,为肌肉工作提供ATP(腺嘌呤核苷三磷酸)所需的有氧代谢能力,肌肉、关节、韧带等支撑运动器官长时间工作的承受能力。目前,广泛采用的有氧耐力训练法有持续负荷法、间断负荷法和高原训练法。

(1)持续负荷法:发展有氧耐力的主要方法,负荷量大,没有间歇。大多数需要有氧耐力的项目,如马拉松、游泳等,都可采用这种方法。持续负荷法根据速度是否变化又分为匀速训练和变速训练(法特莱克训练法)两种。采用持续负荷法训练应不少于30分钟,对于有基础的运动员训练可以达到120分钟。

(2)间断负荷法:又分为间歇训练和重复训练。间歇训练是采用各种强度的重复刺激,并在练习之间按预定计划安排间歇时间,不完全休息的训练方法,这种方法对发展耐力水平非常有效。重复训练在发展有氧耐力的同时,还能发展专项耐力和比赛耐力,练习距离可长于或短于比赛距离,负荷强度比间歇训练大,每次练习完应完全恢复,再重复进行;较长时间的重复训练对有氧耐力要求很高。

(3)高原训练法:在低氧条件下的训练,由于机体在低氧条件下的应激作用,能促进红细胞和血色素提高,血乳酸可达到平原训练时不能达到的水平,从而提高机体无氧糖酵解和抵抗酸性物质的能力。许多专家认为,海拔1800米至2500米是高原训练的有效高度,2300米为理想高度。

2)无氧耐力的训练

无氧耐力水平主要取决于无氧代谢能力、能源物质、肌肉、关节、韧带等支撑运动器官长时间、高强度工作的承受能力。无氧耐力训练主要有以下两种：

(1)乳酸无氧耐力训练：发展乳酸无氧耐力主要采用间歇训练法和重复训练法，训练强度比有氧耐力的训练强度大得多，一般为最大强度的80%～90%，练习中必须使机体处于无氧糖酵解状态，并产生乳酸。负荷持续时间应长于35秒，一般可控制在1～2分钟，以跑步为例，跑距控制在300～600米。

(2)非乳酸无氧耐力训练：间歇训练是发展非乳酸无氧耐力的主要训练方法。采用最大强度的90%～95%进行训练，持续时间一般为2～10秒，运动和休息的时间比为1：50至1：100。如果休息时间短，会导致磷酸原恢复不完全，使糖酵解成为主要供能系统。

(四)柔韧训练

柔韧素质是一种重要的运动素质。武术、散打、跆拳道、体操、跳水等项目对练习者的柔韧都有很高的要求。发展柔韧素质不仅可以提高动作幅度，使动作优美、协调，而且能加大动作力量，减少受伤的可能性。

1. 柔韧的概念

柔韧素质是指人体各个关节的活动幅度以及肌肉、肌腱和韧带等软组织的伸展能力。柔韧素质包含两个方面的含义，一是关节活动幅度的大小，二是跨过关节的肌肉、肌腱和韧带等软组织的伸展性。关节的活动幅度主要取决于关节本身的结构，跨过关节的肌肉、肌腱和韧带等软组织的伸展性则主要通过合理的训练获得。

2. 柔韧的分类

柔韧素质可以分为一般柔韧、专项柔韧、主动柔韧和被动柔韧。

1)一般柔韧

一般柔韧是指在进行训练时，人体为适应这类身体练习，保证一般训练顺序进行所需要的柔韧素质。例如，在速度练习时，运动员为了加大步幅所需要的腿部柔韧。

2)专项柔韧

专项柔韧是指专项运动技术所特殊需要的柔韧性。它建立在一般柔韧的基础上，并由各专项动作的生物力学结构所决定。当运动员的柔韧性发展到一定水平时，各关节的运动幅度会超过有效完成动作所要求的程度，这种超出就是柔韧性"储备"。

3)主动柔韧

主动柔韧是指人体依靠相应关节周围肌群的积极工作，完成大幅度动作的能力。发展主动柔韧不仅涉及柔韧性的培养，还涉及力量素质的发展。

4)被动柔韧

被动柔韧是指被动用力时，关节所能达到的最大活动幅度。被动柔韧一般会高于主动柔韧，被动柔韧是发展主动柔韧的基础。

3. 柔韧训练的方法

柔韧练习的方法主要有两种：主动拉伸和被动拉伸。

1)主动拉伸

主动拉伸是指人体依靠自身的力量,主动收缩与某关节有关联的肌肉,以提高关节灵活性的方法,又可以分为主动动力拉伸和主动静力拉伸。

(1)主动动力拉伸:人体依靠自己的力量,将肌肉、肌腱、韧带等软组织拉长,提高其伸展性的方法。根据完成动作的特点可将其分为单一的和多次的拉伸、摆动的和固定的拉伸、负重和不负重的拉伸。

(2)主动静力拉伸:在做最大幅度动作的情况下,人体依靠自身肌肉力量保持静止姿势的练习。

2)被动拉伸

被动拉伸是指依靠外力的作用,促使关节灵活性增强的方法,又可以分为被动动力拉伸和被动静力拉伸。

(1)被动动力拉伸:依靠同伴的助力来拉长肌肉、韧带的练习。

(2)被动静力拉伸:用外力保持固定姿势的练习。

总之,柔韧训练时,要注意逐步增大动作幅度,使动作到位、肌肉尽量被拉长。

(五)灵敏训练

在许多项目中,都要求运动员在时空急剧变化的条件下迅速表现出对动作的准确判断和灵活应变能力、快速敏捷的反应速度和高度的自我操控能力,以及迅速改变身体或身体某部位运动方向的能力。灵敏素质在这些项目中极为重要。

1. 灵敏的概念

灵敏素质是指当情况突然变化时,人体能快速、协调、准确地完成动作的能力。它是运动员的运动技能和各种运动素质在运动过程中的综合表现。灵敏素质建立在力量、速度、耐力、柔韧、协调、节奏感等多种素质和技能之上。

2. 灵敏的分类

根据与专项运动的关系,灵敏素质可分为一般灵敏素质和专项灵敏素质;根据与运动形式的关系,灵敏素质可分为开放性灵敏素质和闭合性灵敏素质。

1)一般灵敏素质

一般灵敏素质指人体在各种运动中,面对各种突然变化的情况,迅速、合理、准确地完成各种动作的能力。

2)专项灵敏素质

专项灵敏素质指人体在专项运动中,迅速、准确、协调地完成各种专项运动动作的能力。它是在一般灵敏素质的基础上,多年重复专项技能和技术环节训练的结果。

3)开放性灵敏素质

开放性灵敏素质是指人体在随机运动模式中,迅速、准确、协调地完成动作的能力。

4)闭合性灵敏素质

闭合性灵敏素质指人体在固定移动方向和线路的运动中,面对突然变化的情况,迅速、合理、准确地完成各种动作的能力。

灵敏素质的发展水平主要从是否具有快速反应、判断、躲闪、转身、翻转、维持平衡和随机应变的能力等方面进行衡量。

3. 灵敏训练的方法

灵敏素质是人体综合能力的反映,受遗传因素影响很大。发展灵敏素质的方法主要有徒手练习法、器械练习法等。

1)徒手练习法

徒手练习法分为单人练习和双人练习。

(1)单人练习主要有弓步转体和障碍跑：

弓步转体：两脚成弓步状,两臂弯曲置于体侧,身体迅速向另一侧旋转,换成另一侧弓步姿势,有节奏地进行。要求转体动作幅度大而快,10秒每组,共3组。

障碍跑：在跑步路线上设置多种障碍,练习者迅速、灵敏地绕过障碍。

(2)双人练习主要有障碍追逐跑和躲闪摸肩：

障碍追逐跑：利用障碍物做一对一的追逐游戏,追上对方并拍到其身体任何部位后立即交换追逐。练习时,充分利用障碍物做一些躲闪、转身动作。每组20秒,5～6组。

躲闪摸肩：2人站在直径2.5米的圈内,做一对一巧摸对方左肩练习,计算摸肩的次数。

2)器械练习法

器械练习法可分为单人练习和双人练习。

(1)单人练习：包括各种形式的传球、运球、颠球、接球等专项球类练习,以及技巧、体操练习。

(2)双人练习：包括各种形式的传球、运球、颠球、接球、抢球等练习。

第二章 专项技术

第一节 足球

一、接控球

接控球技术属于进攻技术四大类之一,是比赛中综合运用的一项技术,是选择攻防时机和为本方获得主动权的重要方式。

（一）技术

1. 脚内侧接球

1）脚内侧接地滚球

支撑脚脚尖正对来球,膝关节微屈,同侧肩正对来球。接球腿提膝大腿外展,脚尖微翘,脚底基本与地面平行,脚内侧正对来球并前迎,当脚内侧与球接触的一刹那迅速后撤,把球接在脚下。

脚内侧接控球技术

若需将球接在侧面,支撑脚脚尖应向同侧斜指,脚内侧与来球方向成一定角度触球,同时支撑脚提踵,以前脚掌为轴做适当转动,身体移动。当来球力量不大时,只需将脚提到一定的高度,并使脚内侧与地面形成锐角轻触球;也可在触球时用下切动作使球前进之力部分转变为旋转力,而将球接在脚下。

在足球比赛中,运动员一定要根据来球的具体情况决定自己应该用身体的什么部位合理的接球,这样才能为接球后的技术动作做好铺垫。

2）脚内侧接反弹球

根据来球的落点,及时移动到位,支撑脚与球落点的相对位置在球的侧前方,支撑腿膝关节微屈,身体向接球后球运行的方向偏移。接球腿提起小腿且放松,脚尖微翘,脚内侧对着接球后球运行的方向并与地面成一锐角,当球落地反弹刚离地面时,大腿向接球后球运行的方向摆动,用脚内侧部位轻推球的中上部。用这种方法接球时,也可在触球时使球产生旋转以达到接好球的目的,但应注意球的旋转并及时加以调整。

2. 脚外侧接球

1）脚背外侧接地滚球

将接球点放在接球腿一侧,支撑腿膝关节微屈。接球腿提起屈膝,脚内翻使小腿和脚背外侧与地面成一锐角,并对着接球后球运行的方向,脚离地面的高度应约等于球的半径,然后大腿向接球后球运行的方向推送,同时身体随球移动。

脚外侧接控球技术

13

2）脚背外侧接反弹球

根据来球的落点，及时移动到位，支撑脚站在来球落点的侧后方，除触球部位不同，其他环节均与脚背外侧接地滚球相同。

3. 脚背正面接球

根据球的落点，及时移动到位，脚背正面上迎下落的球，当球与脚面接触的一瞬间，接球脚与球下落的速度同步下撤，此时大腿、膝关节、踝关节、脚趾均保持适度的紧张，脚尖微翘将球接到需要的地方。脚背正面接高空落下的球时，也可以将脚微微抬起，并适度背屈，在球接触脚背的瞬间踝关节放松将球接到身体附近。

脚背正面接控球技术

4. 脚底接球

1）脚底接地滚球

身体正对来球方向，移动前迎，支撑脚站在球的侧面（前或后均可），脚尖正对来球方向，膝关节微屈，同时接球腿提起，膝关节微屈，脚略背屈，使脚底与地面约小于45°角（且脚跟离开地面），一般以前脚掌接触球的上部为宜。在触球瞬间接球脚可轻微跖屈（前脚掌下点）将球停住，也可根据需要在接球同时将球推向前方或拉向身后。

脚底接控球技术

2）脚底接反弹球

根据来球落点，及时前移迎球，支撑脚站在落点侧后方，脚尖正对来球方向，球落地瞬间，用前脚掌去触球的中上部，微伸膝，用脚掌将球接在体前。若需接在身后则应在触球瞬间继续屈膝，将球回拉，并伴随支撑脚以前脚掌为轴旋转90°以上。

5. 大腿接球

1）大腿接抛物线较大的下落球

面对来球方向，根据球的落点迅速移动到位，接球腿大腿抬起，当球与大腿接触的瞬间大腿下撤将球接到需要的位置。

2）大腿接低平球

面对来球方向，根据来球高度，接球腿大腿微屈，送髋前迎来球，当球与大腿接触瞬间收撤大腿，使球落在需要的位置。

6. 胸部接球

1）挺胸式接球

面对来球站立（两脚左右或前后开立），两膝微屈，重心置于支撑面内，上体后仰，下颌微收，两臂自然张开，维持身体平衡。接触球瞬间，两脚蹬地，膝关节伸直用胸部轻托球的下部使球微微弹起于胸前上方。对于较高的平直球也可采用这种方法将球接于胸前，但触球瞬间膝关节由直变屈，脚由提踵状态变全脚掌落地，整个身体保持接球时的姿势，下撤将球接在胸前。

2）收胸式接球

收胸式接球多用于接齐胸高的平直球。面对来球，两脚左右或前后开立，两臂自然张开，挺胸迎球，触球瞬间收胸、收腹、臀部后移将球接在体前。若需将球按在体侧时，则触球瞬间转体将球接在转体后相应的一侧。

（二）技术要求

1. 观察和移动

接球前，首先要注意观察临近同伴和对手的情况，判断来球的线路、速度以及性质等。及时移动，判断落点，根据临场情况进行接球，在做下一个动作前，回归身体的最佳状态。

2. 接球部位和方法

根据比赛的实际情况和来球的不同，选择适合的接球部位和方法。

3. 改变来球的力量

根据比赛情况和来球力量的大小，采取加力或减力的方法。

4. 接球后的移动

接球后，身体重心随球移动是衔接控球技术的关键，是使身体快速回到初始状态，为下一步决策做好衔接的重要技术。

二、运球

运球技术是维持控球权、控制比赛节奏的技术，是打破平衡，突破防守体系，创造以多打少的重要手段。

（一）技术

1. 脚内侧运球

支撑脚稍向前跨，位于球的侧前方，膝关节微屈，上体前倾并向里转，重心在支撑脚上，随着身体向前移动，用运球脚内侧推球运动。

脚内侧运球技术

2. 脚外侧运球

跑动时身体自然放松，上体稍前倾，两臂自然摆动，步幅要小些。运球脚提起时，膝关节微屈，髋关节向前送，提踵，脚尖稍向内旋转，用脚背外侧向前侧推拨球的中后部，使球曲线或弧线运行。

脚外侧运球技术

3. 脚背正面运球

跑动时身体自然放松，上体稍前倾，两臂自然摆动，步幅要小些。运球脚提起时，膝关节微屈，髋关节向前送，提踵，脚尖下指，用脚背正面向前侧推拨球前进。

脚背正面运球技术

4. 脚底运球

1）踩球

将前脚掌放在球的上部或侧上部，支撑脚位于球的侧前方，触球脚向前发力将球踩出。

2）拉球

将前脚掌放在球的上部或侧上部，支撑脚位于球的侧后方，触球脚向后发力将球拉回。

（二）技术要求

1. 选择与准备

运球初始，根据临场情况和需要改变运球方法。

2. 跑动中间断触球

运球中,放松身体、低重心、小步幅、快频率。眼睛时刻观察周围情况,根据临场发生的变化采取有效的措施,把球控制在需要的位置。

3. 为下一个动作的衔接做好准备

运球结束,如需射门或传球时,球要处于最佳位置,身体快速回归最佳初始状态。

三、射门

射门是决定足球比赛胜负的关键,是各种进攻战术的最终目标,足球比赛的整个过程围绕着射门得分而进行。常用的射门方法有直接射、运射、接跃射、过人射、直接踢任意球,根据来球的性质又可分为地滚球、空中球、定位球,来球的方向分为正面和侧面。射门时要注意支撑脚的站位和击球部位要准确,触球时将力量瞬间集中。

1. 脚背正面踢定位球

直线助跑,最后一步稍大些,支撑脚积极着地支撑,在球的侧面10~12厘米处,脚尖正对出球方向,膝关节微屈;踢球腿随跑动向后摆动,小腿弯曲,支撑的同时踢球腿以髋关节为轴,大腿带动小腿由后向前摆动。当膝关节摆至接近球的正上方时,小腿做爆发式的摆动,脚趾屈,以脚背正面部位击球的后中部。击球后,身体及踢球腿随球前移。

脚背正面
射门技术

2. 脚背内侧踢定位球

斜线助跑,最后一步稍大,以支撑脚底积极着地,脚尖指向出球方向,距球内侧后方20~25厘米,膝关节微屈。在支撑脚着地的同时,踢球腿以髋关节为轴,大腿带动小腿由后向前摆,当大腿摆至与支撑腿接近同一水平面时,小腿做爆发式摆动,脚尖外转,脚背绷直,脚趾紧扣,脚尖指向斜下方,以脚背内侧踢球。踢球后,踢球腿随球继续前摆。

脚背内侧
射门技术

四、传球

传球技术是组织进攻、变化战术、渗透突破、创造射门、实现战术目的的重要手段,也是比赛中应用最多的一项技术。

(一)技术

1. 传地滚球

直线助跑,支撑脚正对出球方向,距球15厘米左右,膝关节微屈,两臂自然摆动,维持身体平衡。以髋关节为轴由后向前摆动,在前摆过程中,脚外转90度,脚尖稍翘起,脚掌与地面平行,以大腿带动小腿快摆击球。击球时脚跟前顶,脚腕用力绷紧,以脚内侧部位击球的后中部。击球后,踢球腿随球前摆。

脚内侧传
球技术

2. 长传球

斜线助跑,支撑脚正对出球方向,距球20厘米左右,膝关节微屈,两臂自然摆动,以髋关节为轴由后向前摆动,大腿带动小腿快摆击球,脚尖外转,脚背绷直,脚趾紧扣,脚尖指向斜下方,以脚背正面和脚内侧相连接的部位踢球的后中部。踢球后,踢球腿随球前摆。

(二)技术分析

(1)助跑:调整身体位置与球的距离和方向,使身体处于所需要的位置,有助于击球时充分发力。

(2)支撑脚站位:起到支点作用。

(3)踢球脚摆动:决定出球的力量、速度和距离。

(4)脚触球:根据比赛需要选择脚的部位和踢球的部位。

(5)踢球后的随前动作:加大踢球力量和缓冲惯性,使身体快速还原初始状态。

脚背内侧长传球技术

五、头顶球

随着现代足球比赛的高速变化和发展,比赛中对时间和空间的争夺更为激烈,头顶球技术的使用不仅可以占据空间,还能争取时间。头顶球技术是处理高空球的重要手段。头顶球技术是由移动选位、身体的摆动、头触球和触球后的身体平衡四个环节组成。

1. 正面头顶球

击球前,身体面向来球方向,两脚左右开立或前后开立,膝关节微屈,重心置于两脚支撑面,两臂自然张开;击球时,两腿用力蹬地,迅速向前摆体,微收下颌,颈部做爆发式振摆,用前额正面击球中部;击球后,身体随球移动。

正面头顶球技术

2. 侧面头顶球

根据来球的运行速度、运行轨迹,及时移动到位。两脚前后开立或左右开立,出球方向的异侧脚在前,重心逐渐过渡到前脚上,眼睛注视来球,前膝微屈,两臂侧前后自然张开,当球运行至体前上方时,用力蹬地,前脚掌适度旋转;上体随着向出球方向扭摆,同时用力向击球方向甩头,以前额侧面击球的后中部。

六、防守

防守技术可分为抢、断、堵、铲、争顶五大类,这些技术构成了全队的防守体系,适用于不同的防守场合。防守技术运用的顺序一般是先断截后盯堵限制控球队员转身,再抢夺和阻缓,最后选择铲球进行防守。由于比赛随时在变化和发展,在使用防守技术时也要根据临场的情况进行调整。

1. 正面抢球

利用身体正面抢球时,首先应该双腿微屈降低自己的身体重心,两脚前后呈斜线站立,保持注意力集中,注视对方队员的身体和球。在对方队员的运球脚离开球准备着地或者运球脚刚刚着地的时候,自己的支撑腿(后腿)立即蹬地,身体迅速向前进行抢球,抢球时绷紧踝关节,用脚内侧踢触球的正中部;在脚内侧与球接触时,上体保持前倾,腿部发力且脚部的用力要通过球的中心,将球抢过来后迅速发动反击。

2. 背身抢球

距离控球进攻队员0.5~1米的距离时,对控球者施加压力,观察控球进攻队员,当他有试图转身或半转身的动机时,用自己的身体破坏对方的重心,出脚抢球,将球抢过来后迅速发动反击。

第二节　篮球

篮球运动起源于1891年的美国马萨诸塞州斯普林菲尔德市,创始人詹姆斯·奈史密斯。1895年,现代篮球运动传入中国。1896年,在天津基督教青年会举行了我国第一次篮球比赛,此后篮球运动逐步向全国各地传播推广。一百二十多年过去了,篮球运动在中国得到了快速的发展,成为中国最受欢迎的三大球类运动之一。

篮球运动是一项集个人综合素质、运动技能、体能、意识等因素为一体的运动项目。在日常生活的锻炼中,长期坚持篮球运动,具有诸多益处。

篮球运动可以培养团队意识。篮球是一项团体运动,"无兄弟,不篮球。"在篮球场上,最喜欢看到的就是队友之间默契的配合。如果一名篮球运动员有很强的进攻能力,还需要相对较强的配合能力,才能算得上是一名优秀的篮球运动员。

篮球运动可以强健体魄,增强心肺功能。篮球是一项有大量身体接触的、强对抗性的运动。在篮球运动中,无论是进攻还是防守,都需要不停的跑动和对抗。在此过程中,篮球运动参与者自身的运动系统、心血管系统与神经系统等方面都能得到很好的增强。

篮球运动可以提高反应能力。进行篮球运动不仅需要强健的身体和娴熟的技术,需要进行全局思考和敏锐的判断。在篮球运动中,需要根据赛场上的情况,快速思考与判断,做出正确的选择。长此以往,可以提高篮球运动参与者的快速思考与反应能力。

篮球运动可以愉悦身心,缓解压力。在越来越激烈的社会竞争中,人们的压力也变得越来越大。在篮球运动中,尽情地进攻、防守、对抗、跑动,运动后大汗淋漓,心情会十分愉悦,精神压力会得到很好的释放。

篮球运动可以遇到志同道合的人。参与篮球运动的时间越长,会遇到越多喜欢篮球运动的人。在这些人当中,有不少人会成为朋友,甚至成为人生路上的挚友。

本节内容主要针对篮球俱乐部初级班会员。初级班会员没有篮球基础或篮球基础较差,课程以学习篮球基本功为主,旨在练习篮球基本功和培养初级班会员的篮球兴趣。

一、投篮

投篮是篮球运动中唯一的得分手段。好的投篮动作和基本功可以提高投篮命中率,在篮球比赛中获得比分。以下着重讲解原地投篮、行进间上篮、接球投篮和运球急停投篮的动作和练习方法。

(一)原地投篮

1. 原地单手肩上投篮

动作:以右手单手肩上投篮为例,从准备姿势开始,正对篮筐右脚向前半步,双脚与肩同宽,右手五指张开持球于右侧肩上,五指分开,掌心向上,手腕与小臂成90°,小臂与大臂成90°,大臂与身体成90°;左手五指朝上位于球的左侧方护球,右脚脚尖、右手肘关节与右手中指,三点连成一线,正对瞄篮点。

原地单手肩上投篮

投篮动作发力顺序:两脚屈膝蹬地发力,右手向上伸臂、压腕儿、拨指,左手保持不动。

练习方法:首先进行无球动作练习,练习手型和发力;其次,在合理冲撞区外,不用蹬地发力,用手臂动作进行近距离投篮,固定手臂投篮动作,熟悉投篮点;最后慢慢后移投篮点,加上蹬地发力,练习全身协调发力。

2. 原地双手胸前投篮

动作:两手五指自然张开,两大拇指成八字形,用指根以上部位持球,掌心空出;两肘自然弯曲于体侧,置球于胸腹部位,身体成基本姿势站立,脚分前后;传球时,目视传球方向,两臂前伸,手腕由下向上转动,再由内向外翻,急促抖腕,同时拇指用力下压,食指和中指用力弹拨,将球传出;出球后掌心和大拇指向下,其余四指向前;远距离投篮,则需增大蹬地和腰腹的协调用力。

原地双手
胸前投篮

练习方法:与原地单手肩上投篮的练习方法相同。

(二)行进间投篮

行进间投篮一般多在快攻或突破篮下时运用,是篮球比赛中运用较多的得分手段。以下主要介绍行进间高手上篮和行进间低手上篮。

1. 行进间高手上篮

动作:以右手投篮为例,右脚向前跨出时接球,接到球迅速上左脚起跳,右腿屈膝上抬,同时举球至头右侧,腾空后,上体稍后仰,当身体跳到最高点时,右手臂伸直,用手腕前屈和手指力量将球投出。

行进间高
手上篮

动作要点:一跨大步接球牢,二跨小步用力跳,三要翻腕托球举球高,四要指腕柔和用力巧。

练习方法:先进行无球的脚步与上篮动作练习,再从运球一次—运球三次—中场运球上篮循序渐进地增加练习难度。

2. 行进间低手上篮

动作:跑动步法与行进间高手上篮基本相同,只是在接球后的第二步要继续加快速度,向前上方起跳,腾空时间要短;投篮时五指自然分开,托球的下部,掌心朝上,手臂向上伸展,接近篮筐时,用手指上挑的动作,使球向前旋转投向篮筐。

行进间低
手上篮

动作要点:第二步用力蹬地向前方起跳,投篮出手前保持单手低手托球的稳定性,用指腕上挑力量使球向前旋转投出。

练习方法:与行进间高手上篮的练习方法相同。

(三)接球投篮

接球投篮是无球队员接队友传球后直接投篮得分的技术动作,以下主要介绍接球三威胁、原地接球投篮和跑动接球投篮。

1. 接球三威胁

当进攻队员接球后,可以选择传球、运球或者投篮,这对防守方就存在三方面的威胁。因此接球后要立刻做好三威胁动作,才能让防守队员看不出来你的进攻选择。

接球三威胁

具体动作:接球时,便做好投篮的准备姿势,屈膝降重心,眼睛看向篮筐。

2. 原地接球投篮

动作:做好接球准备,来球距离身体一臂距离时主动上前迎球,采用跳步或者跨步,降低重心接球,做好三威胁动作,之后衔接投篮动作。

练习方法:两人一组一个球,一人传球,另外一人做原地接球投篮练习。

原地接球投篮

3. 跑动接球投篮

动作:摆脱防守朝接球点跑动,移动中伸手要球,球快到身前时,同样采用跳步或者跨步,降低重心接球,做好三威胁动作,之后衔接投篮动作。

练习方法:两人一组一个球,一人传球,另外一人做跑动接球投篮练习;练习时先进行无球练习,再进行有球练习。

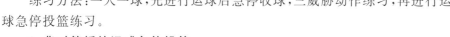

跑动接球投篮

(四)运球急停投篮

1. 正对篮板的运球急停投篮

动作:正对篮板运球推进,到投篮点时,采用跳步或跨步急停投篮。

练习方法:一人一球,先进行运球后急停收球,三威胁动作练习,再进行运球急停投篮练习。

正对篮板的运球急停投篮

2. 背对篮板的运球急停投篮

动作:拿到篮板球后,背对篮板运球拉出投篮空间,到投篮点时采用跨步蹬转急停投篮。

练习方法:与正对篮板的运球急停投篮的练习方法相同。

背对篮板的运球急停投篮

二、运球

运球、传球、投篮是篮球运动中首先要掌握的基本功,是篮球比赛中的重要技术。而运球不仅是个人摆脱防守、吸引防守以及突破防守的手段,是组织全队战术配合的桥梁,并且对发动快攻、突破紧逼防守都起着极大的作用。通过运球练习,能帮助学生熟悉篮球,增强学生对球的支配与控制能力。

(一)原地运球

原地运球是行进间运球的基础。下面先介绍几种篮球运动中常用的原地运球动作。

1. 原地高低运球

动作:

原地高运球:双腿微屈,两脚与肩同宽,重心落于前脚掌,上体略微前倾,目视前方;大臂发力带动小臂发力,掌心空出,连续向下按压球,无球手在运球时需要折臂抬起做护球动作;运球时将球的落点控制于后脚脚尖前。

原地高低运球

原地低运球:与原地高运球相比,原地低运球需要身体重心更低。练习时球的弹起高度不要超过膝盖,原地低运球的发力主要依靠手指和手腕。

练习方法:练习时,将原地高运球和原地低运球组合在一起,一方面可以培养运球的节奏,养成运球时屈膝下蹲、手指发力的习惯;另一方面通过运球节奏的变化以及身体重心的转移,可以让连续练习的时间更长,练习效果更好。

2. 原地变向运球

动作:以右手开始运球为例,右手拍压球的右侧上方,将球送往左脚脚尖前方的地面,右侧肩膀转体沉肩,球离手后右手前伸护球,准备接左手的回球;球到左边后,身体重心随球移到左脚,左手接球后,先顺着来球的方向将球后拉缓冲,之后马上拍压球的左侧上方将球送往右脚脚尖前方的地面,重心同样顺球右移,左侧肩膀转体沉肩,球离手后左手前伸护球,准备接右手的回球,依次循环练习。

原地变向
运球

练习方法:第一步,控制落点,原地左右变向练习,将球的落点尽量控制在两脚脚尖前方;第二步,强化护球,运球时无球手主动前探,与配合练习队员的同侧手击掌;第三步,强化变向后转体沉肩上步,左右两侧放置标志筒,每次变向后转体沉肩重心前移,无球一侧脚顺势跨步向前,与同侧手形成一个圆柱体护球。

3. 原地胯下运球

动作:双脚前后开立重心降低,将球从胯下穿过,重心随球转移。

练习方法:第一步,原地单脚胯下运球;第二步,原地跳转胯下运球。

4. 原地背后运球

动作:屈膝半蹲,身体重心略微靠后,手臂在身后伸直,利用手指和手腕拨球与重心的转移左右运球。

原地胯下
运球

练习方法:连续运球较困难的同学,可以选择单手的背后拉球练习,培养手指和手腕在侧面对球的控制能力,继而再进行连续的背后运球练习。

5. 原地背转身运球

动作:以右手运球为例,先做原地运球,左脚做中枢脚,右手运球时用力向下按压球,右脚同时用力蹬地准备抬起向后做背转身,球弹起后用手掌按住球的左侧后方,快速将球拉住与右脚一起向后转身,右脚落地的同时,右手下球,下球之前,中枢脚不得抬起。

原地背后
运球

练习方法:在身体侧面放置标志筒,运球背转身后,有球一侧脚跨向标志筒另外一侧,步子要大,身体重心要稳。

原地背转
身运球

(二)行进间运球

行进间运球技术运用得当,可以快速摆脱防守获得进攻空间。以下介绍几种篮球比赛中运用较多且效果较好的行进间运球技术。

1. 急停急起运球

高运球向前推进中,采用跨步或者跳步急停原地低运球,背运球两次之后,后脚快速蹬地启动,高运球继续向前推进。

2. 体前变向运球

以右手体前变向运球为例,右手先运球,向前推进,变向时首先跨步降重心,右手把球向右侧稍微拉开后,快速转体沉肩向左侧拍压球,变向后,左手运球加速通过。

3. 胯下运球

以右手胯下变向运球为例,右手运球推进,变向时先降重心,将球从右侧腿前,经胯下击地,送至左侧腿后,顺势转体沉肩护球,变向后左手运球加速通过。

4. 背后变向运球

以右手背后变向运球为例,右手运球推进,降重心做背后变向运球,变向后左手运球加速通过。

5. 背转身变向运球

以右手背转身变向运球为例,右手运球推进,以左脚为中枢脚背转身变向运球,左手接球后运球加速通过。

行进间运球的练习方法:

(1)行进间单个技术动作变向运球练习:在球场的全场以"Z"字形摆放标志筒,标志筒之间相隔3~5米。运球至标志筒做相应的变向运球练习;向左侧推进左手运球,向右侧推进右手运球。

行进间单个技术动作变向运球练习

(2)行进间两个技术动作组合变向运球练习:在球场的一个半场,从三分线弧顶至篮板下以"Z"字形摆放三个标志筒,标志筒之间相隔1米左右。第一个练习:在三分线弧顶标志筒处准备,运球到第一个标志筒做体前变向运球,到第二个标志筒继续做另一只手的体前变向运球。第二个练习:在三分线弧顶标志筒处准备,运球到第一个标志筒做体前变向运球,到第二个标志筒做另一只手的背后变向运球。第三个练习:在三分线弧顶标志筒处准备,运球到第一个标志筒做背后变向运球,到第二个标志筒做另一只手的背转身变向运球。

行进间两个技术动作组合变向运球练习

三、传接球

篮球是一项集体运动,传接球技术是篮球运动中队员之间配合的最直接有效的方法,是篮球比赛中运用最多的一项基本技术。它是进攻队员在赛场上相互联系和组织进攻的纽带,也是实现战术配合的具体手段。准确而又巧妙的传接球,能够打乱对方的防御部署,创造更多、更好的投篮机会。传接球技术的好坏也会直接影响战术的质量和比赛的胜负。

(一)双手传球

1. 双手胸前传球

双手持球于胸前,小臂发力,先向内收球,重心移到后脚,大拇指快速内旋,小臂也随之内旋向外甩拨球,向前传球;十指朝传球方向,掌心向外,手背相对,两臂伸直,中间相隔一球距离,重心顺势移至前脚。

双手传球

2. 双手头上传球

双手持球于头上,小臂发力,先向后收球,重心移至后脚,小臂快速用力从后向前甩臂,大拇指同时内旋发力传球,手臂伸直,手的位置在身体前上方,重心顺势移至前脚。

3. 双手低手传球

双手持球,先向下拉球,手臂伸直,球的高度在大腿前侧,双手托球,掌心向前,利用手指和手腕快速向前挑球,将球传出,传球结束后,手掌的高度一般不高于胸,双手掌心向前上方。

4. 双手击地传球

双手击地传球的动作与双手胸前传球的动作相同,将球用力传向距离接球队员的 1/3 处,使球迅速弹起,到达接球队员手中时,刚好在其舒适的接球位置。

练习方法:两人相对而站,距离三米左右,中间放置四个标志筒,将两人之间的距离分为五等份;传球者需要将球传到自己前面的第三个标志筒之后,第四个标志筒之前,并且球弹起后接触到接球者时,应该在其腹部的高度。

(二)单手传球

1. 单手胸前传球

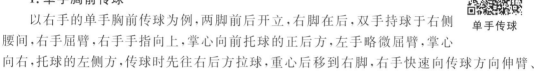

单手传球

以右手的单手胸前传球为例,两脚前后开立,右脚在后,双手持球于右侧腰间,右手屈臂,右手手指向上,掌心向前托球的正后方,左手略微屈臂,掌心向右,托球的左侧方,传球时先往右后方拉球,重心后移到右脚,右手快速向传球方向伸臂、压腕、拨指,身体重心顺势前移;传球结束后,右手手臂伸直朝向传球方向,手掌压腕向下,左臂不动,左手手指朝着传球方向,掌心向右。

2. 单手肩上传球

以右手的单手肩上传球为例,右手单手托球于右侧肩上,左手向左前上方抬起,遥指传球方向;传球时重心右移,右脚快速蹬转,右手托球向传球方向快速甩臂发力,将球传出,左手放下,重心移至左脚。

3. 单手体侧传球

以右手的单手体侧传球为例,右手护住球的左侧上方,将球拉至左侧方,手臂伸直,手指张开,手腕弯曲护球,球拉开后快速向传球方向甩臂将球传出;脚上动作可以采用右脚往同侧跨步,也可以采用左脚向右侧跨步,手上拉球动作与跨步动作同步,传球动作与脚落地动作同步。

4. 单手低手传球

单手低手传球的动作与双手低手传球动作相似,只是传球时使用单手。

5. 单手背后传球

以右手的单手背后传球为例,右手运球,球弹起后,右手五指张开用手指贴着球的左侧方,顺着球弹起,将球从右侧方往身后拉,球一到身后,手指和手腕向传球方向快速挑腕拨球,将球传出。

6. 单手击地传球

传球方式可以采用单手胸前传球、单手体侧传球等,注意传球落点,在距离接球队员的 1/3 处。

(三)接球

1. 双手接球

接球

身体背对防守,双手伸出要球,队员传球前,先卡好位置,球离自己一臂距离时,主动向前接球,双手接到球后,牢牢将球控制住,肘关节抬起护球,准备做下一个动作。

2. 单手接球

以右手的单手接球为例,身体侧对防守,右手伸手要球,队员传球后,右手主动迎球,接触到球后,快速往回拉,与左手一起护球,做三威胁动作。

传接球的练习方法:两人一组一个球;A同学做双手传球练习时,B同学做双手的高、中、低部位接球练习;A同学做单手传球练习时,B同学做单手的高、中、低部位接球练习;A同学传球练习结束,与B同学交换练习内容。

四、移动

移动技术作为篮球运动中攻防技术的基础,在篮球比赛中运用最多,实用性也最强。以下主要介绍移动技术中的跑、跳、急停、转身、滑步与交叉步动作。

(一)跑

1. 急停急起

在跑动中,使用跨步急停或者跳步急停的方式快速移动,停下后又快速启动,练习急停急起的反应能力。

跑

2. 后退跑

面对篮球场一侧的底线,向中场后退跑,重心稍靠后,两臂微屈自然摆动保持身体平衡。到中场后前进跑,跑到底线再进行后退跑,反复练习。

3. 侧身跑

以右侧快攻跑动为例,从中场右侧开始启动,上体侧身向篮板跑动,跑动时右手伸手要球。

(二)跳

1. 双脚起跳

助跑之后,一只脚蹬跨向前屈膝降重心制动,另一只脚快速并步,双脚起跳。

跳

2. 单脚起跳

助跑之后,单脚快速蹬地,发力起跳。

(三)急停

1. 跨步急停

跑动中,一只脚跨一大步向前屈膝,上体前倾,前脚掌蹬地制动降重心,另一只脚,随后落地站稳。

急停

2. 跳步急停

跑动中,一只脚蹬地起跳,空中上体前倾屈膝,双脚落地站稳。

(四)转身

1. 前转身

以右侧前转身为例,右腿蹬地发力,抬起右脚往右侧脚尖方向转身180°,

转身

左脚为中枢脚,可原地旋转,不能抬起或产生位置转移。

2. 后转身

以右侧后转身为例,右腿蹬地发力,抬起右脚往右侧脚跟方向转体180°,左脚为中枢脚。

(五)滑步与交叉步

1. 滑步

滑步与交叉步

两脚与肩同宽,屈膝半蹲上体略微前倾,小臂抬起放于体侧,重心落于前脚掌。双腿蹬地发力,确定移动方向后同侧脚抬起跨出一大步,另一只脚快速跟步保持身体平衡。

2. 滑步接交叉步

两次滑步后,移动方向后侧脚用力蹬地交叉步向前,前脚快速跟步保持身体平衡。

移动的练习方法:

(1)准备姿势、转身、滑步与交叉步练习;

(2)启动、急停和跑的练习;

(3)跳的练习。

五、抢篮板球

(一)判断球的落点

抢篮板球首先要做的是预判投篮后球的反弹方向、距离以及落点。球的反弹有一定的规律,一般情况下,篮板球的反弹规律是投篮距离与球反弹距离成正比,投篮距离远则反弹距离远;反之,投篮距离近则反弹距离近。再者,投篮出手弧度与反弹距离也有关,弧线高则反弹近。另外,投篮角度不同,球的反弹方向不同。从篮筐两侧左15°或右15°角投篮时,球反弹方向一般是在篮筐另一侧15°区域或反弹回来。从篮筐两侧45°区域投篮未中时,球反弹方向一般是在篮筐另一侧正中。从65°区域投篮不中时,球反弹方向和落点区域一般是在限制区两侧和罚球线内。在0°角投篮时,一般球的反弹方向是在另一侧底线区域,或反弹回同侧区域。根据统计,大多数的反弹球落在半径5米左右。

掌握这些规律有利于队员进行准确判断。在准确判断的基础上,应力争抢占对手与篮板之间的有利位置,力争把对手挡在身后。

(二)移动与卡位

1. 防守队员的移动与卡位

防守队员挡抢篮板球

防守队员抢篮板球需要采用挡抢篮板球的方式。投篮发生后,先将身边的进攻队员挡在身后,降低重心卡位;务必要将进攻队员挡死在身后,让其无法绕前抢球或者轻易起跳,待球落到自己或者队员身旁能抬手就抢到的位置之后,再放开防守。

2. 进攻队员的移动与卡位

进攻队员冲抢篮板球

进攻队员抢篮板球采用冲抢篮板球的方式。投篮发生后,绕开防守向篮板下冲抢,因为助攻之后起跳高度较高,若防守队员没有卡住位置,很容易就可以跳起,在空中抢下篮板球。

移动与卡位的练习方法:三人一组,一人投篮,另外两人进行进攻队员和防守队员的抢篮板球练习。

(三)获得球后的护球动作

进攻队员抢到篮板球后,第一个选择应该是投篮得分。若投篮位置太远或防守队员已经贴近,则选择传球或者运球。

获得球后的护球动作

防守队员抢到篮板球后,第一个选择应该是传球,特别是全场比赛当中,有队员跑到了快攻位置,及时有效的传球,可以获得一个快攻机会,帮助球队拿下比分。若防守压迫较强,拿下篮板球之后,应该做有效的护球动作,在适当的时机再选择传球或者运球。

六、防守

(一)防守持球队员

1. 持球队员未下球的防守

动作:持球队员没有下球的情况下,可以选择投篮,也可以选择突破,还可以选择传球,所以防守未下球的持球队员,需要与其保持一臂的距离,若持球队员选择突破,可以及时补位,若持球队员做投篮或传球的动作,有可能是假动作,方便突破防守上篮。因此,防守队员看到持球队员做出投篮或者传球的动作时,不能轻易起跳,应该继续保持低重心的防守位置,伸手罩住球。

防守未下球队员

练习方法:两人一组,一人持球做投篮、运球和传球的假动作,另一人根据进攻队员的动作做出防守选择。

2. 持球队员已下球的防守

动作:持球队员运球后只能选择传球或者投篮,所以防守队员在其收球之前可以更贴近一点,缠住防守;持球队员收球后,快速贴近不留投篮空间,伸出双手干扰其投篮或者传球。

防守已下球队员

练习方法:两人一组,一人运球往篮板下突破,另外一人贴近防守不给投篮或传球的空间。

(二)防守无球队员

1. 防守强侧

强侧是指有球一侧,防守强侧的无球队员需要更贴近防守,防守要做到一侧肩膀对着球一侧肩膀对着人,防止对方其他队员接球、溜底或者上前掩护。所防守的进攻队员,若要接球,防守队员可伸出同侧手干扰接球,抓准机会断球;所防守的进攻队员若要溜底,则需要提前后退跟随进攻队员;所防守的进攻队员若要上前掩护,采用挤过、绕过或者穿过的方法,绕开进攻队员,若无法绕开,则选择换防。

防守无球队员

2. 防守弱侧

弱侧是指无球的一侧,比如持球队员在篮板的左侧进攻,那篮板的右侧就属于防守的弱侧。防守弱侧不需要紧跟进攻队员,在做到一侧肩膀对着球一侧肩膀对着防守的基础上,可以往篮板下收缩防守,若自己防守的进攻队员切入篮板下可提前堵截,若其他区域的进攻队员切入板篮下,也可以及时协防。

防守无球队员的练习方法:六人一组,三人进攻,三人防守;进攻队员呈三角形队形,防守队员根据球的位置以及场上情况,做相应的防守转换;练习五分钟之后交换攻防角色。

七、持球突破

1. 交叉步持球突破

动作:以右脚做中枢脚为例,两脚左右开立与肩同宽,两膝微屈,重心控制在两腿之间,持球于胸腹之间;突破时,左脚前脚掌内侧用力蹬地,同时上体右转探肩,贴近对手,球移至右手,左脚交叉步前跨抢位,同时向左脚左斜前方推球,右脚用力蹬地跨步,加速超越对手。

交叉步持球突破

练习方法:

(1)原地步法的徒手练习;

(2)完整动作练习;

(3)摆脱接球后的突破练习。

2. 同侧步持球突破

动作:以左脚做中枢脚为例,两脚左右开立稍宽于肩,两膝微屈,重心控制在两腿之间,持球于胸腹前;突破时,右脚向右前方跨出一大步,同时转体沉肩,重心前移,右手下球于右脚侧前方,左脚迅速蹬地向右前方跨出,加速运球后超越对手。

同侧步持球突破

练习方法:

(1)原地步法的徒手练习;

(2)完整动作练习;

(3)摆脱接球后的突破练习。

第三节　排球

一、发球

(一)下手发球

1. 一般特征

下手发球对于大多数初学者而言简单易学,不易失误。由于这种发球方式会产生许多来回球,会使比赛变得更容易、更有趣。

下手发球

2. 动作方法

准备姿势:发球队员面对球网,左脚在前,右脚在后,身体重心在后,两膝微微弯曲,左手将球持于腰部,距右肩前方约60厘米距离。

抛球:左手向上抛球,至身体右上方20~30厘米。

挥臂发力:抛球的同时,发球队员右臂大幅度向后摆动,然后向前方的球挥动,挥臂过程中,重心从后脚移至前脚。

击球点和手法:发球队员可以用掌根、手腕或握拳内侧击球的中下部。

跟随动作:击球后,手臂向球的方向做小幅度伴送动作。

(二)上手发旋转球

1. 一般特征

上手发旋转球

上手发旋转球是一种在肩部以上将球击打到对方场区的发球方式。发球队员必须使球产生快速下落的飞行路线,击球臂需要非常准确的挥击。这种发球方式对女生或力量弱、四肢不够协调的男生比较困难。

2. 动作方法

准备姿势:以右手发球为例,发球队员面对球网,两脚分开站立,左脚在前,右脚在后,左手持球于腹前,两眼注视前方。

抛球:左手持球,用手掌平托将球送出,把球抛到头前上方1.2~1.5米的高度。

挥臂发力:伴随左手抛球的同时身体右转,使左肩指向中线,身体后倾成反弓形状,重心置于右腿,右臂弯曲,右手张开放在头后;当球下落时,蹬地、转体、收腹并使身体转向球的方向,带动右臂挥动甩直,重心伴随着手臂动作移至前脚。如果想增加球的力量与速度,发球队员必须在球下落时迅猛击球。

击球点和手法:在右肩前上方最高点击球,击球时先利用掌根接触球,随后用整个手掌包裹球,向前上方做滚动推压动作,使击出的球产生旋转。

技术要点:抛球、弧线挥臂、包击推压。

(三)上手发飘球

1. 一般特征

上手发飘球

上手发飘球使球在空中飞行时不产生旋转动作,当球接近对方接球队员时,球体左右晃动,导致接球队员不能准确预判落点,是一种有效破坏对方一攻的发球方式。上手发飘球被广泛运用在各种水平的排球比赛中。

2. 动作方法

准备姿势:发球队员站立于发球线,两脚分开站立,左脚在前,右脚在后,重心均匀落于两脚,左手持球于左肩同高的位置,两眼平视前方。

抛球:左手持球,用手掌平托将球送出,把球抛到右肩前方1米左右的高度。

挥臂发力:球被抛离的同时,上体后仰,右臂屈肘向后拉开,充分伸展手臂,当球开始下落时,在直线方向上突然加速挥击。

击球点和手法:击球时,手指并拢,大拇指贴靠在食指旁边,手掌保持紧张,手腕在挥击过程中一直保持直立,用手掌根部面积最大的区域击球后中下部,触球时,发力突然、快速而短促,击球力量通过球体重心,防止球发生旋转。

跟随动作:手臂击球后有突停动作产生。

技术要点:抛球、短促击球、击球力量通过球体重心。

（四）跳发球

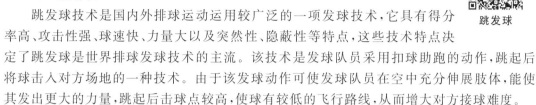

跳发球

1. 一般特征

跳发球技术是国内外排球运动运用较广泛的一项发球技术，它具有得分率高、攻击性强、球速快、力量大以及突然性、隐蔽性等特点，这些技术特点决定了跳发球是世界排球发球技术的主流。该技术是发球队员采用扣球助跑的动作，跳起后将球击入对方场地的一种技术。由于该发球动作可使发球队员在空中充分伸展肢体，能使其发出更大的力量，跳起后击球点较高，使球有较低的飞行路线，从而增大对方接球难度。

2. 动作方法

准备姿势：发球队员持球面对球网在距端线3～5米处站立。

抛球：单手或者双手将球抛于右肩前上方，离地面3～5米的距离，球落下的位置应在底线附近。

助跑起跳：发球队员在球离开手的瞬间开始朝球的方向助跑，起跳时两手协调，前后摆动，摆动幅度尽可能大。

空中动作：跳起后，身体开始成反弓状，右肩抬起，在球下落时，上体朝着球的方向迅猛转动，带动右臂向前上方包打击球。

击球点和手法：在跳起的最高点，充分伸展手臂，以手掌击球中下部，然后全掌裹住球，手指朝前上方用力推压。

落地动作：击球后右臂顺势朝身体下方摆动，双脚同时落地，两膝弯曲做缓冲动作，之后迅速回到初始位置。

技术要点：抛球平稳、助跑起跳、击球准确。

二、垫球

（一）正面双手垫球

正面双手垫球

1. 一般特征

正面双手垫球是排球比赛中最基本、应用最多的垫球方法，是指双手在腹前垫击来球的一种垫球方法，是各种垫球技术的基础，适合接各种发球、扣球和拦网球，在恰当时机也可以用来组织进攻。正面对手垫球技术按其垫击来球力量的大小可分为垫轻球、垫中等力量球和垫重球三种技术。

2. 动作方法

准备姿势：垫球队员两脚分开略比肩宽，呈前后站立，重心在前腿，双脚的大拇指尽可能抓地从而使力均匀分布在脚内侧，后脚跟提起，两臂自然放在腹前，身体重心高低由来球的高度、角度和腿部力量决定，头部抬起、双眼注视来球，适当降低重心。

手型：正面双手垫球有三种常用手型，一是抱拳式，二是叠掌式，三是互靠式。

不管采用哪种手型，垫球队员在垫球时都应保持向上提肩，两肘向中间靠紧，伸直双臂，手腕下压，同时双臂外旋使内侧呈一个平面。

击球点和手法：击球点位于腹前一臂距离，用手腕以上约10厘米两小臂内侧构成平面击球。

(1)垫速度慢的来球。

当来球速度慢,球又必须垫得很远时,垫球队员应快速移动脚步,双肘靠紧、伸直,双臂向中间加紧外旋,使双臂置于球和地板之间,上体稍前倾,向前上方蹬起,利用手腕上大约两横指的位置主动将球垫起。

(2)垫中等速度来球。

当来球速度相对较快时,身体迎球动作要小,手臂适度放松,其动作方法同垫慢速来球相同。

(3)垫速度很快的来球。

当来球速度很快时,队员必须通过含胸收腹,肘随球稍后撤,这样可延长触球时间,达到缓冲来球力量的效果,双臂在击球时不要上摆。

垫球队员在任何时候都要尽可能面对垫球目标或二传队员,垫球前及垫球过程中也要尽量盯住球,击球瞬间要用小臂控制球的方向和角度。

(二)背垫

1.一般特征

背垫是指背对出球方向的垫球,这种垫球技术的特点是击球点相对较高。

背垫

2.动作方法

垫球队员首先预判球将飞向何处、飞多远,之后面对来球并迅速移动到球下。然后,垫球队员背朝垫击目标,两肘靠拢,伸直插到球下方。最后,击球时,垫球队员脚要蹬地,向上提肩,抬头,身体后仰,通过手臂向后上方挥摆击球,垫低球时垫球队员要曲肘翘腕。

(三)鱼跃救球

1.一般特征

当来球远离身体,位置又较低时,为防止球着地,经常使用鱼跃救球技术。该技术在男子比赛中运用很多,由于女子队员手臂和肩部力量弱于男子,使用该技术较困难,因此,鱼跃救球技术在女子比赛中较少运用。单双手均可用于鱼跃救球。

鱼跃救球

2.动作方法

队员双腿分开站立约与肩宽,上体前倾,重心在前脚,两眼注视来球。准备鱼跃时整个身体前倾,向前移动;前脚用力蹬离地面,同时双手臂朝球的方向伸出,双眼盯住来球,用两臂或单手击球。触球后,队员朝向地板,抬头、屈双膝,腿和脚高于腹,使身体成反弓状。落地瞬间,应伸臂使身体缓冲下降,胸部着地同时,向后划臂使身体向前滑动,然后尽快恢复到准备姿势。垫球技术主要由脚下动作和手上动作构成,可以用6个字概括:(脚下动作)移、蹬、跟,(手上动作)插、夹、抬。

三、传球

(一)正面传球

1.一般特征

正面传球是队员在触球时正对传球方向的传球动作。正面传球是最基本

正面传球

的传球技术,也是在比赛中运用得最多的传球技术。正面传球不仅用于组织进攻,而且用于来球高于胸部时的接发球和防守。对于初学者来说,正面传球是最简单的传球技术,应当首先掌握好这个技术。

2. 动作方法

准备姿势:当球被击起时,传球队员根据球的飞行路线,迅速移动到球下,保持稳定和放松的姿势;双手置于脸前,两脚分开与肩同宽,一脚稍稍在前,膝盖弯曲,身体前倾。

手型:击球前,两手稍分开,腕关节稍后仰,手指张开,成半球形,这样的手型便于控球;肘关节外展,但不能太宽,关节角度为90°,大臂与地面平行。

击球点和手法:击球时,应该将击球点保持在额前上方约一个球的距离,击球点保持在这个位置有两个好处,第一,使传球队员便于观察来球,第二,有利于传球队员传球时的发力;用大拇指内侧、食指全部以及部分中指触球的后下部,无名指和小拇指协助大拇指控制传球的方向。

身体动作:击球时,传球队员利用手指和手腕缓冲来球的力量,然后将球弹出,膝关节和肘关节随球分别蹬地和伸臂,重心移到前脚。

(二) 背传

1. 一般特征

背传是二传队员经常采用的传球技术。传球时,二传队员背对传球方向。虽然完成这种传球有一定的困难,但是它对整个球队有诸多益处:第一,它把进攻点扩大到场地的每个区域;第二,它能迷惑对方的拦网,从而使进攻更具威胁;第三,二传队员可运用背传将球传给其身后全队最好的攻手。

2. 动作方法

背传的准备姿势和手型与正面传球相同。触球时,二传队员应将击球点保持在额上方,而不是在额前方。击球时,二传队员应蹬地、展腹、伸臂,头随手臂动作后仰,以便观察球的飞行。

(三) 侧传

1. 一般特征

侧传是二传队员背对球网将球侧向传出。侧传时,二传队员能够清楚地观察到接球队员和进攻队员,但是看不到拦网队员。由于拦网队员不能预判传球的方向,因此侧传具有更大的欺骗性。侧传被优秀的二传队员在比赛中采用,并且成为补充快攻战术中已发展成熟的技术。

2. 动作方法

以向右侧传球为例。二传队员背对球网,准备姿势和手型与正面传球动作相同,击球点偏向右侧,击球时膝关节、上身和手臂向右伸展,左臂的动作速度更快,幅度更大,出球后看向球的飞行方向。

(四) 跳传

1. 一般特征

在当今的排球比赛中,优秀的二传队员经常采用跳起在空中传球的技术。

跳传

由于跳传需要在空中保持身体的平衡,所以,技术难度较大。杰出的二传队员能通过跳传技术加快进攻节奏,且能根据对方拦网的反应决定将球传出还是直接击入对方场地。

2. 动作方法

二传队员应垂直起跳,一方面能更好地保持身体平衡,另一方面可以获得最大的起跳高度。击球点应保持在跳起后的最高点。击球时,迅速伸臂,增强手指和手腕的弹力,并可以向前、后、侧面传球,其手型和击球点与相对应的正面传球、背传、侧传相同。当球太靠近球网时,二传队员也可跳起单手传球。

(五)传调整球

1. 一般特征

传调整球

在当今的排球比赛中,随着跳发球技术的发展,一传到位越来越困难。在这种情况下,一传往往被接到后场区或界外,使二传队员难以组织起有效的战术进攻,因此,二传队员只能通过调整传球将球传给攻手。调整传球要求二传队员有较好的移动能力和身体控制能力,以便及时地移动到位,并在击球时保持身体平衡。

2. 动作方法

传调整球不是一个相对固定的动作,而是多样性的传球动作。它可以是正面传球、背传、侧传、跳传、低姿传球等的动作。采用哪种传球动作和把球传给哪个攻手,取决于球的位置、攻手的位置以及对方拦网的布局。最重要的是快速移动到球的位置,移动的同时,二传队员要决定将球传到什么位置,然后再选择一个合适的传球动作。和其他传球相比,传调整球的准备姿势更低,触球时手指和手腕更加紧张,球出手时身体动作更加伸展,才能传出距离远、弧度高的球。

四、扣球

(一)正面扣球

1. 一般特征

正面扣球

正面扣球是最基本的扣球技术,大部分的攻手都采用这种扣球方法。由于扣球时面对球网,便于攻手观察来球和对方的防守阵形,所以扣球的准确性较高。正面扣球技术动作由助跑、起跳、空中击球和落地组成。其他大多数的扣球技术都是由正面扣球技术发展而来的。对初学者来说,正面扣球是最简单的扣球技术,因此,必须首先掌握正面扣球再学习其他的扣球技术。

2. 动作方法

准备姿势:攻手站在进攻线附近,采用稍蹲姿势,两手在体前自然下垂;同时,观察传球,并做好向各个方向移动的准备。

助跑:以两步助跑为例,攻手左脚先向前迈一小步,紧跟着右脚跨出一大步,然后左脚及时跟上;在跨右脚的同时,降低重心,并将重心保持在脚跟位置,两臂向后摆动,并加快助跑速度;助跑的三个重要因素是步子由小到大,重心由高到低,节奏由慢到快。

起跳:在助跑最后一步踏地时,两臂由下往前摆动,起跳时重心由脚跟滚动至前脚掌,同时两臂上摆动到肩上方,膝关节和踝关节用力蹬伸,向上跳起;为了增加起跳高度,攻手必须快速而爆发式地完成起跳动作;起跳方法有并步起跳和跨步起跳两种,在起跳的最后一步,双脚应同时着地。

反弓:起跳后,上体稍向右转,左肩转向球网;同时,右臂向后上方牵引,身体成反弓形,以增加扣球力量。

鞭打:挥臂时,身体迅速向球的方向转动,收腹发力,并依次带动肩、肘、腕成鞭打动作挥动,最终将力量传到手指。

手型:击球时,击球臂伸直,手指微微张开呈勺形。

击球点和手法:击球点应保持在右肩的前上方,曲腕击球时,全手掌触球的后中部,并以手指包裹球,使球产生前旋。

伴随动作:击球后手臂有向前挥动的伴随动作,但是不能触网。

落地动作:落地时前脚掌先着地,并以双腿弯曲缓冲下落的力量。

(二)扣快球

1. 一般特征

扣快球是排球比赛中最令人兴奋的进攻手段之一。它是在传球前或传球的同时起跳,以快节奏的动作将球击入对方场区的扣球方法。这种扣球有速度快、时间短、突然性强的特点,能在时间和空间上赢得主动,并对拦网队员有很大的欺骗性。扣快球包括扣近体快球、扣短平快、扣背快球、扣背短平快、扣背溜球、扣平拉开和扣半高球。

2. 动作方法

以扣近体快球为例。攻手随一传队员助跑到网前,在二传队员体前50厘米左右的地方起跳,并在二传触球前跳起在空中,举起扣球手,身体稍转向来球方向,等待传球。攻手应在跳起的最高点,以快速的挥臂将刚出网的球击入对方场区。

(三)扣远网球

1. 一般特征

当击球点距球网1.5米以外时,这种扣球被称为扣远网球。当对方拦网实力较强或攻手高度不够时,二传队员可以通过传远网球,让攻手利用良好的控球技术突破拦网。与扣近网球相比,攻手扣远网球时在落点、路线和力量方面有更多的选择。

2. 动作方法

扣远网球的动作方法与正面扣球相似,但是它的动作幅度更大。攻手应该尽量跳得更高,在右肩前上方的最高点,以全手掌击球的后中部,击球时,手掌和手指包裹住球,以强烈的收腹、曲腕使球产生最大的前旋。

(四)后排进攻

1. 一般特征

后排进攻是后排队员在进攻线之后起跳进攻。它是立体进攻最重要的组成部分之一。后排进攻通常被接应二传队员所采用。有时,它是在二传队员难以将球传给前排进攻队员时使用,此外,它更多的是出于战术目的而被采用。在国际比赛中,后排进攻已经成为最重要的得分手段之一。

2. 动作方法

后排进攻的动作方法与扣远网球相似。攻手应特别注意起跳和击球动作,起跳时应向前上方冲跳以使球获得更高的过网点,击球时应以全手掌包裹球使球产生强烈的前旋,并呈一定弧线飞行到对方场区。

在完成扣球技术动作的过程中,要注意以下几点:

(1)选准助跑起跳时机;

(2)看准人球位置关系;

(3)找准击球点;

(4)打准部位。

五、拦网

1. 一般特征

拦网时,队员必须移动到网前,选取合适的起跳位置腾空,调整手臂和手在空中的位置,空中拦球,之后缓冲落地,并迅速转身观察球的位置,为下一次进攻做好准备。对初学者来说拦网是较难的一项技术。

2. 动作方法

观察顺序:

首先,观察对方接发球的飞行路线。如果一传过网,拦网队员要做好打探头球的准备,下手要快、准。如果一传到位,要在观察二传出球方向的基础上,做好拦网准备。

其次,观察二传队员的动作,预判二传球的高度和方向,拦网队员及时移动到进攻区域。二传队员传球时手的位置较低一般意味着要传拉开球,移动到球下方时往往会采用背传,充分蹬伸膝关节可能会传出高远球。

再次,观察进攻队员,一旦确定二传的传球目标,必须把注意力转移到进攻队员的身上。要注意观察进攻队员的起始位置和跑动路线,并确定扣球队员的击球手臂。

最后,要看扣球队员的手法。

移动步法和起跳:

在拦网过程中一般采用滑步和交叉步两种步法。在1～2米范围内的移动通常用滑步,距离较远时通常采用交叉步。但无论运用哪种步法,必须快速移动到相应的拦网位置。拦网时首先从正确位置起跳,然后才是用手去拦截球。

第四节 网球

网球运动是一项优雅时尚的运动,是健身价值很高的运动项目,其健身价值和巨大魅力是其他项目所不能替代的。

网球运动对人的生理和心理健康有很好的促进作用,尤其对中老年人有较高的锻炼价值。网球运动是一项健康的运动,经常打网球不仅可使运动者消耗多余热量,而且可以使运动者获得极大的乐趣,绿色的球在眼前来回跳跃,使人的心情特别舒畅。经常打网球还能锻炼人的控制力、耐力和良好的性格。

网球运动又是一项终身运动。网球运动适合不同年龄的人群,可以有效提高身体的健康水平,使运动者的心肺功能得到增强,经常打网球能增强血液循环系统的能力,有助于强健四肢,可以增强肢体的柔韧性和灵活性。网球运动可使参与者身心完全放松,由于其运动强度适当、无身体对抗、趣味性强、室内外都可进行等优点,成为很多人健身的首选项目之一。

网球运动也是一项典型的有氧运动,经常打网球不仅有利于减肥,还可以增强机体的免疫力,可有效防治疾病。网球运动易于调节运动强度,两个伙伴在一起打球时能很好地控制球的力量,根据自己的体能合理地控制强度,由于运动强度较易控制,所以可以有效防止运动伤害。

一、正手击球

(一)动作

准备姿势:面对球网,双脚自然分开与肩同宽,双膝微屈身体略向前倾,重心落在双脚的前脚掌上,两眼注视前方,右手握拍,左手扶住拍颈,置于体前,拍头略高于手腕,不遮视线,身体放松,眼睛注视来球,随时准备移动。

转体引拍:左手轻轻向右侧推拍,同时转肩转胯,带动右手快速平稳地向后引拍,重心后移,左脚前踏,左肩对网,右臂微屈,拍头略高于手腕。

前挥击球:向前挥拍时,以肩关节为轴,用大臂带动小臂、手腕及球拍,肘关节微屈,手腕紧锁,拍面与地面垂直,重心前移,在身体右前方、腰与膝之间的高度上击球。

随挥动作:击球后,球拍向击球的方向自然挥出,肘关节向前、向上抬起,下巴或右脸颊尽量贴近右肩或大臂,左手上举到左肩上方扶住拍柄。

快速返回:随挥动作完成后,迅速恢复到准备姿势,准备接下一个来球。

(二)常见错误与纠正方法

1. 错误一与纠正方法

错误一:挥拍击球时,手腕松动,有明显的甩腕动作,拍头过早挥到体侧或体前。

纠正方法:

(1)用左手抓紧右手腕或借助他人握住手腕,做挥拍动作练习,体会锁腕和拍面垂直击球的感觉。

(2)初学击球时,戴上弹性较好的护腕,可帮助绷紧手腕。

(3)击打教练或同伴抛来的短距离空中球,有助于体验加固手腕击球的感觉。

(4)经常进行对地面的拍球练习,能有效增强击球时手腕的力度。

2. 错误二与纠正方法

错误二:击球时,向后引拍太慢,击球点靠后。

纠正方法：

(1)从引拍后的姿势开始练习,左脚向前跨步,不断地击打教练送来的前点球,养成重心前移、向前击球的习惯。

(2)教练隔网送前点球,要求练习者向前跨步、向后引拍移动击球,巩固体前击球的技术动作。

(3)在正手击球练习时,按教练的提示移动,提高准确判断击球点的能力。

3. 错误三与纠正方法

错误三：正对来球时,侧身转体的幅度不够。

纠正方法：

(1)反复进行侧身引拍打定位球和移动球的练习,强化侧身击球的意识。

(2)击球时,养成左肩对着球网或左手扶拍颈的习惯,迫使练习者转肩、转体,侧对球网。

4. 错误四与纠正方法

错误四：向后引拍动作不标准,造成击球不准或击球不稳。

纠正方法：

(1)多做空拍的挥拍练习,要求向后引拍动作定位后,再做前挥和随挥动作,促使引拍动作更标准。

(2)背靠墙或球场围网,进行向后引拍练习,限制过分向后或向上拉拍。

(3)向后引拍时,在右腋下夹一个网球,引拍时保持球不落地,也能有效地控制引拍的幅度。

(4)初学时,多练习近距离定位球的击球技术,可防止向后引拍的动作变形。

5. 错误五与纠正方法

错误五：击球的拍面过于上翻或前倾。

纠正方法：

(1)反复练习空拍挥拍,挥至击球点时停止,检查拍面是否与地面垂直。

(2)做挥拍击打球网的练习,要使拍面与球网平行相贴。

(3)用左手抓住击球手的手腕进行击球练习,防止手腕转动,保持拍面稳定。

6. 错误六与纠正方法

错误六：正手击球时,大臂仅挥至胸前或腹前,向上挥拍不够。

纠正方法：

(1)挥拍或正手击球时,要强化左手在左肩上方扶拍动作,有意识地提高右臂挥拍的高度。

(2)挥拍击球时,尽可能使右肩或右大臂贴着下巴,也能有效地保证大臂挥动的幅度。

7. 错误七与纠正方法

错误七：正手击球时,左右手在体前交叉,挥拍动作不协调。

纠正方法：

(1)每次挥拍击球时,都要求左手指向来球方向。

(2)每次击球后,要求左手在左肩上方扶拍。

二、反手(双反)击球

反手击球

(一)动作

准备姿势:面对球网,双脚自然分开与肩同宽,双膝微屈身体略向前倾,重心落在双脚的前脚掌上,两眼注视前方,右手握拍,左手扶住拍颈,置于体前,拍头略高于手腕,不遮视线,身体放松,眼睛注视来球,随时准备移动。

转体引拍:判断来球方向后,尽快转肩转胯,重心移至左脚。同时,左手顺着拍柄下滑至右手,双手反拍握法,迅速向后引拍,球拍稍低于击球点,手腕固定,手臂放松。

前挥击球:右脚向左前方跨一步,重心前移,靠腰部转动带动球拍由低向前、向上挥击,击球时,右臂伸直,拍面垂直于地面,击球点稍前于右膝。

随挥动作:击球后,球拍应向右前上方挥至极限,拍头朝上,双手高于肩。

(二)常见错误与纠正方法

1. 错误一与纠正方法

错误一:转肩不到位,转体不充分。

纠正方法:

(1)多做徒手的转肩、转体练习,体会大幅度转动时身体的感受。

(2)从转肩、转体的姿势开始,反复击打定位球,逐渐形成动作惯性。

(3)移动击球时,要先击打速度慢、反弹小、靠前的球,保证练习者有足够的转肩、转体时间。

2. 错误二与纠正方法

错误二:触球太晚,球靠身体太近,击球点忽高忽低。

纠正方法:

(1)加强步法移动的练习,提高移动到位率。

(2)在教练指挥下,做判断球落点的移动练习,将反弹球控制在身体左前方。

(3)反复进行反拍动作定位、定点练习,巩固合理的击球位置。

3. 错误三与纠正方法

错误三:击球点太高,击球稳定性差。

纠正方法:

(1)做挥拍练习时,在击球点位置拉一条橡皮筋或其他标志,强化降低重心和降低击球点的训练。

(2)从低位引拍姿势开始,进行定位球的击球练习。

(3)多练习击打短而低的移动球,强化向前跨步和降低重心引拍击定位球的练习。

4. 错误四与纠正方法

错误四:全身协调性差,配合不足,仅靠挥臂击球,击球吃力,控球较难。

纠正方法:

(1)多做徒手蹬、伸、转体辅助练习,也可手持器械,强化"蹬转"的训练。

(2)对墙或围网做定位球击球练习,击球手臂固定,仅靠蹬、伸、转体的力量将球击出。

(3)每次击球后稍做停顿,看是否重心前移,是否完成随挥动作,强化蹬腿和转体训练。

三、截击

截击

(一)正手截击

准备姿势:面对球网,双脚开立稍宽于肩,两膝微屈,上体稍前倾,重心落在前脚掌上;右手握拍,左手扶住拍颈,置于体前,拍头略高于手腕,不遮视线,身体放松,眼睛注视网前,随时准备向右转体、向前移动。

握拍方法:初学者采用东方式正手拍握法,熟练掌握后可改用大陆式握拍法。

转体引拍:肩右转,带动球拍后摆,球拍不超过身体,稍高于肩,拍头翘起,高于手腕,重心落在右脚上。

前挥击球:左脚向右前方跨出,重心前移,肩同时带动臂,在身体右前方短促有力地向下切击,击球时,固定手腕控制拍面(拍头与地面约呈45°角)。

随挥动作:击球后,球拍沿着击球方向做随挥动作(不超过身体中线)。

(二)反手截击

准备姿势:面对球网,双脚开立稍宽于肩,两膝微屈,上体稍前倾,重心落在前脚掌上;右手握拍,左手扶住拍颈,置于体前,拍头略高于手腕,不遮视线,身体放松,眼睛注视网前,随时准备向左转体、向前移动。

握拍方法:初学时,采用东方式反手握拍法,熟练掌握后可改用大陆式握拍法。

转体引拍:身体重心移至左脚,向左转体时,带动右臂向左做微小的摆动,左手扶拍颈,手腕锁定,拍头翘起。

前挥击球:右脚向左前方跨出,重心前移,击球时,两手如同在拉一根橡皮筋,右肩和小臂在身体的左侧前方向下切击,左手自然后拉。

随挥动作:击球后,球拍沿着击球方向做一个短促的随挥动作。

(三)常见错误与纠正方法

1. 错误一与纠正方法

错误一:引拍幅度过大,击球过晚。

纠正方法:

(1)两人互抛球,要求单手肩上接球,体会手臂快速小幅度摆动的感觉。

(2)背对墙或球场围网站立,做正手和反手截击球练习,引拍不要碰到墙或围网,强化手臂做小幅度摆动训练。

2. 错误二与纠正方法

错误二:截击时,手腕转动或做下扣动作,造成球落网。

纠正方法:

(1)两人徒手互抛球,并在体前接球,体验手腕制动和锁腕的感觉。

(2)练习截击技术时,适当拉开与球网的距离,避免手腕下压动作。

3. 错误三与纠正方法

错误三:截击低位球时,依靠弯腰和降拍头"捞"球,回球效果差。

纠正方法：
(1)做下蹲、降低重心、保持拍面移动的截击球练习。
(2)教练送过网低球，要求练习者下蹲并将球截击到固定区域。

四、高压球

(一)动作

高压球

准备姿势：判断来球方向后，迅速侧身，抬头看球，用交叉步或短促垫步向后移动，同时左手高举指向来球，右手在体前抬肘举拍。

转体引拍：右肩后转，迅速抬起肘部，小臂与地面平行，拍头垂于背后。

前挥击球：击球时，通过转肩带动手臂，向上做鞭打动作，击球瞬间，手腕要做有力的扣击，手臂、手腕和球拍在一条直线上，身体稍前倾。

随挥动作：击球后，扣腕动作继续，让球拍绕过身体，在身体的左下方结束动作，并使拍头指向身后围网。

(二)常见错误与纠正方法

1. 错误一与纠正方法

错误一：移动不到位，击球点判断不准确。

纠正方法：
(1)教练挑各种角度的高球，练习者快速移动，手臂伸直，在高点接球。
(2)先练习较低和近网的高压球，渐渐拉开距离，提高击球点。
(3)自抛不同方向的高球，快速移动，对墙练习高压击球。

2. 错误二与纠正方法

错误二：急于发力，拖臂明显，击球常下网。

纠正方法：
(1)在高处(击球点)放一个标志物，反复练习向上"鞭打"的扣腕动作。
(2)在离练习墙一定距离处，向上抛高球，待球下落或反弹后将球击压至练习墙上略高于球网的标志处。

五、发球

(一)动作

发球

准备姿势：两脚开立，与肩同宽，左肩侧对网，左脚距底线约5厘米，与底线呈$40°$角，两脚脚尖连线指向发球区域，重心在后脚，左手持球并轻托拍颈于体前。

向上抛球：伸直持球臂，自下而上抬至右上方最高点，平稳柔和地将球抛送至身体的右上方。

转体挥拍：当球抛向空中的同时，侧转身，右肩带动右臂引导球拍，摆至体后，肘部抬起，拍头靠近背部，形成背弓。

前挥击球：当球进入击球点时，依次蹬伸踝、膝、髋，用转体带动手臂，向上做鞭打动作，身体及右臂尽量伸直,在最高点击球的瞬间要有明显的扣腕动作。

随挥动作:击球后,应顺着身体及挥拍的惯性,做好收腹、弯腰、收拍及跟进动作。

(二)常见错误与纠正方法

1. 错误一与纠正方法

错误一:抛球不稳,靠手腕来调整球,影响发球的成功率和效果。

纠正方法:

(1)徒手做臂上举抛球动作,杜绝小臂或手腕的抛球动作。

(2)在发球击球点的上方挂一个标志物,抛球时,尽量触及标志物。

(3)连续做自抛自接球练习,直臂上抛球并让上抛的球自然落入抛球的手中。

2. 错误二与纠正方法

错误二:击球点偏低,造成击球臂弯曲,击出的球常下网。

纠正方法:在击球点位置,悬挂一个固定网球或软性标志物进行反复挥拍击打练习,体验直臂击球和在最高点击球的感觉。

3. 错误三与纠正方法

错误三:肘关节上抬不够,缺少向上的"鞭打"力度,常出现大臂下拖现象。

纠正方法:

(1)做肘关节上抬、手触背等辅助练习及肩关节伸展练习,提高肩关节的灵活性。

(2)右手拿球,肘关节上抬,向远处扔球;也可以手持毛巾等柔软物体,做向上、向前的挥拍动作。

第五节 台球

一般来说,台球技术包含三个方面的内容:基本技术动作、基本杆法、基本击球方法。其中,基本技术动作是其他基本技术正确掌握和提高的前提;基本杆法是台球技术学习的重要内容,是学习者对击球准确性和主球控制掌握的关键环节;基本击球方法为台球竞技中击球落袋、解救障碍球等提供更多的方法和途径。

一、基本技术动作

(一)握杆

握杆是学习台球的第一步,握杆正确与否会影响击球质量的高低。

1. 握杆位置

对初学者而言,当拿起一支球杆时,首先是要确定球杆的重心点,然后再确定握杆部位。首先做好食指调杆的准备工作,因为食指和球杆的接触能决定其重心点,握杆的适合点是以重心点为中心向后移40厘米的位置。不过,具体在调整的时候还需要根据人体身高和球杆的长度来决定,找到适合的握杆部位。同时,要从击球的现状来看,握杆的位置还可以前后适当移动。(见图2-1)

2. 握杆方法

握杆方法是非常重要的,首先大拇指、食指和中指都有具体的作用,将球杆放置在虎口,然后用这三根手指轻轻握住,并且还要确保手腕和小臂处于舒适的状态,同时握杆的时候要接近腰部,保持一定的间隙,确保球杆运行的时候是顺畅的,手腕要呈现自然垂直的状态。(见图2-2)

图 2-1 握杆位置

图 2-2 握杆方法

(二)身体姿势

决定身体姿势的关键在于击球方向和瞄准点,需要身体和站立位置同时配合。

1. 站立位置

手握球杆,需要根据主球的位置来选择适合击打的位置,并且球杆要指向主球,做好瞄准的工作。(见图2-3)

2. 脚的站立方法

脚的站立配合是非常重要的,根据身体情况先双脚开立,与肩同宽。两腿直立,也可以左腿稍往前,左膝微屈,右脚需要位于握杆手的内侧,脚尖可以按照舒适的方式摆放。(见图2-4)

图 2-3 站立位置

图 2-4 脚的站立方法

3. 上体姿势

上体姿势根据不同的台球来决定。斯诺克台球桌面较大,所以上体会与台面离得很近,球杆与下颌正中相贴,头抬起,眼睛直视球杆目标方向。而美式台球桌面较小,上体姿势可以稍高。这两种台球的上体姿势都是上体往右微弯,以髋关节为轴心向下俯身。(见图2-5)

4. 肩与肘的位置

肩与肘的位置应呈现在同一个平面上,根据正面看,右肩位于头后。在准备击球的时候,握杆手和肘关节处于一条直线上,并且与地面是垂直的。在运杆的时候,从肘关节为中心,能实现前后摆动的动作。(见图2-6)

图2-5 上体姿势

图2-6 肩与肘的位置

5. 面部位置

头部放正,下颌与球杆轻贴,视线保持平衡,确保面部中线、球杆和右臂处在一个垂直面上。(见图2-7)

(三)击球动作

掌握了基础台球姿势之后,就要了解击球动作。这个方面主要包含架杆、运杆、出杆击球、杆跟进以及停止等几个方面。

1. 架杆

在实际比赛中,架杆分为手架杆、杆架杆。手架杆可以细分为环扣式手架杆和平卧式手架杆。在台球比赛中,当主球离台边较远,架杆手达不到适当放置的位置时,就必须使用架杆。架杆放置台面上,运杆时更加稳定。双脚分开,右脚向前,上体要稍微向左转,肩要比肘部稍高,避免肘沉,以肘关节为中心,平直地运杆击球。(见图2-8)

图2-7 面部位置

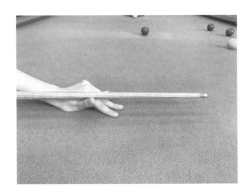

图2-8 架杆

2. 运杆

在击球之前运杆是非常重要的,这个动作可以更好地找到瞄准点,并且放松身体状态,为击球做准备。运杆过程可以分为三个阶段:运杆、后摆、暂停。

第一阶段:运杆,瞄准目标点,进行运杆,以肘关节为中心前后摆动,身体其他部位要保持不动,同时确保球杆的稳定。第二阶段:后摆,击球之前需要拉杆的动作,这个操作会影响击球的效果,其幅度的大小将决定击球所用的力量;要确保动作平直,尾杆不能翘,保证肘部的稳定,大力击球的时候肘部不能下沉。第三阶段:暂停,在后摆的最后一刻暂停动作,这是为了确保击球的准确性。

3. 出杆击球

出杆击球是非常重要的,需要有正确的握杆姿势、身体姿势和运杆动作。以肘关节为中心做摆动的动作,手指和手腕做拉杆的调整动作,确保球杆处于平稳的状态。同时,肩部要放松,大臂保持稳定。出杆击球环节是运杆、后摆、暂停之后的动作,此时稍屏呼吸,两眼盯准目标球的瞄准点,小臂向前出杆,在前臂与地面垂直的位置上击主球。击球应保持良好的心态,动作沉稳。

4. 杆跟进

在击球的时候杆跟进能确保力量完全作用在目标球上,使出杆击球动作呈连续性。

5. 停止

击球后,球杆在跟进中需要停止在某一个位置上。停止就意味着击球动作已经完成。但是,如果这个动作结束太晚,说明该动作是错误的;如果该动作停得太早,就会导致出杆击球动作紧张,其力量无法作用到主球上,会影响出杆击球的效果及其稳定性。

二、基本杆法

在打台球的过程中,只有掌握了精准的击球技术以及杆法,才能在击球后,让球按照自己预想的轨迹运动,使球得分或落袋。因此,掌握正确的杆法是十分重要的,台球中经常使用的基本杆法主要有以下几种:

(一)跟球杆法

跟球杆法是把撞点控制在主球中上部的一种杆法,两球接触后,目标球与主球同时前进,且主球跟在目标球之后。

(二)缩球杆法

缩球杆法是把撞点控制在主球中下部的一种杆法,两球接触后,目标球向前,但主球受到反作用力影响不进反退。

(三)反弹球杆法

反弹球杆法是指将目标球击向桌案边反弹后进袋的一种杆法,反弹球杆法是台球基本技术之一。台球比赛中,击打指定球的情况比较多,为了让目标球进袋,碰撞反弹是一种非常有效的击打方法,其原理是入射角等于反射角,通过入射角来预测目标球的反弹路线使其进袋。

(四)薄球杆法

打薄球比较难,若打得不正确,主球很可能与预想路线发生偏差。因为台面摩擦力较大,球是圆形,球受力向前肯定处于旋转状态,其运行轨迹大都是弧线,打中心线并不是一定要直线,以弧线旋转的方式也能回到中心线。所以,打薄球的关键在于预先确定目标点和运行轨迹,多观察和练习,控制好打击力度和角度。

(五)加塞杆法

很多台球爱好者认为加塞杆法很难,实则不然,加塞杆法的关键在于描点的时候先将击球点定在主球中央,然后沿着一条直线上移击球点即可。至于平移距离则要靠击球者判断,首先用一般方法找准主球中央击球点,然后从这个点出发找好进球角度,再稍稍平移找到平移点,击球即可。

需要注意的是,主球的击球点有九个,如果是高杆,无论是左塞还是右塞,主球都会向加塞的反方向旋转;但低杆的加塞效果则与之相反。因此,在打加塞杆时,先要确定是高杆还是低杆,然后根据自己要加塞的方向选择合适的击球点,高杆向左就打主球右边一点,低杆向左就打主球左边一点。至于左中加塞和右中加塞相较于高杆和低杆要更难把握一些,需要击球者根据加塞原理自己体会。普通的推杆只需要打主球的中心即可,同时要做随杆动作。

台球杆法很多,只有多练习才能在击球时选择最合适的杆法。比如,如果想把主球拉回,那么就可以打低杆,即向主球下方出击;反之,如果想让主球向前,就打高杆,也就是向主球上方打。另外,还可以根据目标球的位置适当选择加塞的打法,不加塞打主球正中,加塞则从中心点稍稍平移,具体的移动位置和方向则根据实际情况,要多练习,这样才能找准方向和力度。

三、基本击球方法

(一)跟进球

跟进球的击球点一般在三个地方,主球的中上、左下或右上,并根据实际情况选择合适的杆法。打跟进球后,主球会根据击球点不同向不同方向跟进。击球后,主球和目标球在接触的一瞬间,主球将自身前进的力通过接触点传递给目标球,目标球受力改变了静止的状态,开始向前运动,主球则由于反作用力会出现一下停顿,之后因自身旋转力迅速向前跟进,并且前进的距离较远。

(二)定位球

定位球,即采用中杆击球的方式进行击球,击球点位于主球的中点,要完全依靠腕部抖动力量打出定位球,主球受力后旋转前进,与目标球碰撞后,主球的推力从接触点全部传给目标球,且停止旋转,这时主球就会停留在原地。打定位球需要控制好手腕的抖动力量,让主球在与目标球碰撞时停止旋转即可,千万不能用力过大,不然就成了推进球。但是,打定位球有一个前提,就是主球与目标球的距离不能太远,不然手腕力量不好控制。打定位球的

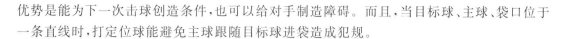

优势是能为下一次击球创造条件，也可以给对手制造障碍。而且，当目标球、主球、袋口位于一条直线时，打定位球能避免主球跟随目标球进袋造成犯规。

（三）缩杆球

打出缩杆球需要有一定的腕部抖动力量，击球时要采取低杆的方式，小臂稍稍向前，在球杆顶部快要接触主球时，迅速抖动腕部向前出击。当主球与目标球碰撞时，主球的力传递给目标球，目标球受力向前运动，主球先是失去力停顿一下，然后靠自身的逆旋力量向后滚动。这个逆旋力量是腕部快速抖动所给予的，腕部抖动频率越快，逆旋力量越强，主球后退距离也就越远。

（四）推进球

推进球是通过击打主球的中心、中左、中右三个位置来实现的，击球方式是用小臂的前后运动来带动腕部运动，将球击出，主球与目标球相撞后，并不会跟随，而是缓缓推进，且距离不会太远。打推进球的目的主要是打障碍球或是为下一杆做准备。

（五）双用球

双用球是指同一个击点击球出现两种作用，着力点主要是主球中点偏下或中点偏上的位置。如果击球时手臂不进行前后运动，当主球受到大力击打与目标球相撞时，目标球受力前进，主球失力反而停止，成了定位球；如果击球时手臂前后运动，主球与目标球碰撞失力后会因手臂前后运动受到一个向前的力，然后缓缓跟随目标球一段距离，就成了推进球。

（六）旋转球

打旋转球又称加塞，就是击打主球中心点的左右侧，一般用于解球和走位。为了体会各种旋转球的性能，首先采用空岸练习，先将主球定在一个点，瞄准空岸，然后用中杆、中高杆、中低杆击打主球，主球会直线弹回，由于击杆的力度和旋转角度不同，主球弹回的距离和速度也会不同。练习了中杆、中高杆和中低杆击球后，再换一种方式击球，瞄准空岸后，用右高、右中、右低的方式击打主球，这时碰岸后并不会直线回弹，而是靠右旋力量偏离右侧运用。采取这种方式使用同样的力量击球时，如果是右高杆出击，回弹后向右偏的角度会比较小；若是右低杆出击，回弹后向右偏的角度会比较大。这一原理在左偏杆击打主球时也同样适用，只是偏转方向相反。

第六节　定向运动

一、定向运动概述

1. 定向运动的起源

"定向"一词最早出现在1886年的瑞典，意思是在地图和指北针的帮助下，穿越未知的地带。定向最初是一项军事活动，把在山地里辨别方向、选择道路和越野行进作为军事训练的内容。地处北欧斯堪的纳维亚半岛的瑞典，地形狭长，地势自西北向东南倾斜；北部为诺尔兰高原,南部及沿海多为平原或丘陵。全国从北向南分为四个地形区:山区、低地湖区、较低高原区和南部小平原区。山区占国土面积的三分之二,山地崎岖不平,覆盖着一望无际的森林,散布着无数的湖泊、城镇和村庄。人们主要利用隐现在林中湖畔的小径来往于各地,因而必须具备精确辨别方向的能力,否则将会有迷失方向的危险。在这样的地理环境中"定向运动"应运而生。地图和指北针是瑞典人的生活必需品,生活在半岛上的居民、军队,便成了定向运动的先驱者。

1897年10月31日,在挪威组织了第一次面向民众的定向运动比赛,当时参赛的人数仅有8人,其后在挪威还举行了一些小规模的比赛。定向运动从军营走向社会,始于20世纪初。1918年,瑞典的一位童子军领袖吉兰特组织了一次名为"寻宝游戏"的活动,给定向运动赋予了游戏的特性,引起了人们的极大兴趣。1919年3月25日,一次影响深远的定向比赛在瑞典斯德哥尔摩南部Nacka的林中举行,参赛人数达到217人,它的组织模式与规格标志着定向运动作为一项独立的体育项目诞生。时任斯德哥尔摩体育联合会主席的吉兰特便被人们视作"定向运动之父"。

2. 定向运动的主要赛事

1)国际定向运动联合会主办及正式认可的比赛

(1)世界定向锦标赛(WOC):始于1966年,2003年以前,每两年举办一届。

(2)世界青年定向锦标赛(JWOC):始于1990年,每年举办一届,要求参赛者年龄在20岁以下。

(3)世界元老定向锦标赛(MWOC):始于1998年,每年举办一届,要求参赛者年龄在35岁以上。

(4)世界杯赛(WC):始于1983年,每两年举办一届,允许以个人形式参加比赛。

(5)世界公园定向锦标赛联赛,亦称为世界公园定向巡回赛(PWT):只有世界排名前25名的运动员才有资格参加。

2)知名的地方比赛

(1)瑞典5日赛(O-Ringen):世界上规模最大的定向比赛,每年7月在瑞典举办。

(2)芬兰24小时接力赛(Jukola):世界上规模最大的定向接力赛,每年6月在芬兰白夜地区24小时持续举办。

(3)瑞典10公里夜间定向接力赛(Tio-Mila):世界上最刺激的夜间定向接力赛。

(4)瑞典25人混合接力赛(25-Manna):世界上规模最大的混合定向接力赛,每年10月在瑞典举行。

3. 定向运动的组织

1)国际定向运动联合会

国际定向运动联合会(International Orienteering Federation,IOF),简称国际定联,1961年5月在丹麦首都哥本哈根成立,开始只有10个国家的组织为正式会员。1992年,我国以中国定向运动委员会的名义加入国际定联。截至2002年底,其会员协会已发展到62个国家与地区,其中43个为正式会员,19个为准会员。(见图2-9)

2)世界公园定向运动组织

世界公园定向运动组织(Park World Tour,PWT)是1995年在国际定向运动联合会注

图 2-9 国际定向运动联合会的图标

册的一个国际组织。PWT 在世界各地公园举行职业定向精英巡回赛,设总奖金并进行排名。PWT 精英巡回赛开始于 1996 年,每年在世界各地举办十场左右的比赛,世界排名前 25 位的男女选手都可以参赛。(见图 2-10)

3)中国定向运动协会

1995 年 12 月,国家体育总局"中国定向运动协会"在北京成立,从此,我国的定向运动事业翻开了崭新的一页。2004 年 11 月 10 日,经国家民政部批准,中国定向运动协会在北京举办成立大会,中国定向运动协会正式成立。这标志着定向运动这一古老而又新兴的体育运动在中国的发展进入了成熟阶段。时任国家体育总局航管中心主任赵明宇当选中国定向运动协会的首任主席,时任国家体育总局航管中心无线电定向部副主任马惠敏当选协会秘书长;协会下设七个专业委员会。中国定向运动协会积极推动定向运动在国内的发展,每年在全国范围内组织全国定向运动锦标赛和全国城市定向运动系列赛,赛事的组织工作与国际惯例接轨,裁判规则与技术标准完全按照国际定向运动联合会颁布的规范实施。(见图 2-11)

图 2-10 世界公园定向运动组织的图标

图 2-11 中国定向运动协会的图标

4. 定向运动的分类

定向运动参与者借助一个指北针和一张详细精确的定向地图,按顺序找到地图上所标出的各个检查点,选择适合自己的最佳路线到达终点,用时最短者获胜。(见图 2-12)

定向运动一般分为徒步定向(定向越野)、山地车定向、轮椅定向、滑雪定向。其中定向越野由于划分角度不同又有多种分类。按比赛时间分为标准距离赛、中距离赛、短距离赛、百米定向赛;按场地分为公园定向、校园定向、野外定向;按竞赛性质分为个人赛、接力赛、团队赛;按竞赛时间分为日间赛、夜间赛;按到访检查点的顺序分为按特定顺序、无特定顺序。

1)徒步定向

徒步定向是定向运动中参与度最广、组织最便捷、开展最广泛的一种。由于其比赛的胜负取决于个人的识图、奔跑能力以及选择路线的能力,不确定性较大,适合各年龄段的人员参与。(见图 2-13)

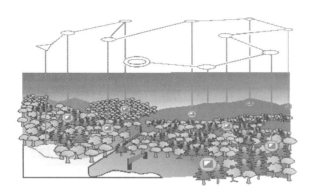

图 2-12　定向运动的立体示意图

图 2-13　徒步定向

2）山地车定向

山地车定向是将定向运动和山地车运动结合的一种定向运动方式。要求运动员在比赛中不仅要记忆地图进行路线选择，还要具备高超的山地车骑行经验，保证比赛中的安全性；一般比赛范围较广，比徒步定向的地图范围略大。（见图 2-14）

图 2-14　山地车定向

3）轮椅定向

轮椅定向是专为残疾人设计的一种定向运动形式。要求参与者乘坐轮椅完成比赛中规定的点位要求。轮椅定向目前也发展为一种能让所有参与者都饶有兴趣完成的专项比赛。（见图 2-15）

图 2-15　轮椅定向

4)滑雪定向

滑雪定向是将定向运动与滑雪相结合的一种定向运动形式。目前,滑雪定向已被列入冬季奥运会的比赛项目之一。滑雪定向运动在东欧国家非常流行,我国吉林、黑龙江省每年冬天的时候也常有此类比赛举行。(见图 2-16)

图 2-16　滑雪定向

二、定向运动基本知识

1. 定向识图

1)比例尺

定向地图中的比例尺是指地图上某一段线的长度与相应的实地距离的比例,实际上就是指地表现象的缩小程度。计算方式为:比例尺=图上距离/实地距离=a/b。其中,a 为图上距离,b 为地图上单位长度所代表的实地水平距离。由此可见,比例尺的分母越小,地图的比例尺就越大,地图的内容就越详尽;反之,分母越大,地图的比例尺就越小,地图上描述的内容就越简略。

比例尺的表述形式:比例尺的表述一般采用数字式、文字式、图解式三种。数字式是用阿拉伯数字表示,例如,1∶1000;文字式就是用文字说明,例如,图上 1 厘米表示实地 10 米;图解式是用图形线条的方式进行说明。

2)图例符号(见图 2-17)

(1)棕色图例。棕色图例代表实地的地形特征,如等高线、峡谷和洼地、山脊和凹地、小丘和坑、等级公路、沥青路面等。棕色图例一般呈现线条状。(见图 2-18)

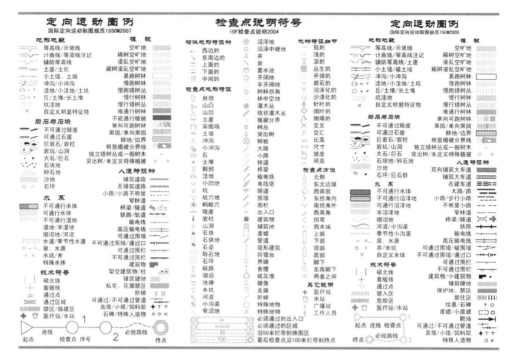

图2-17 定向运动的图例及检查点符号（华瑞健定向提供）

图2-18 棕色图例

（2）黑色图例。黑色图例代表质地非常坚硬的物体。如建筑、篱笆、塔、石头、石块、石堆、悬崖等。这些在生活中均属于质地坚硬的物体，在地图中由黑色图例表示。但由于物体形状的不同，还可以分为不规则黑色建筑物、不可逾越的墙体、黑色的石头、黑色的人造物等。（见图2-19）

（3）灰色图例。灰色一般是对黑色图例进行辅助的颜色，代表的是地图中可穿行的建筑物。（见图2-20）

（4）黄色图例。黄色图例代表与土地有关的物体，如开阔地、庄稼地、草地、林间空地等。由于实地的地貌不同，又分为土黄色、黄底黑点、黄底白点、白底黄点、黄底绿点等图例颜色搭配。（见图2-21）

岩面与石块
Rock and boulders

不能通过的石崖 Impassable cliff		巨石 Large boulder	
可通过的石坎 Passable rock face		石群 Boulder field	
崖墩/悬崖 Rock pillars/cliffs		石堆 Boulder cluster	
岩坑 Rocky pit 山洞 Cave		砾石堆 Stony ground	
石块 Boulder		石坪 Open sandy ground	
		岩面与石块 Bare rock	

图 2-19 黑色图例

人工地物
Man-made features

高级公路 Motorway	明显岔路口 Visible path junction
公路 Highway	不明显岔路 Indistinct junction
车路 Minor road	涵洞/隧道 Tunnel
车道 Road	建设中的车路
车径 Vehicle track	步桥 Footbridge
步道 Footpath	有桥通过 Crossing point with bridge
小径 Small path	无桥通过 Crossing point without bridge
不明显小径 Less distinct small path	
窄马道 Narrow ride	

图 2-20 灰色图例

植被

- 空旷地
- 稀疏空旷地
- 杂草地
- 稀疏杂草地
- 可跑树林
- 慢跑树林
- 慢跑低矮丛林
- 慢行树林
- 慢行低矮丛林
- 通行困难树林
- 果林
- 耕地
- 明显植物分界
- 不明显植物分界
- 特殊植物符号/孤树

图 2-21 黄色和绿色图例

(5)绿色图例。绿色图例代表所有的绿色植物,绿色越深,代表越难穿行,可通过性越低。在地图上会通过深绿色和浅绿色、纯绿色和条纹绿色来区别表示。其中军绿色和白色是非常特殊的一类颜色,所代表的物体也是植物,但是军绿色表示禁区,是不可破坏、不可踩踏的植物;白色代表的是高大且树下可以穿行的针叶林地,也叫作白林地。

(6)蓝色图例。蓝色图例代表与水有关的地形特征,如湖泊或开阔水域、沼泽地、井、喷泉、水坑、河流、小溪等。在地图上通过纯蓝色和条纹蓝色、深蓝色和浅蓝色、蓝色区域和蓝色点状来区别表示。(见图 2-22)

图 2-22　蓝色图例

(7)紫红色图例。地图中的禁区或是行进的路线指示,一般以紫红色来表示。其中,紫红色的条纹格表示这个区域存在一定的危险性,危险可能来自地理环境,也可能来自生物伤害或人为危险等;紫红色的线条代表行进的路线。(见图 2-23)

图 2-23　紫红色图例

2.指北针

指北针分为基板式指北针和拇指式指北针,其结构是磁针(红针)指向北方,蓝针表示当前的前进方向。原理:地球是一个巨大的磁场,磁针受地磁影响红针永远指向北。使用指北

针时需水平放置,远离金属与磁性源。(见图2-24)

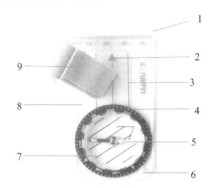

图 2-24 指北针

1.刻度尺;2.前进方向箭头;3.照准线;4.分度盘;5.磁针;6.系绳孔;7.充满液体的磁针盒;8.基板;9.拇指卡带

3. 常见装备

1）点标旗

点标旗由三个 30 cm×30 cm 的橙白相间的正方形组成。(见图2-25)

点标旗折叠管理

图 2-25 点标旗

2）定向计时装备

定向计时装备有很多,器材方面的介绍主要以北京乐嘉器材为主。(见图2-26)

图 2-26 定向计时器材

（1）指卡：一般是戴在手上使用,具有计时功能和点签触发记录功能。(见图2-27)

（2）清除点签：在点签上面写着"清除"两个字,具有清除指卡中上一条存储记忆的功能。(见图2-28)

图 2-27　指卡　　　　　　　　　　　　图 2-28　清除点签

(3)起点点签:在点签上面写着"起点"两个字;具有触发计时的功能,当指卡感应起点签后,指卡的计时功能开始运行。(见图 2-29)

(4)分站点签:在点签上面写着不同的数字,代表点位号码;具有感应记录的触发功能,当指卡在感应到分站点后,记录到访时间和先后顺序。(见图 2-30)

图 2-29　起点点签　　　　　　　　　　图 2-30　分站点签

(5)终点点签:在点签上面写着"终点"两个字;具有触发计时的功能,当指卡感应起点签后,指卡的计时功能停止,并记录到访时间。(见图 2-31)

(6)主站点签:在点签上面写着"主站"两个字;与其他点签不同,主站点签连接着数据线,可以外接电脑或外部输出装备(如微型打印机)。(见图 2-32)

 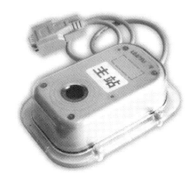

图 2-31　终点点签　　　　　　　　　　图 2-32　主站点签

（7）微型打印机：用于连接主站设备，可以输出每条指卡的打卡信息。上面详细记录了起点、分站点、终点每个点位的到访时间，以及运动员完成比赛的总时间和相邻两个点位之间的间隔时间。（见图 2-33）

图 2-33　微型打印机及其打印的成绩单

三、定向运动基本技能

1. 辨别方位

1）借助地物

首先在实地找到与地图上相对应的、具有方位意义的明显地物，如山头、独立树、桥梁、道路或道路交叉处、河流或河流汇合处等。然后转动地图，使图上地物与实地相对应的地物的位置关系完全一致，此时地面上的方位与图上的方位完全符合，根据地图标示的方位便可知实地的方位。

2）借助罗盘

将罗盘置于地图上，使地图的北图廓与罗盘磁针北端指示的方向一致，将罗盘带有南、北注记的方向线对准图上磁子午线方向，然后将地图和放在上面的罗盘一起转动，直至磁针北端指在北处，此时实地方向与地图的方向完全一致。

3）利用太阳

在晴朗的白天，主要是利用太阳来确定方向。太阳升起的方向是东，下落的方向是西。但是，只有在春分和秋分时，日出和日落的方向才是正东和正西。从春分到夏至，太阳升起（或下落）的方位由正东（或正西）逐渐向北偏移，到夏至时偏移到最北点，如在北京及同纬度地区夏至时日出最偏北（或日落最偏北）的角度约 31°。从夏至到秋分，太阳升起（或下落）的方位逐渐向南偏移，到秋分这一天移到正东（或正西）。从秋分到冬至，太阳升起（或下落）的方位由正东（或正西）继续向南偏移，冬至时偏移到最南点，如在北京及同纬度地区冬至时日出最偏南（或日落最偏南）的角度约 31°。从冬至到春分，太阳升起（或下落）的方位逐渐向北偏移，春分移到正东（或正西）。

知道了不同季节日出点（或日落点）的大约方位，又根据正午时太阳一定位于正南方（北回归线以北）和正北方（南回归线以南）这一点，就可判定白天不同钟点时，太阳所在的大致方位。

4）利用月亮

晴朗的夜晚,可利用月亮判定大概的方向。以北半球为例,农历初一新月时,月亮和太阳在同一方向,它与太阳一起升落,这时看不到月亮。农历初七八上弦月时,月亮在太阳东面90°,比太阳约晚 6 小时升起来,也约晚 6 小时落入地平线,即正午太阳在正南方时,月亮刚从东方地平线升起;太阳在西方地平线时,月亮在正南方;午夜前后,月亮在西方地平线上。农历十五六日(有时是十七日)望月时,月亮和太阳相距180°,太阳下落时,月亮从东方升起;第二天太阳升起时,月亮从西方落下。农历二十二三日下弦月时,月亮在太阳西面90°,它比太阳约早 6 小时升起来,也约早 6 小时落下去,即太阳从东方升起时,月亮在正南方;正午太阳位于正南方时,月亮从西方落下。这样,就可根据不同的月相判定大概的方向。

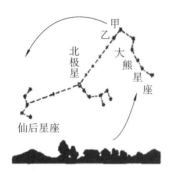

图 2-34　北极星指北

5）利用北极星(见图 2-34)

在北半球,北极星无疑是一颗最重要的指示方向的星体了。北极星距离北天极不足 1°,故在夜间找到北极星就基本上找到了正北方。北极星属小熊星座,是其中最亮的一颗(二等星)。由于小熊星座众星除北极星外都较暗,所以,通常根据北斗七星来寻找北极星。

北斗七星是大熊星座的主体,其形状像一只勺子,我国民间又称"勺星"。从斗口边两星(指极星)的连线向斗口外延长五倍左右,便可找到北极星。北极星附近相当大的一片区域里,没有比其更亮的星,所以,用这种方法很容易找到它。因此,谚语云:"识得北斗,天下好走。"

当北斗七星由于周日视运动旋转到较低位置,甚至没入地平线以下时,则可根据仙后座来寻找北极星。仙后座主体由五颗亮星组成,形似字母"W",也被称为"W"星。"W"星和北斗七星分居北极星两侧大约对称的位置。二者在星空中遥遥相对,非常显眼。当北斗七星位置较低不易观察时,"W"星正好高悬天庭。在"W"星缺口中间的前方,约为缺口宽度的两倍处,即可找到北极星。

由于北极星紧靠北天极,所以,只有北半球的人们才可用其判别方向。在北半球任一地方,北极星的高度角等于当地的地理纬度,如北京的纬度是北纬40°,则在北京看到的北极星的高度角也约为40°。这一点可作为确认北极星的一个依据。

6）利用杆影(见图 2-35)

晴朗的白天,高出地面的物体在阳光的照射下总会产生阴影。随着太阳在天空位置的变化,物体影子的朝向、长度也不断发生变化。在一块平坦的地面上,竖立一根直杆,在某一时刻记下直杆影子顶端的位置 A,过 10~20 分钟,再标出影子顶端的位置 B,连接 AB,则 AB 就是此地近似的东西方向线。首先标出的一点为西方,面向西方,则背后为东方,左边为南方,右边为北方。

还有一种较准确的方法。在午前某一时刻记下杆影顶端位置 A,以直杆和地面的交点 O 为圆心,以 OA 为半径画一圆弧,待午后某一时刻,杆影顶端恰好落在弧上时再记下位置 B,连接 AB 并取其中点 C,则 OC 即为该地的南北方向线。CO 方向为正南,OC 方向为正北,CA 方向为正西,CB 方向为正东。

7）利用钟表（见图2-36）

太阳每天东升西落转一周（360°）为24小时，钟表时针转一周只需12小时，所以，太阳在天空中运转速度每小时15°，是时针速度的一半。而正午（地方时12时）时刻太阳在正南方（北回归线以北），所以，钟表上12时刻度线和时针之间的角平分线即为南方。

钟表定向

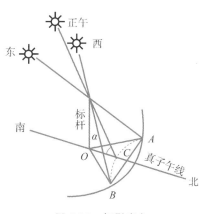

图2-35　杆影定向

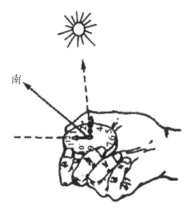

图2-36　钟表定向

估测方向时，将钟表平放，时针对准太阳，为准确起见，可在表盘上直立一根大头针（细直草根、牙签均可）。太阳照射细针时便在表盘留下阴影，用影子代表太阳所在方向，平移表盘使影子通过表盘中心，再转动表盘使影子与时针相重合，那么，此时时针和12时的刻度线之间的夹角平分线就是南方（北回归线以北）。

在我国，钟表所用时间为北京时间，即以东经120°的地方时为准的时间。用钟表确定方向根据地方时会准确些，如兰州（约东经104°）和东经120°相差约15°，因此，兰州的地方时比北京时间晚约1小时，若此时为北京时间8点，则兰州的地方时为7点，用此法之前将时针由8点拨到7点，然后再按前述步骤进行即可。必须说明，受多种因素的影响，用钟表法定向有一定的误差。

2. 标定地图

第一步：地图归北。

地图水平放置，指北针水平放在地图上。指北针的直长边缘与站立点和目标点之间的连线平行或重合。使指北针和地图保持一个整体，转动身体，直到指北针的红针与地图标示的北方一致、磁针与磁北线平行。

标定地图

第二步：确定站立点。

根据周边的地形特征明确所处的站立点，根据至少三个相似物确定实际站立点与地图保持一致。

第三步：明确方向，选择路线。

标定地图后，指北针的前进方向箭头或所指的方向即为下一个目标点的方向。

3. 确定站立点

熟练地掌握确定站立点的各种方法是使用地图的关键。对于这些方法，除了要记住它们各自的步骤、要领，尤其重要的是要学会根据不同的情况，对它们进行选择使用和结合使用。

1) 直接确定法

根据单个的地物,现状地物的拐弯点、交叉点(呈"十"字形)、交汇点(呈"丁"字形)和端点,面状地物的中心或者有特征的边缘等直接确定站立点。

可以称得上是明显地形点的地貌主要有山地、鞍部、洼地;陡崖、冲沟、谷地的拐弯、交叉和交汇点;山脊、山背线上的转折点、坡度变换点等。

2) 位置关系法

当站立点位于明显地形点附近时,可以利用位置关系法确定站立点,主要依据两个要素,一是站立点至明显地形点的方向,二是站立点至明显地形点的距离。在地形起伏明显的地方,还可以结合高差情况进行判定。

3) 交会法

当站立点附近无明显地形点时,可以利用交会法确定站立点。交会法又可以具体分为90°法、截线法、磁方位角交会法和后方交会法。交会法的优点是不需要判断或测量距离也能确定出较为准确的站立点位置,这对于初学者进行定向地图的训练是很有意义的。但是,这种方法只能在某些特定的条件下才能运用,费时费力,因此在定向运动比赛中较少使用。

(1) 90°法。当待测点位于线状地形(包括道路、沟渠、山背线、谷底线、坡度变换线等)上时,如果在与运动方向相垂直的方向上能够找出一个明显地形点,那么确定站立点就简单得多;线状地形符号与垂直方向线的交点即为站立点。

(2) 截线法。当待测点位于线状地形上,但在其与运动方向相垂直的方向上没有明显地形点,可以采用截线法。具体步骤:标定地图;在线状地形的侧方选择一个地图上和实地都有的明显地形点;利用指北针的直长边缘(也可用三棱尺、铅笔等)切于地图上明显地形点的定位点上(为便于操作可插一根细针),然后转动指北针,使其直长边对准该地形点;沿指北针的直长边向后画方向线,该方向线与线状地形符号的交点,就是站立点在图上的位置。

(3) 磁方位角交会法。既可以在开阔地形使用,也可以在丛林中使用。但是,在丛林中需要攀爬到便于向远方观察的树上或其他物体上进行。具体步骤:选择地图上和实地都有的两个明显地形点,并用指北针分别测出至两个地形点的磁方位角;标定地图,将所测磁方位角图解在地图上,图解磁方位角时,要先转动指北针的分度盘,让指标分别对正所测的方位角值,再将指北针的直长边分别切于图上的两个地形点符号并转动指北针;待磁针与定向箭头重合后,分别沿直长边画方向线;两方向线的交点,就是站立点在图上的位置。

磁方位角交会法

(4) 后方交会法。后方交会法通常要求地形较开阔,通视良好。具体步骤:在图上找到选定的地形点之后,标定地图;然后按照截线法的步骤分别向各个地形点瞄准并画方向线,图上方向线的交点就是站立点。

4. 行进方法

1) 拇指辅行法

先明确自己的站立点和将要运动的路线,然后转动地图(身体要随之转动),使地图与实地的方向一致,并用大拇指压于站立点一侧,再开始行进。行进中要根据自己所到达的位置,不断移动大拇指,转动地图,保持位置、方向的

拇指辅行法

连贯性与正确性。

2）借线法

当检查点位于线状地形或其附近时，可以采用借线法。行进时，先明确站立点，然后利用易于辨认的线状地形，如道路、围栏、高压线、山背线、坡度变换线等，作为行进的"引导"，使自己在行进时更有信心。由于沿着线状地形前进犹如扶着楼梯的栏杆行走，因此国外称这种方法为"扶手法"。

3）借点法

当检查点附近有高大、明显的地形点时，可用借点法。行进前，要先将目标辨认清楚（亦可用其他物体佐证），然后用最快的速度前往检查点。

4）沿等高线行进法

当检查点位于等高线山体的一侧时，直接攀越山头行进较为困难，可以在检查点所处的同一等高线行进，在指北针的帮助下寻找检查点。

5. 识别等高线地形图（见图 2-37）

1）等高线的概念

等高线是地图上代表实地高度相等的各点连接而成的闭合曲线。同一条等高线上，各点的高度相等，并各自闭合；同一幅地图上，等高线多，山就高，等高线少，山就低；等高线间隔小，实地坡度陡，等高线间隔大，实地坡度缓；等高线的弯曲形状与相应实地的地貌形态相似。

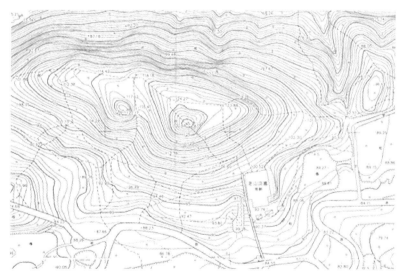

图 2-37　等高线地形图

2）示坡线（见图 2-38）

示坡线是指顺着下坡的方向绘制并与等高线垂直相交的小短线。示坡线通常在地图上等高线明显的弯曲处标明，顺着示坡线的方向是下坡，逆着示坡线的方向为上坡。

3）等高距（见图 2-39）

等高距是指各相邻等高线的垂直高度差。同一地形，等高距越小，则表示等高线越密，地貌越详细，反之，等高距越大，则等高线越稀疏。等高距不是一个绝对值，依据地貌特征、

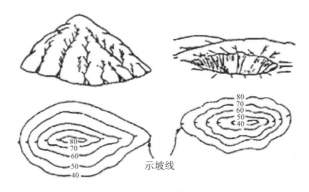

图 2-38 示坡线

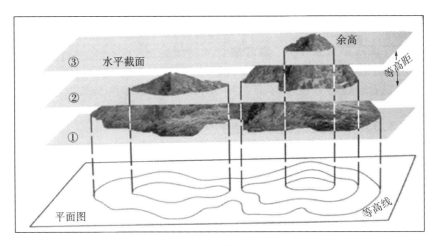

图 2-39 等高距

地图比例以及山体高度进行设定，可以是 1 米、3 米、5 米、10 米等。

6. 认知山形地貌（见图 2-40）

1）山顶与凹地（见图 2-41）

山顶：由等高线最小的圆圈表示，示坡线在圆圈外边。

凹地：由等高线圆圈表示，并且示坡线在圆圈里边。

2）山背、山谷与鞍部（见图 2-42 和图 2-43）

山背：等高线向外凸出的部分表示山背。

山谷：等高线向里凹进的部分表示山谷。

鞍部：相连两个山顶间如马鞍状的低凹部分表示鞍部。

3）台地（见图 2-44）

台地：斜面上小面积的平缓地，由一组（或一条）向下坡方向突出的等高线表示。

4）山脊（见图 2-45）

山脊：由若干山顶、鞍部相连所形成的凸棱部分。

5）山坡（见图 2-46）

山坡：山体的倾斜部分，近似一个斜面，根据斜坡外形可以分为等齐斜坡、凸形斜坡、凹形斜坡、波形斜坡。

第二章 专项技术

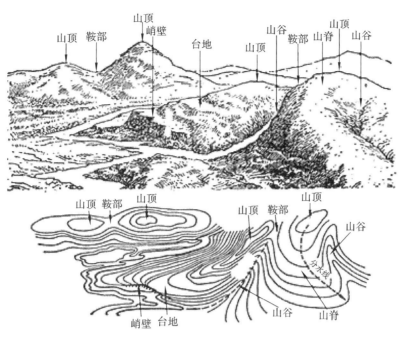

图 2-40 山形地貌实地与地图对比

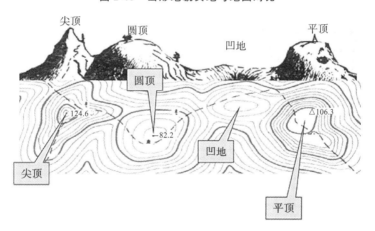

图 2-41 山顶与凹地

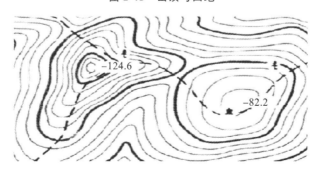

图 2-42 山谷和鞍部

61

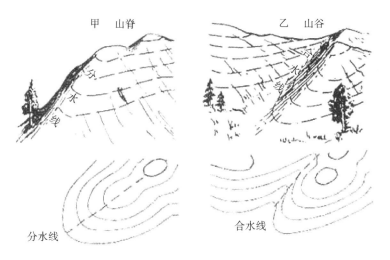

图 2-43 山背和山谷

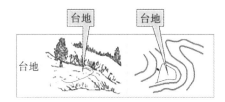

图 2-44 台地

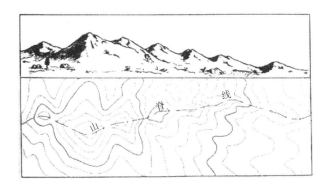

图 2-45 山脊

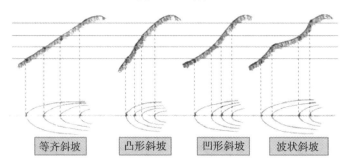

图 2-46 山坡

6）山地起伏识别

(1)根据等高线图判断山体的坡向。等高线是一种闭合曲线,地形中所表示的山脊、山垄等地貌隆起部分的等高线,其突出的部分总是朝向下坡,而山谷、凹地的等高线则相反。（见图2-47）

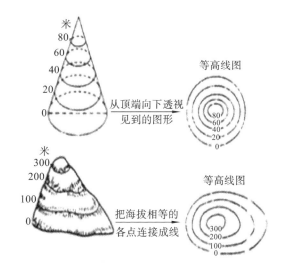

图 2-47　根据等高线图判断山体的坡向

(2)根据等高线的示坡线判断斜坡的坡向。示坡线的方向代表着山坡的走向,顺示坡线的方向为下坡,逆示坡线的方向为上坡。（见图2-48）

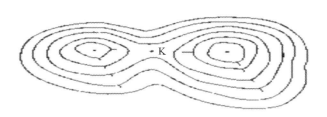

图 2-48　示坡线表示山坡的走向

(3)根据等高线的疏密判断山地斜坡的陡缓。等高线越密的地方代表坡度越陡峭,反之,越稀疏的地方代表坡度越平缓。（见图2-49）

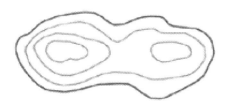

图 2-49　根据等高线判断山体的坡度

7. 捕捉检查点

1) 定点攻击法

当检查点位置明显,在一些明显地形特征物的点位或附近时,可以采用定点攻击法。首先,将这些明显地形特征物设定为攻击点;其次,依据攻击点和检查点的位置关系进行判断,如果检查点不在攻击点的可视范围内,可采用指北针标定地图的方式明确前进方向;最后,明确检查点的位置。(见图 2-50)

2) 提前偏差法

当检查点设在线状物的一侧时,如大路、大河、植被地界线等。可以根据地形条件,选择线状物为攻击点,然后采用提前预估偏离的方法进行寻找。因此,首先要找到线状物,再根据线状物与检查点的位置关系寻找检查点。(见图 2-51)

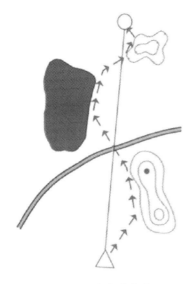

图 2-50 定点攻击法

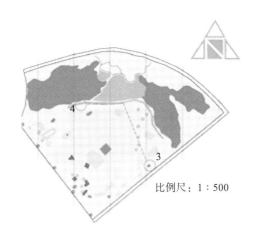

比例尺:1∶500

图 2-51 提前偏差法

3) 距离定点法

当检查点处于地势较为平坦,并且通透性较好的地貌环境中时,可以采用距离定点法。首先要以周围的地物特征为攻击点,利用指北针标定的方式明确蓝色箭头的前进方向,然后结合地图与实地的位置关系估算距离,不断向检查点靠近并找到检查点。

如图 2-52 所示,当从 5 号点向 6 号点进行寻找时,所处地势较为平坦,视线较为开阔,可以采用指北针刻度尺测量地图距离,再依据比例尺换算实地距离的方式进行计算。估算出由 5 号点向 6 号点行进的实地距离。

4) 地貌分析法

当检查点处于地势较为起伏的环境中,被设置在一些特殊地貌附近时,可以采用地貌分析法。采用这种方法要根据地图上检查点与地貌的关系进行确认,做路线分析。

如图 2-53 所示,由 2 号点向 3 号点寻找时,根据地图可知 3 号点位于一片季节性水域边上,2 号点向 3 号点的前进方向被一片深绿色难通行的植被林地覆盖,这时可以采用绕行的方式行进。同时,3 号点的位置位于季节性水域和对面山体的山谷中间,所以采用如图 2-53

所示的路线前进。

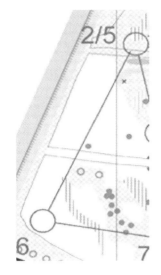

图 2-52　距离定点法

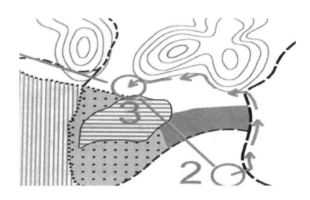

图 2-53　地貌分析法

8. 绘制地图

以绘制教室平面地图为例。

装备：两张白纸，一个夹子，一把尺子或指北针，一根铅笔，一块橡皮。

第一步：确定地图的边界线（教室的围墙），然后测量出墙与墙之间的距离，也就是教室的长和宽。可使用一些测量工具，但最简单的方法是使用步量法。采用步量法，需要预先控制步幅，一个高个子的人正常步幅大约为一米，一个身材稍矮的人步幅为 50~60 厘米，为方便起见，可用 50 厘米的步幅来测量。

测完距离后，要确定比例尺。对于一个不太大的教室来说，用 A4 或 A5 的纸，比例尺一般定为 1∶100 或 1∶200（有时也用 1∶150）。假如比例尺是 1∶200，那么一个长 28 米、宽 16 米的教室在地图中的面积就是 14 厘米×8 厘米。

第二步：进一步测量其他较大的物体，如讲台、桌椅等。

第三步：再测量一些小的物体，如花瓶、扬声器等。当然，地图的详细度是由绘图者决定的，应注意的是，一张简单而精确的地图远比一张详细但不准确的地图要好得多。

第四步：做图例说明表，解释地图上的标识分别代表什么地物。

第五步：在地图中标明正北方向。

现在，一张简单而精确的教室平面图就完成了，可用地图举办小型的竞赛来教学生或其他人体验定向运用基本技能。对于初学者来说，用绘制地图的办法来学习定向运动基本技能是非常简单而有效的。

9. 计时打卡

当执行打卡操作时（见图 2-54），将指卡靠近点签的"打卡区"，即点签的圆孔部分，可听到设备发出"嘀嘀"声，同时红色指示灯闪烁，表示打卡完成。计时打卡操作流程如图 2-55 所示。

图 2-54　执行打卡操作

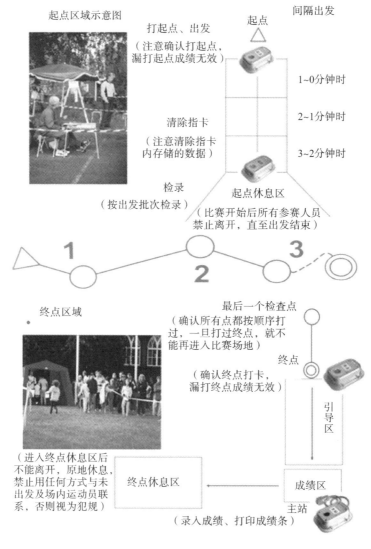

图 2-55　打卡操作流程

注意事项：
(1)连续打卡多次，以第一次打卡的时间为准；
(2)指卡为非接触式，靠近打卡区约 0.1 秒即可完成打卡操作，请勿猛烈敲击打卡；
(3)比赛开始前注意清除站点，删除指卡内存储的旧信息；
(4)若漏打起点、终点，成绩无效；
(5)在出发前绑好指卡带，以防指卡丢失。

第七节　攀岩运动

一、基本技术

1. 固定技术

固定技术是指在岩壁平衡或固定的技术，一般可分为一点固定技术、两点固定技术、三点固定技术、四点固定技术。

1）一点固定技术

攀爬者仅接触一个支点固定和平衡身体，支点可以是手点，可以是脚点，也可以是身体的任何一个部位点。

要点：一般难度系数极高，对攀爬者的本体感、身体核心稳定性、心理素质、神经和生理系统调节能力要求极高，需要有极强的综合技能和体能。

一点固定技术

2）两点固定技术

攀爬者仅接触两个支点固定和平衡身体，支点可以是手点，可以是脚点，也可以是身体的任何一个部位点。

要点：难度系数低于一点固定技术，典型的对抗和平衡对称技术，对攀爬者的专业技能要求较高。

两点固定技术1

两点固定技术2

3）三点固定技术

三点固定技术是指在岩壁上使用双脚单手或双手单脚三肢固定，每次只移动一手或一脚向上攀爬的方法。运用该方法时，上下肢要协调配合，在放手移向下一个手点前，必须保持自己身体的平衡状态，移动新的脚点时，要先将重心移至该点。攀爬过

三点固定技术1

三点固定技术2

程中要降低重心，手臂尽量伸直，尽可能多地利用下肢发力和支撑重心。在攀爬过程中，灵活地控制身体和移动重心，从而有效地减轻双手的负荷，保持身体平衡，提高完成动作的能力。对于初学者，最好不要急于爬高，而应先做一段时间的平移练习，即从岩壁较低位置的一侧横向移动到另一侧，体会推拉腰胯的重心控制技术。

在三点固定单手换点时，一般先把重心向对侧移动，使手在没离开原支点之前就已经没有负荷，可以轻松地出手抓握下一支点，横向移动时，重心要下沉，使双手吊在支点上而不是费力地抠拉支点，在伸手抓下一支点时应把双脚踩实，用腿的力量使重心上移，而不是单靠手的拉力使身体上移，只靠手臂力量攀爬不可能持久。移动时身体尽量贴近岩壁，若用到侧拉、手脚同点、平衡身体等技术动作时要使身体与岩壁间留一定空间，以便做预备性动作，但

要在身体上升的一瞬间使身体迅速贴向岩壁。在安全的前提下,可利用惯性直接冲击下一支点,这样不仅可以节省体力,还能提高完成动作的信心。动作要连贯但不能太随意,保证各个细节都要到位,冲击到支点后要尽快恢复身体平衡,调整好重心。困难地段快速通过,容易地段可做适当调整休息,使动作"连贯—停顿—连贯"间歇进行。休息地段一般选择没有仰角或仰角较小的大支点处,用最小的力去抓握支点,两手臂轮换放松休息。

4)四点固定技术

四点固定技术是指攀爬者接触四个支点固定和平衡身体的技术。

四点固定技术1

四点固定技术2

要点:难度系数低,多用作过渡动作或休息时使用。

2. 基本移动技术

基本移动技术是指在岩壁上移动时简单省力、方便易学、使用普遍的移动方法,一般有身体姿态处置技术、同手同脚移动技术等。

1)身体姿势

攀登时身体要自然放松,以1~4个支点稳定身体重心,重心要随攀登动作的转换不断移动,这是攀岩能否稳定、平衡、省力的关键。要想身体放松就要根据岩壁陡缓程度,使身体和岩壁保持一定距离,靠得太近,会影响视线,无法观察攀岩路线和支点。但在攀登人工岩壁时要贴得很近。在自然岩壁攀登时,上下肢要协调舒展,攀岩要有节奏,上拉、下蹬要同时用力,身体重心一定要落在脚上,保持面向岩壁、固定支撑、直立于岩壁上的身体姿势。

基本移动技术

2)手的动作

手在攀登中是抓住支点、维持身体平衡的关键,手臂力量的大小直接影响攀登的质量和效果。因此,一个优秀的攀岩运动员必须有足够的指力、腕力和臂力。对初学者来说,在不善于充分利用下肢力量的情况下,手臂的动作就显得更为重要。手应该如何用力,在人工岩壁攀登和自然岩壁攀登时情况不同,前者要求第一指关节用力抠紧支点的同时,手腕要紧张,手掌要贴在岩壁上,小臂也要随手掌紧贴岩壁而下垂,在引体时,手指(握点)有下压抬臂动作,其动作规律是,身体重心的活动轨迹变化不大,节奏更为明显。但攀登自然岩壁时,手的动作变化很大,要根据支点不同采用各种用力方法,如抓、握、挂、抠、扒、捏、拉、推压、撑等。

3)脚的动作

一个优秀攀岩运动员的攀登技术发挥得好坏,关键是两腿的力量是否能充分利用。只靠手臂力量攀登不可能持久。脚的动作要领是两腿外旋,大脚趾内侧贴近岩壁,两腿微屈,以脚踩支点维持身体重心,在自然岩壁支点大小不一和方向不同的情况下,要灵活运用双脚力量。但要切记,膝盖不要接触岩壁,否则会影响脚的支撑力和身体平衡,甚至会造成滑脱而使膝盖受伤。另外,在用脚踩支点时,切忌用力过猛,还要掌握好用力的方向。

4)手脚配合

凡优秀攀岩运动员,其上下肢力量是协调运用的。对初学者或技术还不熟练的运动员来说,上肢力量显得更为重要,攀登时往往是上肢引体、下肢蹬压抬腿来移动身体。如果上肢力量差,攀登时就容易疲劳,表现为手臂无力、酸疼麻木,逐渐失去抓握能力。失去抓握能力后,即使下肢力量强,也难以继续维持身体平衡。所以学习攀岩,首先要练好上肢力量,上肢又要以手指、手腕和手臂力量为主,再配合脚腕、脚趾以及腿部的力量,使身体重心随着用力方向的不同而协调移动,手脚动作的配合也会更加自如。

3. 侧身技术

侧身技术是指通过膝关节内旋(折膝)、旋转髋和脊柱进行移动的技术,是攀岩运动中最常见的动作之一,也是初学者必学且易学的技术之一。

技术要点:身体倾斜,对侧手脚使用。通过腿脚的蹬起和髋关节、腰部及躯干的旋转,身体重心向上移动。当达到脚蹬发力抛物线的最高点时,上肢发力把重心拉引向目标点。适合于下方支点和目标点位于手抓点两侧不同区域,手抓点抓握方向向上或向左右两侧时适用。

侧身技术

4. 侧拉技术

侧拉技术是指同手同脚对抗支点后,进行移动抓点踩点的技术,经常用于裂缝攀爬。

侧拉技术

技术要点:身体侧向岩壁,以身体对侧手脚接触岩壁,另一只腿伸直用来调节身体平衡,靠单腿力量把身体顶起,抓握上方支点。以左手抓握支点不动为例,身体朝左,右腿弯曲踩在支点上,左腿用来保持身体平衡,右腿蹬支点发力,右手伸出抓握上方支点。由于人的膝盖是向前弯的,若面对岩壁,抬腿踩点必然要把身体顶出来,改为身体侧向岩壁就可以很好地解决这一问题,身体更靠墙,把更多重量传到脚上,而且能利用全身的高度,达到更高的支点。

5. 挂脚技术

挂脚技术是指当下一脚点位置较高很难用脚尖踩点时,用脚跟挂住支点的攀爬方式。很多时候,挂脚动作也是脚上手点技术的变形。挂脚时,先提大腿屈膝,然后外展胯部,横膝,同时大腿股四头肌带动小腿下压后拉支点,带动膝关节移动竖起,最后变成脚跟踩点,完成挂脚动作。挂脚动作非常常见,主要应用于翻屋檐,大斜壁横向移动,直壁高脚位置。

挂脚技术

技术要点:脚跟要足够稳;脚尖向外,使踝关节能够做支撑动作。

6. 勾脚技术

攀爬过程中用脚背正面钩挂支点的动作叫作勾脚,主要有屋檐地带勾脚,大岩壁横向移动勾脚,侧壁勾脚。

勾脚技术

技术要点:要给脚留足够的空间,在移动之前,要尽可能把腿伸直,勾脚时脚踝关节一般为90°或大于90°;如果脚点较小,脚趾背勾点,则脚踝关节一般稍大于90°;当脚点很大,用脚背勾点时,脚踝关节为90°或小于90°。勾脚技术需要双脚配合,一只脚踩点另一只脚勾点。

二、基本动作

1. 换手

换手是指在同一个支点上,一只手替换另一只手抓支点的动作。针对不同支点,出手的动作也不同,攀岩的手法有抓、握、抠、撑、推等,当支点比较大且容易控制时,换手的动作相对简单,可以直接替换;当支点比较小或者较难

换手

控制时,换手需要特别小心,甚至需要一根手指一根手指地依次替换。

技术要点:换手时,重心降低,设法把身体重量放在脚上,认真观察支点的结构特点,选择最合适的手法,在替换过程中通过移动身体重心来保持身体平衡,使自己固定在岩壁上。

2. 换脚

换脚是指在同一个支点上,一只脚替换另一只脚踩支点的动作。用手臂控制身体重心,换脚前调整作用力脚的位置、预留部分空位;然后另一只脚脚尖外侧斜切落至空位,作用力脚渐渐抽离支点,另一只脚从外侧到内侧逐渐踩实脚点,变成作用力脚,完成换脚动作。换脚分为三种情况:大点换脚、小点换脚、空中换脚。针对不同支点,踩点的动作也不同,攀岩的脚法有蹬、挂、压、踏等,当支点比较大且容易控制时,换脚的动作相对简单,可以直接替换;当支点比较小或者较难控制时,换脚需要特别小心,甚至需要脚尖一点一点地移开直到另一只脚完全踩住这个支点。

换脚

技术要点:一只脚能接触支点的位置有四处:鞋正前尖、鞋尖内侧边(拇趾)、鞋尖外侧边(四趾趾尖)和鞋后跟尖(主要是翻屋檐时用来挂脚)。而且只能踩进一指左右的宽度,不能太多,这样脚在承力的情况下才能够左右旋转运动,完成换脚、转体等动作。

换脚是一项基本的技术动作,攀登中经常使用。常见一些初学者换脚时是前脚使劲一蹬,跃起,后脚准确地落在前脚原来的支点上,看起来十分利落,但实际上是错的,一方面这样使手指吃劲较大,另一方面造成了身体失衡,而且在脚点较高时无法用这种方法换脚。

正确的换脚方法是保持平稳,不增加手的负担。以左脚换右脚为例,先把左脚提到右脚上方,右脚以脚在支点上最右侧为轴逆时针(向下看)转动,把支点左侧空出来,重心还在右脚上,左脚从上方切入,踩点,右脚趁势抽出,重心过渡到左脚。动作连贯起来,就像脚底抹了油一样,右脚从支点滑出,左脚同时滑入,重量一直由双脚负担,手只用来调节平衡。双脚在攀登过程中除了支撑体重外,还常用来维持身体平衡,脚并不总是踩在支点上,有时要把一条腿悬空伸出来调整身体重心,使重心平稳地过渡到另一只脚上。

3. 交叉手

交叉手是指在移动过程中,一只手固定于支点,通过扭腰、折膝等技巧,另一只手从固定手上方(或下方)越过抓住下一支点的动作。交叉手可以有效减少换手次数,降低攀爬过程中的体能消耗。交叉手可分为上交叉手和下交叉手。

交叉手1　　交叉手2

技术要点:双手握住水平位置的两个手点,双臂伸直,含肩,身体略微后仰。当下一个手点位置在身体的正左或左上方时,侧身折膝向左的同时,腰胯与脚尖旋转,顺着身体的惯性,左手不动,出右手越过左手上方抓点。当下一个手点位置在身体的正左或左下方时,侧身折膝向左的同时,腰胯与脚尖旋转,顺着身体的惯性,左手不动,出右手越过左手下方抓点。当下一个手点位置在身体的右侧时,同理。

4. 交叉脚

交叉脚是指移动过程中,需要下肢交叉踩点,通过旋转脚踝和膝关节、扭腰等技巧,完成交叉脚的动作。交叉脚可以减少换脚动作,节省体力。交叉脚有前交叉脚和后交叉脚两种,比较常用的是前交叉脚。

交叉脚

技术要点:以前交叉脚为例,在岩壁上保持四点固定,身体面向岩壁,若下一个脚点在左脚支点的左上方时,向左转腰、侧身、提右膝,将右脚通过身体正前方踩到下一个脚点。

5. 脚尖踩

脚尖踩是指在攀爬中使用脚内侧尖即大脚趾部位踩点,是攀岩运动中最常见、最普遍、最基础的动作。脚尖踩比较灵活,可以根据需要转动脚的方向。移动脚点的时候,眼睛要看着下一个脚点,确保踩到正确的位置,这样才能踩住极小的支点,发挥最大的蹬点反作用力。

脚尖踩

技术要点:身体离岩壁远一些,靠得太近,会导致人被岩壁推出来,靠外踩点,手臂更容易放松;脚跟下压,使重心放到脚上。

6. 脚跟踩

脚跟踩是用脚跟压在支点上,达到蹬伸或转移重心的目的。脚跟踩主要应用于挂脚,一方面,挂脚时利用脚跟踩将身体的重量放在脚上,进行有效的休息和保持身体平衡。另一方面,脚跟踩可以更好地发力。

脚跟踩

三、绳结技术

1. 双八字结

双八字结具备耐力强、牢固等优点,其安全性非常值得信赖,经常被登山人士作为救命绳结使用。不过,美中不足的是双八字结的绳圈大小很难调整,而且当负荷过重结被拉得很紧,或绳沾到水的时候,很难解开。

双八字结

2. 双套结

双套结用单手即可完成,可以在攀登过程中随时做成保护点,十分方便,被广泛地应用在攀岩运动中。

双套结

3. 蝴蝶结

蝴蝶结主要用于两个人以上结组中连接中间人。蝴蝶结可以承受三个方向的受力,在绳子的任何一段都可以打结使用,在登山过程中可以利用蝴蝶结将一群人都连接成一组,队员之间互相保护,防止滑坠,防止坠入冰裂缝。

蝴蝶结

4. 兔耳结

先打一个双八字结,然后将绳头穿回,将穿回的绳头拉成圈,再从外边反套回去,套过来以后再两侧拉紧,右边留出适当长度便是兔耳结。兔耳结大量运用于顶绳攀登中不解开绳头的情况下直接挂锁。

兔耳结

5. 布林结

在顶绳攀登中可选用布林结,它的优点是方便快捷,缺点是不受力时容易松动以至完全脱开。

布林结

6. 平结

平结可以连接两条粗细相同的绳子或连接绳套以增加整体的长度。

平结

四、保护技术

保护技术按照保护点的位置分为上方保护和下方保护两种,以下主要介绍上方保护的方法。上方保护是把保护点设置在攀登路线的顶部,与顶绳攀登相对应的一种保护方法,适用于日常训练和初学者练习。目前流行的操作方法有好多种,其中安全性较高、使用较多的操作方法是法式保护法,即通常所说的五步法。

1. 五步法

(1)左手掌心向上、右手掌心向下,分别握紧主绳,左手向下拉绳子的同时右手向上拉绳子。

保护法之顶绳保护法

(2)右手握紧绳子由胸前回放到右大腿外。

(3)左手移至右手上方,掌心向下握紧绳子。

(4)右手移至左手上方。

(5)还原至第一步。

注意事项:任何时候都要有一只手紧握通过下降器的绳子;放绳子时,手要协调配合,要缓慢匀速;绳尾要打防脱结;检查绳子是否缠绕。

2. 建立保护站

主要针对顶绳攀登方式的保护站建立,具体操作流程如下:

(1)进入场地检查装备是否齐全与装备的完好性。

(2)穿戴好安全带,检查安全带是否穿戴正确、平整,搭扣处一定要检查是否反扣。

建立保护站

(3)把120厘米的扁带从上下攀登环中间穿过,并挂上主锁做好自我保护的准备(可以在扁带的非缝合处打一个单结)。

(4)检查下降用的绳子是否有损坏并且捋好绳子,将捋好的绳子捆绑在身上。

(5)进入上升梯,用主锁与上升保护器连接,检查连接是否牢固可靠;上升至保护站设置点。

(6)开始设置保护站,将60厘米的两根短扁带环绕在保护站支撑点上,挂上主锁;保护站根据双扁带双主锁的要求设置,并且要求扁带之间要有相对独立的安全性且保证不相互缠绕,扁带缝合处不得与硬物接触和摩擦。

(7)保护站设置好后再次检查绳子是否有缠绕现象,并把绳子捋顺以便之后抛绳。把预先留下标记结的绳子中心点扣入主锁,为绳子末端做好制动端后,拿起捋顺的绳子观察岩壁下方是否有人,并且发出抛绳的信号,确认岩壁下方安全无误之后抛下绳子。观察绳子是否有缠绕或挂在岩壁的情况,并且做好适当的处理,然后解开绳子中心点的标记结。

3. 拆除保护站

主要针对顶绳攀登方式的保护站拆除,具体操作流程如下:

(1)做好自我保护,带上必要的装备,并严格检查。

拆除保护站

(2)将绳子的中心段用双八字结标记,将绳子的一端绕过横梁,缓慢下落至地面,绳子的中心段处于横梁正中位置。

(3)依次拆除钢锁、扁带,将其迅速放置于安全带的装备环上,整理好并检查锁扣。

(4)装好下降装置,做好制动。

(5)拆除自我保护,下降至地面。

五、下降技术

绳降是快速下降的方式,但操作不当容易出现事故。绳降可以使用专门的下降器或绕身下降,后者可用于高楼逃生项目。以下主要介绍单绳和双绳下降,使用的下降器为 ATC 和 8 字环。

8 字环下降　　**ATC 下降**

1. 基本装备

绳降的基本配置:登山绳、小绳套或扁带、丝扣锁、安全带、头盔、下降器、手套等。

2. 基本步骤

(1)观察和规划下降路线。

(2)穿好安全带,队友之间互相检查装备。

(3)设置保护站和锚点,设置备份锚点,将自己固定在锚点上。

(4)装下降器,注意不要脱手。

(5)设置后备措施。

(6)下降,到达下降站,重复第(3)步,确认已将自己固定好,解开下降器和法式抓结。

(7)确认路线上没有卡绳子的地方。建议使用一根绳对折下降,如果使用两根绳子,绳结部分可能会卡在灌木丛中。

(8)所有队员依次下降。

3. 注意事项

(1)绳尾打结。绳尾打结可以有效防止制动失控的情况下一坠到底。但在抽绳的时候一定要解开。

(2)长头发的人应将头发盘起来,避免绞入下降器中。

(3)建议不要使用手套,除非特别冷的天气。

(4)减小抽绳的拉力。如果绳子搭在岩台上,抽绳会比较费劲,可以通过延长扁带的方式,使绳子延伸到岩台下面。

(5)背大包的队员先下降,空身和体重最轻的队员最后下降。

(6)如果背包很重,会使上身后仰,可交叉背一条胸带,在胸前扣一把锁,绳子扣入锁中就可以有效地控制身体姿态。

(7)队员很多的时候,为了提高效率,可以两个人各使用一根绳子同时下降。两人体重差别不大时,可以通过绳套连接。

第八节　器械健身

器械健身是运用健身器械,根据人的生理功能和运动解剖学特点进行的一种针对个体体质和形体的发展身体肌肉、减少脂肪含量的专门方法。器械健身是采用科学的训练方法,按照健身运动科学原理,采用一整套系统的训练方法,用以强健身体、增强体质、发展肌肉,从而改善身体形态、促进身体健康的有目的的练习过程。在日常生活中,加强器械健身对身体有诸多益处。

延缓衰老:长期进行适当的器械健身,可以增加骨密度、降低血糖浓度、降低血压、提升心肺功能,从而延缓衰老、降低慢性疾病的发生率。

增强肌肉耐力,减少肌肉劳损:较高强度的器械健身,可以有效提升肌肉力量;中等力量的器械健身,可以有效提升肌肉的爆发力;轻重量的器械健身,可以增强肌肉的耐力;定期进行身体各部位的器械健身,可以发展肌肉力量,预防和减小肌肉劳损,减少颈椎疾病等的困扰。

降低肥胖的发生率:器械健身可以加快人体的基础代谢,降低体脂含量,达到减少脂肪的目的。

改善运动能力:有效的器械健身,不但能够提升肌肉的神经传导功能,还能够提升身体的柔韧与速度,促进身体力量的发挥,改善运动能力。

一、手臂肌肉及练习动作

1. 手臂肌肉及起止点

手臂肌肉主要包括:肱二头肌、喙肱肌、肱肌、肱三头肌、肱桡肌等。这些肌肉的起止点及主要功能如表 2-1 所示。

表 2-1 手臂主要肌肉

肌肉名称	起 点	止 点	主要功能
肱二头肌	长头起于肩胛骨盂上结节,短头起于肩胛骨喙突	桡骨粗隆和前臂筋膜	使肩关节、肘关节屈;使大臂向躯干靠拢
喙肱肌	肩胛骨喙突	肱骨中部内侧	使肩关节屈、内收和外旋
肱肌	肱骨前面下半部分	尺骨粗隆和冠突	使肘关节屈,大臂在肘关节位置屈
肱三头肌	长头起于肩胛骨盂下结节,外侧头起于肱骨桡神经沟外上方,内侧头起于桡神经沟以下的骨面	尺骨鹰嘴	使肘关节伸,大臂在肘关节位置伸
肱桡肌	肱骨外上髁的上方	桡骨茎突	使肘关节屈

2. 哑铃弯举

开始与还原动作:身体直立,双手反握哑铃,肘关节贴紧躯干,上体微微前倾,膝关节微屈。

哑铃弯举

练习动作:大臂固定,肱二头肌收缩,弯臂屈肘,将哑铃提至肩部高度,持续用力收缩稳定片刻,然后缓慢还原至开始动作,重复数次。

呼吸方式:向上屈肘时呼气,向下还原时吸气。

练习类型:孤立练习。

3. 哑铃俯立臂屈伸

开始与还原动作:双手握哑铃,掌心相对,屈膝并腿,身体前倾,俯身下去,抬头挺胸塌背,大臂贴紧躯干并与地面平行。

练习动作:躯干和大臂固定,肱三头肌用力,使小臂在肘关节处向后伸直,持续用力收缩稳定片刻,然后缓慢还原至开始动作,重复数次。

呼吸方式：向下屈肘时吸气，向上伸肘时呼气。
练习类型：孤立练习。

4. 绳索下压伸肘

开始与还原动作：屈膝并腿，身体微微前倾，双手正握绳索直柄两端，掌心向下，双手距离与肩同宽。

练习动作：大臂贴紧身体，大臂与地面垂直，练习过程中，身体保持稳定，肱三头肌用力向下拉绳，小臂内旋，待前臂完全伸直后，停顿三秒，缓慢还原至开始动作。

呼吸方式：向下伸肘时呼气，向上屈肘时吸气。
练习类型：孤立练习。

哑铃俯立
臂屈伸

绳索下压
伸肘

二、腿臀肌肉及练习动作

1. 腿臀肌肉及起止点

腿臀肌肉主要包括：臀大肌、臀中肌、臀小肌、梨状肌、缝匠肌、股四头肌、阔筋膜张肌、股二头肌等。这些肌肉的起止点及主要功能如表 2-2 所示。

表 2-2　腿臂主要肌肉

肌肉名称	起　点	止　点	主要功能
臀大肌	髂骨翼外面和骶骨背面	髂胫束和股骨的臀肌粗隆	近固定时，使大腿屈和外旋；远固定时，使脊柱和躯干前屈，骨盆前倾
臀中肌	髂骨翼外面	股骨大转子	近固定时，使大腿伸和外旋；远固定时，伸直躯干，防止躯干前倾和保持身体平衡
臀小肌	髂骨翼外面	股骨大转子	
梨状肌	骶骨盆面	股骨大转子	使伸直的大腿外旋
缝匠肌	髂前上棘	胫骨上端的内侧面	近固定时，使大腿在膝关节处屈，膝关节伸时，使骨盆前倾；远固定时，屈大腿、屈小腿
股四头肌	髂前下棘	胫骨粗隆	近固定时，使小腿在膝关节处伸；远固定时，使大腿在膝关节处伸，维持身体直立
阔筋膜张肌	髂前上棘	胫骨外侧髁	使大腿屈和外展
股二头肌	长头起于坐骨结节，短头起于股骨粗线外侧唇下部	两头合并以后，止于腓骨头	使小腿外旋或内旋

2. 俯撑屈膝腿后举

开始与还原动作：跪姿，身体前俯，双手俯撑于地面，手臂伸直与躯干垂直，双手距离与肩同宽，头部与躯干保持在一条直线上。

练习动作:保持膝关节弯曲,大腿和小腿成90°,臀大肌和大腿后群肌用力,举腿后摆,上举至大腿与髋关节处于一个平面,稳定片刻,还原至开始动作。

呼吸方式:腿后举时呼气,向下还原时吸气。

练习类型:复合练习。

俯撑屈膝腿后举

3. 仰卧挺髋

开始与还原动作:仰卧,双臂位于体侧,膝关节弯曲,双脚距离与肩同宽,全脚掌着地。

练习动作:腿部发力,髋关节伸,腹部上挺,下背部呈反弓形,稳定片刻,缓慢还原至开始动作。

呼吸方式:向上挺髋时呼气,向下还原时吸气。

练习类型:复合练习。

仰卧挺髋

4. 杠铃硬拉

开始与还原动作:分腿站立,双脚距离与肩同宽,选择适宜的负荷,杠铃位于身前,背部挺直,屈膝下蹲,双手抓握杠铃,握距同肩宽,如果抓握困难,可以使用握力带。

杠铃硬拉

练习动作:下肢肌肉发力,提起杠铃,双腿向上蹬伸,躯干伸肌同时用力,挺直躯干至直立位,挺胸收腹,肩胛骨后缩,稳定片刻,脊柱和膝关节前屈,缓慢还原至开始动作,杠铃落地;背部有损伤者应避免这种练习。

呼吸方式:上提杠铃时呼气,向下还原时吸气。

练习类型:复合练习。

5. 杠铃深蹲

开始与还原动作:选择适宜的负荷,肩部扛起杠铃,颈部稍向前屈,双手抓握铃杆;下肢用力蹬伸,脊柱伸直,双脚开立与肩同宽,脚尖略向外。

练习动作:抬头、挺胸、收腹,躯干略微前倾,缓慢屈膝下蹲,控制动作节奏,臀部后坐,直至大腿后侧靠近小腿三头肌;蹬起时下肢伸肌发力,克服阻力上行,还原至开始动作;该练习的关节运动幅度大,躯干尽可能伸直并固定。

杠铃深蹲

呼吸方式:向上还原时呼气,向下蹲时吸气。

练习类型:复合练习。

6. 哑铃箭步蹲

开始与还原动作:双手各拿一个哑铃,身体直立,躯干挺直,双眼平视前方,两脚间距同肩宽。

练习动作:右脚向前迈步,髋关节、膝关节屈,重心下降,上身躯干挺直,双腿成方步;注意膝关节不得超过脚趾,身体保持平衡,停顿片刻,然后右脚跟支撑,用力向前蹬,伸膝关节和髋关节,保持脊柱挺直,还原至开始动作,交替做左腿练习。

哑铃箭步蹲

呼吸方式:向前做弓步时呼气,向后还原时吸气。

练习类型:复合练习。

7. 倒蹬机练习

开始与还原动作:选择适宜的负荷,坐在倒蹬机坐凳上,背部挺直,贴紧靠背,使脊柱均匀受力,双脚踩在踏板上,脚间距同肩宽;双脚支持负荷,向前上方蹬伸至膝关节完全伸直,但不锁定膝关节;躯干与大腿成直角。

练习动作:缓慢屈髋、屈膝,让踏板下行,至膝关节弯曲角度约为90°;然后下肢伸肌发力,脚部着力点在前脚掌,用力上蹬踏板,至膝关节伸直,再还原至开始动作。

倒蹬机练习

呼吸方式:腿部蹬伸时呼气,屈膝还原时吸气。

练习类型:复合练习。

8. 俯卧屈膝器练习

开始与还原动作:选择适宜的负荷,调节脚垫位置,俯卧在练习凳上,背部挺直,小腿伸直,膝关节在支撑面之外,踝关节伸,双手抓住握柄。

练习动作:股后肌群发力,小腿在膝关节处屈至极限角度,身体其他部位固定,保持静止状态;肌肉发力收缩,稳定片刻,缓慢伸膝下行,还原至开始动作;负荷重量不能大,发力动作要保持持续用力,不要突然加力,否则容易拉伤肌肉。

俯卧屈膝器练习

呼吸方式:屈膝用力时呼气,伸膝还原时吸气。

练习类型:孤立练习。

三、肩部肌肉及练习动作

1. 肩部肌肉及起止点

肩部肌肉主要包括:三角肌、冈下肌、大圆肌等。这些肌肉的起止点及主要功能如表2-3所示。

表2-3 肩部主要肌肉

肌肉名称	起　　点	止　　点	主　要　功　能
三角肌	锁骨外侧半、肩峰和肩胛冈	肱骨三角肌粗隆	前束:使肩关节屈、内旋
			中束:使肩关节外展
			后束:使肩关节伸、外旋
冈下肌	冈下窝	肱骨大结节	使肩关节伸、外旋
大圆肌	肩胛骨下角背面	肱骨小结节嵴	使肩关节伸、内收

2. 哑铃前平举

开始与还原动作:两腿自然分开站立,膝关节微屈,身体微微前倾,双手持哑铃于大腿前侧,手臂自然伸直,掌心朝向大腿。

哑铃前平举

练习动作:保持身体微微前倾,肘关节微屈,手臂向前抬起,掌心朝下,哑铃抬至略高于肩部,停顿片刻,缓慢放下哑铃,还原至开始动作。

呼吸方式:手臂上抬时呼气,向下还原时吸气。

练习类型:复合练习。

3. 哑铃肩上弧形推举

开始与还原动作:两腿自然分开站立,膝关节微屈,双手屈肘持哑铃于肩部两侧,掌心朝前。

练习动作:保持身体直立,肘关节不动,手臂经弧形向头顶上方举起哑铃,哑铃推至头顶上方,停顿片刻,缓慢沿着原轨迹还原至开始动作。

呼吸方式:手臂向上推起时呼气,向下还原时吸气。

练习类型:复合练习。

哑铃肩上
弧形推举

4. 哑铃肩上稻草人举

开始与还原动作:两腿自然分开站立,膝关节微屈,双手屈肘持哑铃于肩部两侧,大臂和小臂呈90°,且平行于地面,掌心朝下。

练习动作:保持身体直立,大臂放平不动,小臂屈肘由水平位置向上抬起,使小臂立起,停顿片刻,缓慢放下哑铃至开始动作。

呼吸方式:小臂上抬时呼气,向下还原时吸气。

练习类型:复合练习。

哑铃肩上
稻草人举

5. 杠铃胸前提拉

开始与还原动作:两腿自然分开站立,膝关节微屈,双手正握杠铃于身体前侧。

练习动作:保持身体直立,三角肌发力,屈肘将杠铃提至接近下颌的位置,持续用力,停顿片刻,缓慢还原至开始动作。

杠铃胸前
提拉

呼吸方式:向上提拉时呼气,向下还原时吸气。

练习类型:复合练习。

四、背部肌肉及练习动作

1. 背部肌肉及起止点

背部肌肉主要包括:背阔肌、竖脊肌、菱形肌等。这些肌肉的起止点及主要功能如表2-4所示。

表2-4 背部主要肌肉

肌肉名称	起 点	止 点	主 要 功 能
背阔肌	下六胸椎、全部腰椎棘突、骶正中嵴、髂嵴后部和下三位肋外侧面	肱骨小结节嵴	近固定时,使大臂内旋、内收以及伸展;远固定时,使躯干向上提升
竖脊肌	骶骨背面、髂嵴后部、腰椎棘突和胸腰筋膜	颈、胸椎棘突和横突、颞骨乳突和肋骨肋角	上固定时,可以使脊柱伸、骨盆前倾、臀部上翘;下固定时,可以使脊柱向收缩的一侧屈,两侧同时收缩可以使脊柱和头部伸展
菱形肌	下二颈椎和上四胸椎棘突	肩胛骨内侧缘	远固定时,可以使脊柱向收缩的一侧屈,两侧同时收缩时可以使脊柱伸展;近固定时,使肩胛骨回旋、后缩、上提

2. 杠铃耸肩

开始与还原动作：挺身站直，双脚距离与肩同宽，双手在身前抓握杠铃，正握，掌心朝向大腿，握距应比肩略宽。

练习动作：双肩向上耸起，用肩膀找耳朵，保持收缩状态片刻，然后缓慢还原至开始动作。

呼吸方式：向上耸肩时呼气，向下还原时吸气。

练习类型：孤立练习。

杠铃耸肩

3. 宽握高位下拉

开始与还原动作：坐在练习器坐凳上，调整座位高度，双手抓握拉杆，掌心向前，双臂向前伸直，躯干后仰约30°，下背部呈反弓形，挺胸收腹。（握距分为三种：宽握时双手间距宽于肩，中等握距同肩宽，窄握距窄于肩宽。）

宽握高位下拉

练习动作：用力下拉，躯干固定，肩胛骨后缩，大臂在肩关节处收缩，肘关节屈，拉杆拉至胸部位置；下拉到位时，注意用力收缩，小臂和手的作用仅为抓握拉杆，没有其他动作，稳定片刻，缓慢向上还原至开始动作。

呼吸方式：下拉时呼气，向上还原时吸气。

练习类型：复合练习。

4. 坐姿划船

开始与还原动作：坐在划船器坐垫上，脚蹬踏板，膝关节微屈但不锁定，身体微微前倾，背部挺直。

练习动作：伸臂屈肘，沿水平方向后拉负荷，躯干与大腿的角度不变，下背部呈反弓形，肩胛骨后缩，挺胸收腹，拉杆至腹部；用力收缩背部肌肉，稳定片刻，缓慢还原至开始动作；练习过程中，躯干不要前后摇摆和左右晃动，保持固定姿势。

呼吸类型：向后拉时呼气，向前还原时吸气。

练习类型：复合练习。

5. 杠铃硬拉

开始与还原动作：屈膝分腿，抬头挺胸塌背，双手正握杠铃，握距比肩略宽，腰部收紧。

杠铃硬拉

练习动作：向上提拉杠铃时腰部收紧，双脚蹬地站立，膝关节伸，髋关节伸，挺胸收腹，肩胛骨后缩，完成动作后停顿片刻，然后向下缓慢还原至开始动作。

呼吸方式：向上提拉时呼气，向下还原时吸气。

练习类型：复合练习。

6. 山羊挺身

开始与还原动作：俯身在山羊挺身器上，腰骶连接位置与器材接触，髋关节能自由活动，脚跟抵住挡板，双手屈肘抱于胸前。

练习动作：以腰骶为轴，脊柱和躯干挺直，缓慢屈体前，保持背部完全伸直，在完全拉伸后，稳定片刻，脊柱伸，抬起躯干，还原至开始动作。

呼吸方式：向下俯身时呼气，向上还原时吸气。

练习类型：复合练习。

五、胸部肌肉及练习动作

1. 胸部肌肉及起止点

胸部肌肉主要包括：胸大肌、胸小肌、前锯肌等。这些肌肉的起止点及主要功能如表 2-5 所示。

表 2-5 胸部主要肌肉

肌肉名称	起 点	止 点	主要功能
胸大肌	锁骨内侧半、胸骨侧缘和上位第六肋软骨、腹直肌鞘前壁	肱骨大结节嵴	远固定时，可以使躯干向大臂拉动靠拢；近固定时，可以使大臂内旋、内收和屈
胸小肌	第3～5肋骨的前面、肋间肌表面的筋膜	肩胛骨喙突	使肩胛骨回旋、前伸和下降
前锯肌	第1～9肋骨的外侧面	肩胛骨内侧缘	使肩胛骨回旋、前伸和下降

2. 杠铃卧推

开始与还原动作：仰卧于长凳上，两腿分开比肩宽，屈膝踩地，肩、背、臀与长凳贴紧，双手正握杠铃，采用宽握距。

练习动作：肩胛骨和手臂前伸，停顿片刻后缓慢放下杠铃至胸的中部，同时挺胸。

呼吸方式：向上推起时呼气，向下还原时吸气。

练习类型：复合练习。

杠铃卧推

3. 仰卧飞鸟

开始与还原动作：仰卧于长凳上，双腿分开比肩宽，屈膝踩地，肩、背、臀与长凳贴紧，双手对握哑铃于胸前。

练习动作：举起哑铃，双臂往两侧，伸展胸部，肩部下沉，肘关节下沉，小臂保持直立，停顿片刻后，双臂将哑铃推起的同时，往内侧抱拢。

呼吸方式：向外扩胸时吸气，向内抱胸时呼气。

练习类型：复合练习。

仰卧飞鸟

4. 绳索夹胸

开始与还原动作：抬头挺胸，弓步站立于拉力架中部靠前，双臂屈肘紧握绳索。

练习动作：双臂用力，肩关节屈，将绳索向前部拉出，挤压胸部，停顿片刻后缓慢还原，完成动作时尽量保持上体的稳定。

呼吸方式：向前夹胸时呼气，两侧扩开时吸气。

练习类型：复合练习。

绳索夹胸

六、腹部肌肉及练习动作

1. 腹部肌肉及起止点

腹部肌肉主要包括：腹直肌、腹外斜肌、腹内斜肌等。这些肌肉的起止点及主要功能如

表 2-6 所示。

表 2-6 腹部主要肌肉

肌肉名称	起　点	止　点	主要功能
腹直肌	耻骨上缘	胸骨剑突和第 5~7 肋软骨的前侧	下固定时,使脊柱前屈;上固定时,使骨盆后倾
腹外斜肌	下位 8 个肋骨的外侧	白线	
腹内斜肌	胸腰筋膜、髂嵴和腹股沟韧带外侧	第 10~12 肋骨下缘和白线	

2. 仰卧扶膝卷腹

开始与还原动作:仰卧,屈膝分腿,双手扶在大腿正面,抬头含胸,肩部离开地面。

练习动作:双腿分开,双脚踩稳,手臂前伸触碰膝关节,停顿片刻,还原至开始动作。

呼吸方式:手臂前伸时呼气,向下还原时吸气。

练习类型:复合练习。

仰卧扶膝卷腹

3. 仰卧举腿

开始与还原动作:仰卧,双腿伸直并拢,微微抬起离开地面,掌心朝下,双臂放于身体两侧。

练习动作:手臂支撑,双腿伸直并拢,上抬约 60°,停顿片刻,向下还原至开始动作。

呼吸方式:双腿上抬时呼气,向下还原时吸气。

练习类型:复合练习。

仰卧举腿

4. 俄罗斯转体

开始与还原动作:坐姿,躯干与地面垂直,屈膝,双脚抬起离开地面,双手屈肘握住杠铃片于胸前。

练习动作:躯干稍微后仰,保持身体平衡,双手持杠铃片分别向左和向右做转体动作,双手触及地面后还原至开始动作。

呼吸方式:向两侧转体时呼气,还原时吸气。

练习类型:复合练习。

俄罗斯转体

第九节　功能训练

由于功能训练是一项新兴的研究,专家学者的观点各有不同,美国运动医学学院将其定义为所有功能训练形式都包含运动链和运动三维平面中的加速、稳定和减速的动作。"功能训练之父"Gary 给出的定义:发展身体被设计的动作。有大量实践经验并担任 1996 年奥运会女子冰球金牌获得者美国国家队体能教练 Mike Boyle 将其解释为训练运动的动作。从表述看,似乎各不相同,但通过分析可发现:第一种定义是从运动生物力学角度指出功能训练的动作特点要素,说明了动作衔接的加速度、功能平衡状态和多维度的特点;第二种定义是以解剖学理论为出发点,分析我们身体的构造和应该做的动作,人体的各种复杂运动包括竞技动作,都是人体功能性动作的组合,功能训练是将训练动作建立在人体解剖结构基础上的专项技术动作的训练;第三种定义运用了人体运动生理学中神经控制肌肉的理论,强化运动程序,运用多种刺激,全面增强运动技能,使训练的比赛性更强。

具体而言,功能训练不是以练习外表的肌肉体积和形状为目的,不强调某一具体动作中四肢力量的过分发展,而是注重意识与肌肉统一,使神经肌肉系统更有效;通过加强肌肉的协调发展,预防运动损伤;接近于比赛的训练方式使运动神经系统向肌肉发出最强的冲动信号,这种强刺激迫使肌肉群剧烈收缩产生巨大能量,肌肉群剧烈收缩反过来又促使运动神经系统更灵敏,发出更强烈的冲动,两者相互促进,提高运动能力。

接下来对功能训练体系的部分步骤进行讲解:静态伸展、激活、动态伸展、增强式训练、力量训练、能量系统训练等。

一、静态伸展

通过对目标关节周围的肌群进行伸展,增强关节活动度。

1. 双90

功能:伸展臀部肌肉。

动作要点:双腿前后分开,以右腿在前为例,右脚踩地、屈膝,大腿与小腿呈90°,左膝落于地面,左边大腿与小腿呈90°,双手撑地,挺胸,呼气时往前俯身,保持背部伸直;换左腿在前重复练习。

双90

2. 仰卧蹬伸

功能:伸展腘绳肌。

动作要点:仰卧,双腿屈膝,双脚踩实地面;抬起一侧腿,双手抱住大腿后侧,呼气将腿向上蹬直,勾脚尖,稍停顿,吸气还原。

仰卧蹬伸

3. 半跪姿沉髋

功能:伸展屈髋肌群。

动作要点:身体呈半跪姿势,以右腿在前为例,左手放于右腿膝关节外侧,右手放于肋骨处,防止发生外翻;呼气时髋部前推下沉,吸气还原,训练过程中收紧腹部。

半跪姿沉髋

4. 胸椎旋转

功能:增强胸椎活动度。

动作要点:跪姿,臀部坐于脚跟,双手收于耳旁,呼气时保持臀部不动,尽量旋转胸椎,吸气还原。

胸椎旋转

5. 婴儿式

功能:伸展肩袖肌群。

动作要点:双膝跪地,臀部坐于脚跟,俯身前伸双臂,呼气时身体稍微侧身,让同侧手臂压到地上,吸气还原;换另一侧手臂重复练习。

婴儿式

二、激活

激活是指对需要稳定的关节周围的肌肉进行刺激,提高其稳定性,防止发生运动损伤。

1. 臀桥

功能:激活臀大肌。

动作要点:仰卧,双腿屈膝收回,双脚踩住地面,臀部用力抬起髋部,背部不要出现反弓,使肩、髋、膝保持在一条直线上。

臀桥

2. 迷你带横向行走

功能:激活臀中肌、臀小肌。

动作要点:将迷你带放置于膝关节上方,双脚分开,屈膝下蹲,侧向行走,始终让迷你带保持张力。

迷你带横向行走

3. 平板支撑

功能:激活躯干肌群。

动作要点:身体呈俯卧撑姿势,小臂和肘关节落于地面,双手放于肩关节正下方,大臂直立撑起让躯干远离地面,收紧腹部,降低臀部,保持头、躯干、踝关节成一条直线。

平板支撑

4. 侧桥

功能:激活躯干侧链。

动作要点:身体呈一条直线侧卧于地面,右手放于肩关节下方,右臂伸直推起躯干,双腿伸直,两肩尽量远离耳朵,注意伸髋,保持躯干成一条直线,换另一侧重复练习。

侧桥

5. 俯卧 T 型抬臂

功能:激活上背部肌群。

动作要点:俯卧,双臂向两侧伸展与躯干形成"T"型,双手握拳,大拇指指向天花板,收紧腹部和肩胛骨,向上抬起双臂。

俯卧 T 型抬臂

三、动态伸展

动态伸展的动作集平衡、稳定、协调、伸展等功能为一体,在完成伸展练习的同时,机体的其他能力也能得到提高。

1. 脚跟抵臀行走

功能:拉伸股四头肌。

动作要点:直立站姿,背部平直,收紧腹部,微微下蹲,抓住一侧腿的踝关节拉向臀部,用脚跟抵臀,保持1~2秒,还原站姿,往前跨步,换另一侧腿重复练习。

脚跟抵臀行走

2. 侧弓步移动

功能:拉伸大腿内侧肌群。

动作要点:直立站姿,右腿向右迈出一大步,身体重心移至右腿,呈侧弓步,同时俯身下蹲用左手摸右脚脚尖;重心再移至左脚,用右手摸左脚脚尖;完

侧弓步移动

成后左脚蹬地收回左腿,还原站姿;整个过程中脚尖始终朝前,保持背部平直。

3. 弓步行走＋胸椎旋转

功能:拉伸屈髋肌群、臀大肌、腹内外斜肌,增强胸椎活动度。

动作要点:直立站姿,向前跨出一侧腿,呈弓步,保持前侧腿大腿与地面平行,对侧手置于膝关节外侧,另一只手向身体后方外展,同时身体慢慢旋转至最大幅度,保持1~2秒,换另一侧重复练习。

弓步行走＋胸椎旋转

四、增强式训练

增强式训练是指能够使肌肉在最短时间内发挥最大力量的练习,主要通过预先拉长肌肉、反向运动、助力运动等方式,利用肌肉和肌腱的弹性势能以及牵张反射,实现更加快速有力的向心运动,从而能提高爆发力、降低运动中受伤的风险。

1. 下肢训练

1)下坠蹲

功能:强化正确动作模式,提升减速能力。

动作要点:直立站姿,双腿分开,双脚间距略比肩宽,双手举过头顶,掌心相对;双臂快速向下摆动至髋关节,同时屈髋下蹲。

下坠蹲

2)障碍栏非反向跳

功能:提升下肢爆发力。

动作要点:离障碍栏约一脚的距离,呈运动基本姿势,快速向上摆动双臂,同时快速伸展髋、膝、踝三关节,跳过障碍栏,双脚落地,呈运动基本姿势缓冲。

障碍栏非反向跳

3)侧向障碍栏反向跳

功能:提升侧向移动的能力。

动作要点:侧对障碍栏站立,快速微蹲后,向上摆臂,伸展髋、膝、踝三关节,跳过障碍栏。

侧向障碍栏反向跳

2. 上肢训练

1)半跪姿药球胸前推

功能:提升上肢爆发力。

动作要点:呈半跪姿,双手持药球于胸前,快速将药球用力向前推出,整个过程保持躯干稳定。

半跪姿药球胸前推

2)站姿药球下砸

功能:提升上肢爆发力。

动作要点:呈直立姿,双手持药球于胸前,快速将药球举过头顶后,向下砸,过程中保持躯干稳定。

站姿药球下砸

3)半跪姿侧身抛药球

功能:提升上肢灵活性和爆发力。

半跪姿侧身抛药球

动作要点:侧对墙面呈半跪姿,双手持药球于体侧,躯干直立并快速旋转将球抛出,过程中保持躯干稳定。

五、力量训练

力量训练主要是以提高全身肌肉的整体运动能力和效率为目的,强调脊柱力量和关节周围小肌肉群的稳定辅助作用。

1. 下肢训练

1)壶铃分腿蹲

功能:提高臀大肌、股四头肌、腘绳肌力量。

动作要点:双腿前后站立,身体重心在前侧腿,后侧脚抬起放于练习凳上,双手持壶铃自然垂于体侧,身体下降,双膝约成90°夹角;前侧腿蹬伸站起,回到起始动作。

壶铃分腿蹲

2)壶铃侧蹲

功能:提高股四头肌、臀大肌、腘绳肌力量。

动作要点:双脚左右开立,约两倍肩宽,脚尖朝前,双手持壶铃于胸前,屈髋屈膝下蹲,保持背部平直。

壶铃侧蹲

3)单腿滑盘臀桥

功能:提高臀大肌、腘绳肌力量。

动作要点:呈臀桥姿势,一侧腿保持不动,另一侧腿的脚跟踩滑盘,向外伸直,再回到起始位置;在此过程中始终保持髋关节位置不变。

单腿滑盘臀桥

4)壶铃双手硬拉

功能:提高臀大肌、腘绳肌力量。

动作要点:将壶铃放置两脚之间,双手持壶铃柄,髋关节后坐,上身前倾位于壶铃上方,膝盖微屈;收缩肩胛骨、挺胸保持脊柱中立位,双脚用力蹬地,髋部向前,并伸直膝关节,避免髋关节比肩部先抬起;回到起始位置,始终保持脊柱中立位。

壶铃双手硬拉

2. 上肢训练

1)半跪姿弹力带前推

功能:提高胸大肌、三角肌前束、肱三头肌、腹内外斜肌力量。

动作要点:呈半跪姿,左腿在前,右脚勾脚尖,前脚掌踩住地面,右手持弹力带于胸前;保持躯干稳定,呼气将右手前推,吸气还原;换另一侧重复练习。

半跪姿弹力带前推

2)半跪姿哑铃单臂过顶推

功能:提高三角肌前束、肱三头肌力量。

动作要点:呈半跪姿,双手持哑铃于肩部下方,保持挺胸直背,收紧腹部,身体保持稳定;将哑铃竖直推举至肩部正上方,手臂伸直;放下哑铃,回到起始姿势,换另一侧重复练习。

半跪姿哑铃单臂过顶推

3)半跪姿弹力带交叉下拉

功能:提高背阔肌、肱二头肌力量。

动作要点:呈半跪姿,掌心朝前抓住对侧弹力带;双手同时用力下拉弹力带,悬臂,掌心朝向自己,肘关节尽量紧靠身体;过程中保持躯干稳定。

半跪姿弹力带交叉下拉

4)壶铃单臂划船

功能:提高背阔肌、肱二头肌力量。

动作要点:双腿前后分开,以右腿在前为例,膝盖微屈,上半身保持俯身,左手抓握壶铃;收缩肩胛,屈肘,将壶铃拉至腹部侧面,保持片刻回到起始动作,换另一侧重复练习。

壶铃单臂划船

3. 躯干训练

1)死虫式

功能:提高腹部力量。

动作要点:平躺,肩离地,抬起手脚,双手掌心相对垂直于地面,双腿屈膝屈髋90°;一侧手脚同时往外放靠近地面但不接触地面,收紧腹部,不要让下背部离开地面;吸气还原,换另一侧重复练习。

死虫式

2)伸手式平板支撑

功能:提高躯干抗旋转能力。

动作要点:呈平板支撑状,收紧腹部和臀部;一侧手臂抬起前伸,由四点支撑变为三点支撑;整个过程保持躯干和臀部稳定。

伸手式平板支撑

3)侧向弹力带前推

功能:提高躯干抗旋转能力。

动作要点:呈半蹲姿,双手持弹力带于胸前;缓慢伸展肘部,使手臂伸直,再回到起始动作;整个过程始终保持脊柱中立位。

侧向弹力带前推

六、能量系统训练

1. 战绳双手交替小波浪

功能:增强磷酸原系统功能。

动作要点:呈微蹲准备姿势,双手持战绳握柄;两手交替快速摆动,让绳子呈波浪形运动至锚点。

2. ViPR 能量管侧移

功能:增强糖酵解系统功能。

动作要点:呈直立站姿;侧向弓步移动,同时用同侧手托住 ViPR 能量管,还原后再向另一个方向移动。

战绳双手交替小波浪

ViPR 能量管侧移

第十节 瑜伽

瑜伽在梵语中指"马和马车的结合""把马拴在马厩中"等意思,喻指身心的结合。印度古代哲学典籍"奥义书"中提到,瑜伽是驾驭身心从束缚中解脱的修炼法。瑜伽大致起源于公元前3000年至公元前2000年,最初的瑜伽是抑制食欲、睡眠、欲望,调节呼吸,将意识集中在一处的苦行修炼法。从公元前500年开始,瑜伽和苦行区分开来,拥有了瑜伽固有的行法和哲学体系。从公元200年开始,冥想、哲学思维、伦理实践、宗教献身等都属于瑜伽范畴。公元4~5世纪左右,"瑜伽经"的诞生让瑜伽成为有别于其他思想的哲学。公元13~17世纪,重视身体、生理性的哈他瑜伽得以发展,在这过程中各种瑜伽流派也发展起来。今天的瑜伽练习会根据文化、修炼对象、环境等的不同适当调整修炼方式。

一、呼吸方式

1. 自然呼吸

自然呼吸是一种非常简单的呼吸方式,轻松舒适,可以在任何时间练习。在练习自然呼吸法时,关键就是顺其自然,不用刻意引导呼吸以及身体的变化。

2. 腹式呼吸

腹式呼吸是瑜伽中最重要也是最基础的一种呼吸方法,它是我们学习其他呼吸或调息的基础。腹式呼吸是通过加大横膈膜的活动、减少胸腔的运动来完成练习的。

腹式呼吸是瑜伽练习中必学的项目,也是很重要的部分,腹式呼吸减肥法也开始逐渐融入人们的生活中,经常采用这种呼吸方式可促进身心健康,排出体内浊气。

3. 胸式呼吸

胸式呼吸通过扩张和收缩胸腔,利用肺的中间部位来完成呼吸,呼吸同等量的空气时,胸式呼吸要比腹式呼吸需要更多的力气。这个呼吸法,使横膈膜最大限度地向上提起,从而几乎排空了肺部的气体,其呼气的快、强、短等特点,能起到对肺和鼻道的净化作用。

4. 肩式呼吸

肩式呼吸也称锁骨式呼吸,其实,肩式呼吸可以理解为是胸腔扩张时的最后一步,是胸式呼吸的延续。

二、练习原则

1. 正确的着装

练习瑜伽时应该穿着容易吸汗、对完成动作不造成妨碍的服装,不宜佩戴装饰品。尽量在空腹状态下进行,或者进餐2小时后练习。

2. 保持自然的状态

在舒适的状态下练习,可以缓解肌肉紧张,减少关节负担。在开始练习前一定要通过呼吸来放松身心。

3. 不强制练习

练习的过程中应该尊重自己的身体状态,在身体允许的状态下进一步提升动作难度;切勿和他人攀比,如果急于求成,就会无法集中注意力,使身体失去控制,最终导致身体受伤。

4. 坚持有规律的练习

瑜伽练习同其他任何一项运动一样都需要长时间坚持,让这样的修炼成为习惯,从中收获身心的健康和体态的美丽。

三、高温瑜伽的注意事项

(1)高温瑜伽需要在一个比较封闭的恒温练习室进行。练习前一个半小时至两个半小时的时段里,练习者最好不要进食。

(2)在练习高温瑜伽的过程中,必须及时补充水分,要少量多次饮水,不要一次饮用大量的水。

(3)在着装上没有特殊要求,只要穿着吸汗和舒适的运动装即可。在练习的过程中一定要配合呼吸,精力集中,不要与其他练习者交谈。

(4)准备好毛巾及饮用水,不可用茶或饮料代替饮用水;患有高血压、重感冒或在生理期、孕期等人群不建议练习高温瑜伽。

四、基本体式

1. 平衡练习

1)树式

山式站立,重心偏移至右腿,屈左膝,左脚掌贴于右大腿内侧,左腿膝盖向外展开,左膝与右腿在同一平面。髋部摆正,吸气手臂从两侧向上举至头顶合十,保持稳定的呼吸。还原山式,换另一侧腿重复练习。

树式

注意事项:收紧臀部,支撑脚用力踩地,伸直支撑腿,身体向上延伸。

效果:改善、强化身体平衡能力;强健脚踝和腿部肌肉,紧实胸背的肌肉;矫正脊柱弯曲,消除腰痛;促进心态的平和,有助于注意力的集中。

2)树式变体

山式站立,重心偏移至右腿,屈左膝,左脚掌贴于右大腿内侧,左腿膝盖向外展开,左膝与右腿在同一直线;髋部摆正,吸气手臂从两侧向上举至头顶合十,保持稳定的呼吸约30秒;呼气时右手放于右膝上,身体向右弯曲,保持呼吸30秒,吸气还原山式,换另一侧腿重复练习。

树式变体

注意事项:收紧臀部,支撑脚用力踩地,支撑腿伸直,身体向上延伸;侧弯时保持身体平衡,延展脊柱。

功效:增强身体平衡力,强健脚踝和腿部肌肉,增强腰髋部和肩膀的灵活性;使脊柱得到侧向的伸展;补充全身的精力,驱散睡意;促进消化和排泄;促进淋巴液的流动,帮助排毒,并增强免疫力。

3)鸟王式

山式站立,重心移到左脚,抬右脚向上,与左腿相互缠绕,右脚背缠绕在左脚外侧;双手侧平举,右手在上左手在下从大臂根部开始缠绕,指尖朝上,吸气胸腔向上延伸,呼气臀部向后向下保持5~8个呼吸,换另一侧重复练习。

鸟王式

注意事项:注意手臂及肩部各个关节的协调,缓慢进行,配合呼吸;将手臂向上延伸,臀部向后延伸。

功效:增强身体平衡力,强健脚踝肌肉,消除肩部僵硬,预防小腿肌肉抽筋,缓解腿部抽筋带来的疼痛。

4)站立调息

山式站立,双脚并拢,双手十指交叉顶住下颌,手肘并拢,鼻子深深吸气,手肘向旁侧打开;嘴巴用力哈气,头向下,手肘并拢。

站立调息

注意事项:吸气时,放松肩膀,防止耸肩;延展脊柱,不要过于用力。

功效:调整呼吸,打开胸腔,扩大肺容量,为接下来的运动做准备。

5)半月式

山式站立,从腰部开始,将躯干和头部向左侧扭转,身体前倾,左臂向下伸展,五指指腹压地,将身体重量放在左手和右脚,保持平衡,抬起左腿向后伸展,双腿绷直,呈直角;右臂向上伸展,双臂呈一条直线;保持稳定的呼吸,换另一侧重复练习。

半月式

注意事项:打开肩部,绷直腿部;练习时若患有头痛、眼疾、腹泻、静脉曲张、失眠等,请暂时不要做这个体式。

功效:脊椎得到伸展,增强身体柔韧性;消除腰侧、臀部外侧及大腿外侧过多的脂肪;舒缓下背痛和坐骨神经痛;伸展肩膀,改善肩膀的不良姿势

6)站立分腿头触膝

右脚向右侧跨一大步,移动重心在两腿中间,转右脚尖向右侧;双腿伸直,呼气,自髋部开始向右侧弯曲向下,头触右小腿或膝盖,手臂跟随身体顺势向右侧延伸,直到肘关节伸直,均匀呼吸,保持10秒钟,然后换另一侧重复练习。

站立分腿
头触膝

注意事项:双腿尽量保持伸直,腹部贴向大腿。

功效:增强平衡感和专注力,加强血液循环和身体柔韧性,收紧腹部及大腿肌肉;增强消化系统功能,预防坐骨神经痛,增强腰部肌力。

2. 腹部练习

1)船式

长坐,屈膝,手放于身体两侧,呼气,肩膀略微后倾,吸气,双腿离开地面,伸直双腿并抬高,小腿与地面平行,大腿与地面垂直;手臂向前伸直与地面平行,眼睛平视前方或注视脚尖;用臀部维持身体平衡,腹式呼吸30秒,双脚落地,还原长坐。

船式

注意事项:挺直背部,脊柱上提,收紧核心腹部,注意双腿的距离保持与肩同宽;孕妇及患有低血压、心脏病、哮喘、失眠、头痛、腹泻等人群应避免练习这个体式。

功效:促进肠道蠕动,增强消化功能,有助于加强腹部肌肉力量,消除腹部多余脂肪。

2)斜板式

双手在肩膀下方,双脚打开与髋同宽,腹部内收上提,收腰夹臀,身体从脚跟到头顶位于同一条直线,保持30秒。

斜板式

注意事项:收紧腰腹部等核心,延伸尾骨向脚跟方向,提起腹部肌肉向上找肋骨,收紧大腿。

功效:减肥塑身,促进血液循环,加快身体新陈代谢。

3)大猫伸展式

金刚跪姿,四肢着地;手臂向前伸直,双手下压,脚背着地,脚趾自然朝后,脊柱轻缓下凹,臀部稍微抬起;均匀呼吸,保持30秒。

大猫伸展式

注意事项:两膝距离与骨盆同宽,尾骨上提,让胸腔去找地面,保持大腿垂直地面做支撑。

功效:增强消化系统和呼吸系统的功能,按摩内脏器官;消除颈部和肩部的疲劳,增强脊柱的弹性,预防肩周炎、脊柱老化。

4)眼镜蛇式

俯卧,双腿伸直,额头点地,双手撑在胸腔两侧;呼气双臂伸直,抬胸腔向上,背部延展,

锁骨展开,肩放松,保持5~8个呼吸,还原至额头点地。

注意事项:双手不能离身体太远,保持肩膀远离耳朵;保持脊柱延展,切勿将颈部后折。

功效:增强消化系统的功能,有助于治疗高血压、生理期痛经、胃痛;缓解腰部疾病;矫正脊柱,改善腿部线条。

眼镜蛇式

3. 腰部练习

1)三角式

山式站立,双脚分开约两倍半至三倍肩宽,双手掌心向下侧平举;吸气右脚尖向右转出,左脚尖内扣,髋部向左推出,稳定重心;呼气身体向右弯曲,右手抓住右脚踝或放于地面,左臂向上伸直,眼睛看左手指尖,身体和腿保持在一个平面上;保持呼吸30秒,吸气手臂带动身体回正。

三角式

注意事项:上体前屈时不要让臀部外突,延展脊柱,两腿保持伸直状态;初学者可以用手抓住膝盖或以上部位。

功效:增强腿部肌肉,消除腿部和臀部肌肉僵硬,纠正腿部畸形;塑造身体侧面的线条;预防背部和颈部的疲劳,使腰部以上的主要关节得到适当的活动,使肌肉充分恢复弹性;关节炎患者在做完平衡式之后,便可进行三角式练习。

2)反三角式

双腿分开超一条腿距离,右膝盖成直角,右手肘放在右膝盖外侧与左手合十,身体尽量扭转;呼气左手放在右脚外侧的地面上,右手向前向上伸展,眼睛看右手指尖,右手臂和后侧腿成一条水平线,让右臂尽量接近脸部,保持平稳的呼吸,换另一侧重复练习。

反三角式

注意事项:背部或者脊椎损伤的练习者务必在瑜伽导师的指导下进行练习或者避免此体式;患如下疾病的人群不易练习该体式:低血压、偏头痛、痢疾、腹泻、头痛、失眠者。

功效:提高注意力,增强身体平衡感,加强腿部的肌肉和筋腱,促进脊椎下部的血液循环,使胸部得到完全的伸展,消除背部的疼痛,增进腹部器官功能,矫正器官位置,加强臀部肌肉。

3)侧伸展三角式

双脚分开超一条腿距离,转左脚向外,左脚跟对准右足弓,手臂侧平举,屈左膝,大小腿呈90°,身体向左侧屈,左手放在左脚上,右臂上举,转头看右手指尖,保持5~8个呼吸,还原,换另一侧重复练习。

侧伸展三角式

注意事项:初学者可以在屈膝腿内侧放瑜伽砖辅助练习,练习时延展手臂和脊柱;对于痢疾、头痛、低血压、心脏病等患者建议做靠墙三角式,上面的手臂可以放在臀部;高血压患者可以把头转向下方看地面方向;不要将颈部扭转看上方,保持颈部向前与脊椎成一条直线,使颈部两侧均匀受力。

功效:伸展和强健大腿、膝盖和脚踝;伸展臀部、腹股沟、腿筋和小腿以及肩膀、胸腔和脊椎;刺激腹部器官,增强消化能力,缓解压力;帮助缓解更年期症状,对颈部疼痛、骨质疏松和坐骨神经痛有辅助治疗作用。

4)简易鸽子式

长坐或从下犬式开始,吸气,抬左腿向上,呼气,屈左膝,把左小腿横放于地面,小腿与髋部平行;吸气,延伸脊柱,双手向体前延伸至最远,呼气,身体前屈额头点地;保持自然呼吸,还原,换另一侧腿重复练习。

注意事项:后侧腿伸直,后侧脚背着地,脚掌不要外撇或者内扣;身体重心在中立位,髋部端正;前侧弯曲的小腿一定要横放,初学者若做不到,可将脚跟向耻骨方向靠近或将瑜伽枕放于弯曲侧臀部下方。

简易鸽子式

功效:开髋练习,对坐骨神经痛有很好的治疗效果。

4. 脊柱练习

1)猫伸展式

四脚板凳式身体成凸形,吸气,腰部往下压,尾骨向上提,眼睛向上看;呼气,顶肩含胸,背部和腹部尽量收缩弯成弓形,头部向下压,动作连贯缓慢;手臂与大腿支撑,保持重心稳定;重复动作做3～5次,完成动作后保持腹式呼吸。

猫伸展式

注意事项:四脚板凳式准备时,双手、双膝距离与肩同宽,并垂直于地面;手臂微屈,不要锁死;双肩后旋,远离耳朵,拉长脖颈。

功效:调节内分泌,保护女性子宫和卵巢,缓解生理期的疼痛;增强消化系统和呼吸系统的功能,按摩内脏器官,消除便秘;消除颈部和肩部的疲劳,预防肩周炎和脊柱老化。

2)虎式

猫式,吸气抬头,略微蹋腰,伸展右腿向上抬高,呼气低头拱背收腹,右腿内收,右大腿尽可能靠近胸部,下巴接触右膝,保持双臂与左膝支撑稳定;单侧反复练习3～6次,换另一侧重复练习。

虎式

注意事项:动作不易太快,吸气时,伸直的腿部不应在身体后摆动,要努力向后上方提升,髋部上提的同时收紧臀部;提起脚跟可以使背部抬得更高,当脊柱完全拱起后,脚跟可逐渐放低;有严重腰部、背部疾病的人群慎做该体式。

功效:能使脊柱更灵活,缓解腰背部酸痛感,强壮脊柱神经和坐骨神经;减少髋部和大腿区域的脂肪,塑造臀部和背部线条;强壮生殖器官,可用于产后恢复练习。

3)上犬式

俯卧在地面上,两脚分开约30厘米左右,脚趾向后延伸,手掌放于腰侧,手指向前;吸气,抬起头和躯干,完全伸展手臂,尽量把头部和上体向后仰,抬起膝盖,腿部绷直,膝盖绷紧,身体重量放在脚趾和手掌上;脊柱、大腿和小腿

上犬式

应该完全伸展,臀部收紧,胸部向前推,颈部完全伸展,同时感觉手臂后部也在伸展;保持这个体式约30秒,深长地呼吸。

注意事项:肩膀远离耳朵,双手保持在胸腔两侧,位于肩膀下方,保持脊柱延展,切勿将颈部往后折;背部损伤、头痛、怀孕人群慎做。

功效:改善体态,强健脊椎、手臂、手腕,伸展胸部、肺部、肩膀以及腹部,紧实臀部,刺激腹部器官;有助于缓解轻度忧郁、疲劳和坐骨神经痛,对哮喘有辅助治疗作用。

4)下犬式

跪姿准备,臀部离开脚跟,两手臂向前伸到最远,拉长脊柱,做大拜式;吸气,伸直腿部立脚跟,抬起臀部,双手分开比肩稍宽,手指张开,虎口压实地面,双脚分开与胯同宽,双脚稍微内扣;呼气,手掌压地,坐骨向后拉,伸展腰部,肩部远离耳朵,让胸腔去找膝盖的方向,收紧腹肌,尾骨内卷;坚持30秒,膝盖落地,回到大

下犬式

拜式。

注意事项：脊柱向上、向后延展，伸直双腿，收紧腰腹部；臀部为最高点，脚跟压实地面；患有高血压或者易眩晕的人群不宜练习该体式。

功效：伸展腿部后侧肌肉，增强脊柱的灵活性；缓解脖颈和肩膀疼痛，放松身体。

5）脊柱扭转式

坐立，伸直左腿，屈右膝，右脚放在左膝外侧，左手放在右臀外侧，呼气身体向右扭转，左手肘抵右膝外侧，右手向后环左侧腰，保持 5~8 个呼吸，换另一侧重复练习。

脊柱扭转

注意事项：脊柱上提，放松肩膀，不要耸肩；保持身体稳定。

功效：塑造背部线条，放松脊柱神经，预防背痛和腰部风湿病，有助于强健内脏，防止和治疗便秘。

6）前屈式

山式站立，收紧下颚和腹部，双手在头顶合十，注意不要耸肩；吸气向上延展脊柱，呼气时身体向前、向下弯曲，尽量让上体和下肢靠近。

前屈式

注意事项：初学者练习时膝盖可以弯曲一点，不要让腰部和腿部过于紧张；放松肩膀，呼气时延展脊柱，让上体最大限度地靠近下肢。

功效：帮助缓解压力和轻度忧郁，刺激肝脏和肾脏，伸展腿部，增强消化能力。

7）展臂式

山式站立，收紧臀肌、腹肌，延展脊柱、背部；双手从体侧向上举过头顶，大臂夹耳朵，手肘伸直，双手合十；扩大胸腔，有意识地向上提拉脊柱，头部后仰，眼睛向后、向上看；头部回正，放松双手，还原。

展臂式

注意事项：防止挺胸、翘臀；将髋部向前推，让手臂与背部在同一平面伸展；保持缓慢的呼吸；患有高血压或易眩晕的人群不宜做该体式。

功效：促进血液循环，放松双肩，预防肩周炎；收紧背部肌肉，增强脊柱力量，纠正圆肩、驼背。

5. 腿部练习

1）战士一式

基本三角式，左脚略微内扣，右脚向外 90°；将上身右转 90°，上身与右膝、右脚朝同一方向，屈右大腿，保持身体重心在中立位，右大腿与地面平行，收紧腹部，保持呼吸，双手臂侧平举，眼睛看向右手指尖；保持 30 秒，回到基本三角式，换另一侧重复练习。

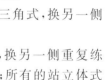
战士一式

注意事项：需要配合腹式呼吸，切不可憋气；每侧练习呼吸 5~10 次，换另一侧重复练习；该动作和战士第二式、战士第三式以及部分演化出来的动作配合更佳；所有的站立体式都是比较消耗体力的，因此心脏较弱的人不宜做这个体式，即使身体较为强健的人也最好不要在这个体式上停留过长的时间；若有心脏、血液循环问题（如高血压）或者处于经期，建议不练习该体式，或练习时双手扶胯。

功效：减少腹部、腰两侧多余脂肪，扩张胸部，伸展颈部，延缓衰老；消除下背部及肩部的肌肉紧张，纠正骨盆前倾；可舒缓痛经，但经期应该避免练习。

2）战士二式

基本三角式,左脚内扣约 15°~30°,右脚向外 90°,屈右大腿与小腿成 90°,上身转向右侧,注视右前方,保持深长的呼吸,保持身体重心在中立位;收紧腰腹部及大腿,吸气回到基本三角式,换另一侧重复练习。

战士二式

注意事项:躯干不要右移或者前倾,两肩胛骨内收,专注身体伸展的一侧;若有心脏、血液循环问题(如高血压)或者处于经期,建议不练习该体式,或练习时双手扶胯。

功效:锻炼腹部器官,缓解小腿和大腿肌肉痉挛,增加腿部和背部肌肉弹性,使腿部肌肉更为匀称、强健;扩展胸部,增强呼吸系统功能;强壮两臂,使人的平衡感增强,注意力更集中。

3）战士三式

基本三角式,左脚内扣,右脚向外 90°,屈右膝,右大腿与小腿成 90°,上身右转 90°,上身与右膝、右脚朝同一方向;吸气,身体向前弯曲,胸部抵住右大腿,手臂前平举合十,停留两个呼吸;呼气,身体稍向前倾,同时抬起左腿离地,右腿伸直;深长的呼吸,停留 20 秒,回到基本三角式,换另一侧重复练习。

战士三式

注意事项:重点是充分拉伸腿部肌肉,保持身体平衡,让身体在水平线上得到有效的放松伸展;后腿离地前,腹部紧贴前腿,双臂保持贴耳伸直;伸直前腿时,动作要缓慢稳定,后腿向后伸直,脚尖内勾,注意力集中在骨盆中间;臀部两侧也处在水平线上,不要一高一低;若有心脏、血液循环问题(如高血压)或者处于经期,建议不练习该体式,或练习时双手扶胯。

功效:收缩和加强腹部器官,使腿部肌肉更为匀称和强健;能够激发身体的活力,促进身体的灵敏度。

4）牛面式

屈膝坐在地面,挺直腰部;上体前屈,左腿放到右腿上,双手叉腰,伸直脊椎;左臂在下,右臂在上,双手在背后相扣;集中注意力,保持身体平衡;回到坐姿,换另一侧重复练习。

牛面式

注意事项:从准备动作到完成动作要保持舒畅的腹式呼吸;可在臀部下放一个毯子或瑜伽砖做辅助;初学者双臂伸展度不够,两手不易握住时,可以用瑜伽带或毛巾辅助;膝盖、肩膀、手肘、手臂受过伤的人群,进行准备性练习即可。

功效:强化背部和胸部肌肉,打开肩关节,增加关节的灵活性;增加人体躯干和头部区域的血液供应,唤醒大脑,使头部、肩膀产生轻盈的感觉;改善手、脚、肩部僵硬,缓减风湿、痔疮及坐骨神经痛。

5）蹲式

山式站立,双脚分开大于肩宽,脚尖向外,十指于小腹前相交叉;呼气屈大腿,向下沉髋,让大腿与地面平行,吸气,立直脊柱,缓慢伸直双腿,反复练习多次。

蹲式

注意事项:尾骨内收,稳定骨盆,脊柱向上伸展;屈膝时,膝盖不能超过脚尖,最好在脚踝的正上方;将两髋充分地外旋打开,大腿内侧肌肉伸展。

功效:活动膝关节,锻炼大腿后侧肌肉,有助于美化臀形,放松身体肌肉和神经,消除肌肉的紧张。

6. 开胯练习

1) 蝴蝶式

坐在地上,双脚脚心相对,上体保持直立。双手十指交叉放在脚趾的前方,尽可能让脚跟往会阴处内收;将身体向上立起来,然后将双手放置在膝盖的上方,随着匀速的呼吸缓慢的下压膝盖,保持这个动作 30～60 秒。吸气,将两膝内收,双手抱住小腿前侧放松一下背部。

蝴蝶式

注意事项:不要让肌肉过于用力,循序渐进地伸展肌肉。

功效:促进血液流入背部和腹部,有助于消除泌尿功能失调和坐骨神经痛,有助于预防疝气,纠正月经不调等现象;女性在怀孕期经常练习此式,分娩将会更加顺利。

2) 束角式

坐在地上,双脚脚心相对,上体保持直立;双手十指交叉放在脚趾的前方,尽可能让脚跟往会阴处内收;将双腿外展,双膝下压靠近地面,脊柱向上伸展,目视正前方;保持这个体式 30～60 秒。呼气,身体前屈,缓缓下压,直至胸部

束角式

与双脚相触。低头,依次让额头、鼻子与地面相触,最后将下巴放在地面上,保持这个体式 30～60 秒,正常呼吸。吸气,躯干从地面抬起,松开双脚,伸直双腿,放松。

注意事项:双手要紧握双脚,握得越紧,躯干越能更好地上提;如果患有子宫脱垂等疾病,请勿练习这个体式。

功效:有助于增进腹部、骨盆及背部的血液循环,可使肾脏、前列腺和膀胱保持健康,缓解坐骨神经疼痛以及静脉曲张;对于女性而言,可维持卵巢健康,改善月经不调,缓解痛经和月经量过多的症状。

第十一节 街舞

一、街舞概述

1. 街舞的起源

街舞诞生于 20 世纪 60 年代末的美国,是基于不同的街头文化和音乐风格而产生的多个不同种类的舞蹈的统称。最早的街舞舞种是霹雳舞,也就是现代霹雳舞的前身,是嘻哈文化的重要元素之一。嘻哈(Hip-hop)四大文化包括打碟(DJ)、霹雳舞(Breaking)、说唱(MC)、涂鸦(Graffiti)。街舞集音乐、舞蹈、运动、表演及竞赛于一体,具有较强的创造性、自由性、表演性和竞争性。它是一种愉悦身心的舞蹈艺术形式,是强身健体的运动方式,也是一种展示自我、向往自由的人生态度。

2. 街舞的功效

(1) 街舞是在音乐伴奏下具有一定运动强度、持续时间长的有氧运动,坚持进行街舞运动能够有效地增强和改善心肺功能。

(2) 街舞能够有效地训练身体的协调性。街舞动作是由身体各个部位,包括头、颈、肩、上肢、躯干等的屈伸、转动、绕环、摆振、波浪形扭动等连贯组合而成的,每个动作可独立进行,亦可作为组合动作进行练习,这些练习对身体协调性具有一定的挑战。

(3) 街舞能够强化肌肉功能。长期坚持街舞运动,能够有效地增强肌肉力量,防止肌肉

萎缩,延缓衰老。

(4)街舞有利于调节练习者的心理状态。街舞的训练,大多以群体的形式出现,配合有节奏感的音乐和轻快的步伐,使练习者在练习过程中充分享受街舞带来的轻松随意、自由个性的感觉,释放压力。

(5)街舞能有效调节神经系统。长期练习街舞,对练习内容的熟练把握和身体灵活性的锻炼,让人产生良好的体验,获得练习的成就感,从而达到愉悦身心、调节神经系统的作用。

3. 街舞的舞种

(1)嘻哈舞(Hip-hop)是现在最广泛流行的街舞舞种,它主要有两种风格:old school 和 new school。new school 风格注重身体的协调,old school 风格注重大范围的移动以及脚步动作。

(2)震感舞(Popping)是指通过肌肉的快速收缩与舒张,使舞者的身体产生震动的舞蹈风格。

(3)锁舞(Locking)以手腕和手臂的快速绕环与指向、动作的突然定格为主要特征,伴随较为轻快的放克音乐(funk music),是一种较为欢快的舞蹈风格。

(4)霹雳舞(Breaking)是街舞最早的表现形式,注重街舞舞步和技巧的结合,难度较高。

(5)爵士舞(Jazz)注重情绪的表达,可舒缓亦可轻快,属于一种外放性的舞种。

(6)甩手舞(Waacking)以上肢快速的甩动旋转为特色,多使用 Disco 音乐及放克音乐伴奏。

(7)狂野派(Krump)在风格上与 Hip-hop 相似,但动作更加狂野和夸张,是一种通过激烈的动作发泄负面情绪的舞种。

(8)House 以轻快丰富的脚步变化来体现,伴奏多选择放克音乐。

二、街舞 Hip-hop 的基础律动

1. Bounce

街舞 Hip-hop 基础律动最具代表性的就是 Bounce,Bounce 是身体重心上下律动的过程,因此 Bounce 也称为 up-down。Bounce 分为重拍向下(down)和重拍向上(up)。

动作描述:

Bounce(down):1 拍双腿屈膝、握虚拳手臂胸前平屈;

2 拍双腿伸直还原,手臂还原置于体侧;

3~8 拍重复 1~2 拍的动作。

Bounce(down)

Bounce(up):1 拍双腿伸直,重心向上,手臂侧平举,掌心向下;

2 拍双腿屈膝,手臂还原置于体侧;

3 拍双腿伸直,手臂交叉,掌心向下;

4 拍双腿屈膝,手臂还原置于体侧;

5~8 拍重复 1~4 拍的动作。

Bounce(up)

技术要领:需要身体各个部位配合,一起 up-down,在练习过程中由一拍两动过渡到一拍一动。

动作延伸:配合脚步向前、向后、向左、向右的移动,身体保持 Bounce 状态。

2. Rock

街舞 Hip-hop 第二个基础律动是 Rock，Rock 是摇摆的意思，是指以髋部为轴，身体向前和向后的动作。

动作描述：

Rock(前)：1 拍身体向前，握虚拳手臂侧平举；

2 拍身体还原回正，手臂还原置于体侧；

3 拍身体向前，左手向斜前方 45°指出；

4 拍身体还原回正，手臂还原置于体侧；

5~8 拍重复 1~4 拍动作，第 7 拍右手向斜前方 45°指出。

Rock(前)

Rock(后)：1 拍身体向后，握虚拳，手臂屈肘向两侧打开，

大臂和小臂呈 90°，小臂垂直地面向上；

2 拍身体还原回正，握虚拳，手臂屈肘向两侧打开，

保持大臂和小臂呈 90°，小臂垂直地面向下；

3 拍身体向后，握虚拳，两小臂体前交叉；

4 拍身体还原回正，握虚拳，手臂屈肘向两侧打开，

保持大臂和小臂呈 90°，小臂垂直地面向下；

5~8 拍重复 1~4 拍动作。

Rock(后)

技术要领：核心收紧，上半身保持在一个平面前后摇摆。

动作延伸：配合抬腿或者步伐的移动，身体保持 Rock 状态。

3. Roll

街舞 Hip-hop 第三个基础律动 Roll 是指身体向前后左右四个方向的绕环。

动作描述：1~2 拍身体向左倾斜；

3~4 拍身体向前倾斜；

5~6 拍身体向右倾斜；

7~8 拍身体向后倾斜。

Roll

（将四个方向连贯起来，形成一个圆圈。）

技术要领：双腿打开约两个肩宽的距离，绕环过程中，重心始终在身体中位，保持身体的平衡。

动作延伸：配合步伐的移动，身体保持 Roll 状态。

4. Wave

街舞 Hip-hop 第四个基础律动 Wave 是指身体呈波浪形扭动。

动作描述（以胸至胯的 Wave 为例）：1~2 拍头往后拉，胸往前顶；

3~4 拍头回正，胸往后拉，胯往前顶；

5~6 拍胯往后拉，胸往前顶；

7~8 拍身体还原。

Wave

（1~4 拍从胸到胯，形成波浪；5~8 拍由胯到胸，形成反向的波浪。）

技术要领:先做定点练习,再连贯练习,保证每个身体部位的动作幅度。

动作延伸:身体可以面向多个方向完成 Wave 动作。

三、街舞 Hip-hop 的基础脚步

1. Kick

动作描述:1~2 拍左脚向前蹬出去,勾脚尖,身体微微向后;

　　　　3~4 拍收左脚,勾右脚,身体微微向前;

　　　　5~6 拍换右脚向前蹬出去,勾脚尖,身体微微向后;

　　　　7~8 拍收右脚,勾左脚,身体微微向前。

Kick

技术要领:注意勾脚尖,脚尖发力,配合身体的律动,熟练后可加快动作。

动作延伸:加上身体方向的变化。

2. Heel and toe

动作描述:1 拍右脚跟向左转,左脚尖向左转,双腿呈外八;

　　　　2 拍双腿还原,呈内八;

　　　　3 拍左脚跟向右转,右脚尖向右转,双腿呈外八;

　　　　4 拍双腿还原,呈内八;

　　　　5~8 拍重复 1~4 拍动作。

Heel and toe

技术要领:重心略低,呈 down 的状态,屈膝,脚尖脚跟转动过程中重心始终在身体中位。

动作延伸:熟练后可以配合其他脚跟脚尖的组合动作。

第十二节　啦啦操

一、基本手位

啦啦操基本手位是啦啦操项目的基础核心动作,正如健美操的基本步伐是健美操的核心动作一样,啦啦操基本手位对正确掌握啦啦操技术至关重要。所以,要进行啦啦操运动必须首先掌握啦啦操基本手位,它包括 36 个最具代表的动作,通过对基本手位展开科学合理的教学与训练,可以有效促进啦啦操队员技术能力和竞技水平的提高。

啦啦操基本手位的肌肉特征主要表现在肌肉的发力和控制两个方面。啦啦操的发力讲究短暂、快速以及制动,在完成啦啦操基本手位时,要求手臂肌肉紧张,核心控制稳定,动作快速到位,以最快的速度将力量通过大臂传导给小臂,最后将力量锁定在手腕处,以此保持动作的干净利落以及身体的稳定性。以下主要介绍 27 个啦啦操基本手位:

1. 下 A(down A)

动作要领:双臂斜下举,分别与脊柱形成 30°,拳心紧贴相对。

动作提示:锁肩,控制手臂。

下 A 手位

2. 侧上冲拳(high side punch)

动作要领:一侧手叉腰,另一侧手握拳在身体侧面斜上举45°。

动作提示:上举手的拳心朝下,身体保持直立挺拔。

侧上冲拳　　侧下冲拳

3. 侧下冲拳(low side punch)

动作要领:一侧手叉腰,另一侧手握拳在身体侧面斜下举45°。

动作提示:下举手的拳心朝下,身体保持直立挺拔。

4. 下V(low V)

动作要领:双臂伸直侧下举45°,手臂与身体形成一个45°夹角,拳心向下。

动作提示:拳眼朝前,锁肩,身体保持直立挺拔。

下V手位　　加油手位

5. 加油手位(applauding)

动作要领:肘关节弯曲并紧贴身体,双手握拳,拳心相对紧贴,肘关节朝下,双拳略低于下颚。

动作提示:不能抬高肘关节,会显得动作松散。

6. T手位

动作要领:双手握拳,双臂侧平举。

动作提示:侧平举高度略低于肩,拳心朝下。

T手位

7. 短T(Half T)

动作要领:双手握拳,双臂在侧平举的基础上弯曲肘关节,在胸前平屈,小臂略低于肩,两拳相对。

动作提示:拳心朝下,锁肩,控制手臂。

短T手位

8. 斜线(diagonal)

动作要领:一侧手臂侧上举45°,另一侧手臂侧下举45°,两臂形成一条斜线。

动作提示:拳眼朝前,拳心朝下,双臂不完全打开,身体保持直立挺拔。

斜线

9. 侧K(side K)

动作要领:身体转向任意一侧,两腿弓步开立,膝盖微屈,身体重心在两腿之间;双臂伸直,一侧手臂斜下举45°,另一侧手臂斜上举45°,形成字母"K"的形状。

动作提示:拳眼朝前,拳心朝下,身体保持稳定挺拔。

侧K手位

10. 小弓箭(bow)

动作要领:一侧手臂侧平举,另一侧手臂在胸前屈肘,肘关节向下,小臂直立。

动作提示:屈肘的大臂夹紧身体,平举的手臂拳心朝下。

小弓箭

11. 弓箭(bow and arrow)

动作要领:一侧手臂侧平举,另一侧手臂在胸前平屈,肘关节朝外,小臂与地面平行。

动作提示:双手拳心朝下,控制手臂。

弓箭

12. 斜上冲拳(up cross punch)

动作要领:一手叉腰,另一侧手握拳在身体前方斜上举 45°。

动作提示:上举手的拳心朝下,身体保持直立挺拔。

13. 斜下冲拳(low cross punch)

动作要领:一手叉腰,另一侧手握拳在身体前方斜下举 45°。

动作提示:下举手的拳心朝下,身体保持直立挺拔。

斜上冲拳

斜下冲拳

14. 上 M(up M)

动作要领:双臂抬起,大臂与肩平行,屈肘关节,双手握拳放在脖子两侧。

动作提示:拳心朝下,身体保持直立挺拔。

15. 下 M(hands on hip)

动作要领:屈肘关节,双手握拳放于腰两侧。

动作提示:拳心朝后,身体保持直立挺拔。

上 M 手位

下 M 手位

16. 后 M

动作要领:双手在腰间,弯曲肘关节向后,拳头在腰两侧。

动作提示:小拳眼朝下,手臂在体后,收紧肩胛骨。

17. 上 H(touch down)

动作要领:双臂伸直上举,大臂紧贴耳朵。

动作提示:拳眼朝前,掌心相对,身体保持直立挺拔。

后 M 手位

上 H 手位

18. 下 H(low touch down)

动作要领:双臂伸直放于身体正前方,两手臂距离与肩同宽,大臂紧贴胸膛。

动作提示:拳眼朝前,掌心相对,身体保持直立挺拔。

19. 短剑(half dagger)

动作要领:一侧手在腰间,另一侧手臂弯曲夹紧胸部。

动作提示:腰间的手拳眼朝前,另一侧手掌心对地面,拳眼正对前面。

下 H 手位

短剑

20. R 手位

动作要领:一侧手臂伸直在另一侧斜下方 45°,另一侧手放在后脑勺。

动作提示:伸直手的掌心朝下,拳眼朝前。

21. 屈臂 X(bend X)

动作要领:双臂弯曲,小臂交叉成 X 形状。

动作提示:拳眼朝前,身体保持挺拔。

R 手位

屈臂 X

22. 上 X(high X)

动作要领:双臂伸直上举,小臂交叉成 X 形状,大臂紧贴耳朵。

动作提示:拳眼朝前,身体保持挺拔。

23. 下 X(low X)

动作要领:双臂伸直放于体前,小臂交叉成 X 形状,大臂夹紧身体。

上 X 手位

下 X 手位

动作提示:拳眼朝前,身体保持挺拔。

24. X 手位

动作要领:双臂弯曲放于后脑勺,小臂交叉成 X 形状。

动作提示:掌心朝向后脑勺。

X 手位　　屈臂 H

25. 屈臂 H

动作要领:双臂手肘弯曲,小臂伸直平行成 H 形状。

动作提示:拳眼朝前,手臂夹紧身体。

26. 小 H(little H)

动作要领:一侧手臂手肘弯曲,另一侧手臂伸直上举。

动作提示:拳眼朝前,身体保持挺拔。

小 H 手位　　前 H 手位

27. 前 H

动作要领:双臂伸直与地面平行,双臂距离与肩同宽。

动作提示:双手掌心相对。

手位组合

二、软开度训练

啦啦操是以人体为表现手段的综合性艺术,作为一种特殊的人体运动表演形式,不仅需要运动员具有一定的身体运动能力,还应具备一定的特殊能力和素质,这是由啦啦操的动作和技巧决定的。软开度就是啦啦操的一种基本素质,软开度训练有着重要的作用,想练好啦啦操,拥有扎实的基本功,首先就是从软开度训练着手。

软开度训练也称柔韧性或伸展性训练,能使运动员的身体灵活多姿、刚、柔、收、放和谐地配合。软功良好的运动员,不僵不板,优雅美观;反之则动作难看,不柔美。所以,软开度是人类舞蹈艺术最高水平所具备的基本因素。软开度不是一朝一夕就可以练好的,需要长期反复训练才会有所提升。以下介绍软开度训练的基本方法。

1. 纵劈腿

动作要领:髋关节保持正立姿态,右腿(左腿)向前方延伸,左腿(右腿)向后延伸,进行劈叉练习;双手自然伸直,指尖接触地面,放于髋关节两侧。

纵劈腿

动作提示:保持一字马姿态时,前腿大腿根部贴于地面,后腿大腿前侧贴于地面,髋关节与上身躯干保持与地面垂直。

练习技巧:

第一步:压腿,两条腿依次向前抬起,放到使双腿成 90°的高度,然后向前弯腰;每天压腿,并且每次下压的时候要让腿感到少许的疼痛(这说明韧带正在接受拉伸训练),不能敷衍了事。练习时间长了,抬起的腿可以放到更高处,直到能伸到头顶与另一条腿成一字。

第二步:压腿时,不向前而是向后弯腰,拉开向后屈体的韧带,每天至少做 50 次。

第三步:站立在空地,前后腿向前方和后方缓缓下滑至双手撑地,然后再继续打开双腿,直到成为一字马姿态。如果疼痛感太强,就继续第一步和第二步的动作练习。

2. 俯卧横劈腿

动作要领:俯卧姿态,双腿分腿打开,双腿内侧贴于地面,双腿与上身躯干成 90°,用双手或者小臂支撑上身躯干。

动作提示：身体保持坐立状态，膝关节不要弯曲，上身俯卧保持躯干挺直，不要弯腰弓背，髋关节保持稳定，大腿内侧以及髋关节贴紧地面。对于很多人来说，横劈比纵劈难，拉伸的时候，总感觉大腿内侧比后侧更僵硬和脆弱，大腿内侧也是拉伤率比较高的部位，练习时一定要缓慢。

俯卧横劈腿

练习技巧：

第一步：做热身活动，先跳绳五分钟，不要太快也不要太慢，保持心率在110～130次/分，然后，拉伸旋转腰部、膝盖、脖子，放松一下身体肌肉，防止拉伤。

第二步：将腿放到适当的高度，一般16岁以上的练习者建议采用静压法，即保持压腿30秒，再换另一条腿，每条腿压5次左右。

第三步：逐步尝试横劈，横劈需要足够的意志力，可以找一个小伙伴帮忙压腿，多练一段时间就成功了，成功后不要放弃练习，要持之以恒，可以挑战更高难度的开韧带，不要局限于180°。

3. 俯卧后弯腰

动作要领：俯卧姿态，双手撑住上身躯干，上身呈反弓姿态。

俯卧后弯腰

动作提示：俯卧后弯腰时，双臂伸直，双手尽量贴近髋关节，上身躯干保持直立，将腰部充分进行反弓拉伸。练习后弯腰之后，需要做腰部缓冲，臀部坐于双脚，身体前屈，胸部找膝盖，手放到腰上轻拍，这样可以使腰部得到调节，不易拉伤。

4. 自开肩胸腰

动作要领：跪姿，双手交叉折叠，向身体正上方翻腕，双臂伸直，连续颤肩、胸、腰。

自开肩胸腰

动作提示：双臂伸直向后向上延伸，颤肩、胸、腰时，双手发力，双臂伸直不可弯曲。

5. 踢腿

踢腿是腿部较开度训练最为重要的一步，它可以巩固压腿、劈腿、吊腿的效果，也为实战腿法训练打下了坚实的基础。

踢腿

动作要领：踢正腿，上身直立，保持上体姿态，双手侧平举，双腿依次交替向前向上踢腿；踢侧腿，上身直立，保持上体姿态，双手侧平举，双腿依次交替向左右两侧踢腿；踢后腿，上身直立，保持展胸反弓姿态，踢腿时双手经前方向上向后带。

动作提示：踢正腿和侧腿时，脚尖膝盖要伸直，起腿要轻，踢腿要快，落腿要稳，踢腿角度应达到180°，脑袋尽量接近起腿膝盖处；踢后腿时，脚尖膝盖要伸直，踢至顶点时腿可略微弯曲。

6. 前侧搬腿

动作要领：一侧腿伸直支撑，另一侧腿屈膝提起，直至膝关节挺直，搬至双腿成180°。两腿交替进行。

前侧搬腿

动作提示：搬腿时支撑腿发力，上身挺直，双手帮助提起腿伸直上提，使双腿成180°。

7. 控腿

练习控腿可以提高对腿部的控制能力，也可以提高腿部的力量、耐力，多进行控腿训练，有利于完成各种复杂的运动以及动作。

动作要领:控前腿时,进行正搬腿动作,随后胯根发力控制前腿,端住前腿,双臂侧平举;控侧腿时,进行侧搬腿动作,随后胯根发力控制侧腿,端住侧腿,双臂侧平举;控后腿时,展胸腰,身体与单侧腿呈反弓姿态,单侧腿向后向上控住,支撑腿伸直。

控腿

动作提示:控前侧腿时,保证脚尖膝盖伸直,胯根发力,双腿形成170°以上的夹角;控后腿时,保证脚尖膝盖伸直,胯根发力,双腿的夹角达到90°以上。

8.练习建议

软开度训练前,可做一些腰、胯、膝、踝关节、腿部肌肉的准备活动。因为肌肉、韧带的伸展性与肌肉的温度有关,通过准备活动,可提高肌肉的温暖,降低肌肉内部的黏滞性,有利于身体柔韧性练习,同时防止韧带受伤。

软开度训练后,需要进行拉伸运动,被动性拉伸是一种缓慢的、放松性的拉伸,还可以起到降低神经和肌肉兴奋度的作用,是运动结束后进行肌肉放松的方法。

三、难度动作训练

啦啦操是用身体说话的艺术,当它在舞台上呈现出绚丽多彩的舞姿时,观众往往会跟随舞者的肢体表达去感悟其中传递的美感与意蕴。除了拥有扎实稳健的身体支配力、连接顺畅的线条动势感,还需在表演中加入难度动作来提升舞蹈表现的精彩度。

1. 阿拉 C 杠

阿拉 C 杠是花球啦啦操旋转类动作中较为典型的动作,是围绕重心点或者是轴体进行圆周或者类圆周的运动,旋转可以是 360°转动、超 360°或小角度转动,双腿控制在 90°,用摆腿保持动态平衡。早在 20 世纪初期,欧美国家就兴起了啦啦操运动,并且在成套动作中加入了挥鞭转等难度动作,花样层出不穷,因此,也就提高了成套动作的观赏性以及竞技能力水平。而在我国,花球啦啦操中挥鞭转仅在六周旋转以下,并且旋转种类单一,因此,国内队伍在训练过程中更要加强阿拉 C 杠的训练。

阿拉 C 杠

动作要领:动作是由四位脚位启动,蹲下然后旋转,保持转动,主力腿做蹲立的动作,动力腿做由前至侧的控制摆腿动作,手臂做二位手的动作;旋转结束时,双脚分开站立,双臂与身体呈 45°向下延伸。

动作提示:动力腿与主力腿始终保持 90°夹角,主力腿始终保持旋转状态,不可跳转,手的力量是旋转的一个动力,保持在二位手,平衡身体,稳定重心;旋转过程中,膝盖外展,胯不掉不扣,身体保持直立状态。

2. 挥鞭转

动作要领:动作是由四位脚位启动,蹲下然后旋转第一周,保持转动,主力腿做蹲立的动作,动力腿做由前至侧的屈伸摆腿动作,手臂做二位手位到七位手变换的动作;旋转结束时,双脚分开站立,双臂与身体呈 45°向下延伸。

挥鞭转

动作提示:主力腿始终保持旋转状态,不可跳转,做好留头、甩头的动作。脚尖要立起来,要稳,腿要挥起来,要用腿带着身体旋转;吸腿的时候,身体要正,脚跟要稳;要留头、甩头,不然越转越会觉得眩晕。

3. 平转

动作要领:脚尖呈小八字,重心在两腿中间,以右肩为目标点,头转向右边,平视目标点;左脚向右上步,同时身体转180°,面朝目标点,换左肩为目标点,重复进行。

平转

动作提示:平转要从半圈的训练开始,立起脚跟,身体侧向一个方向,然后进行半圈的旋转,看准前方一个点,注意转动的速度和留头甩头动作,翻胯的速度要快,两腿要伸直,脚尖撑住,注意脚下所经过的路线,保持在一条直线,落脚方向要一致;上身保持直立,控制腰部,不要松,稳定后,双手平举,保持在一个平面上,随身体的旋转而摆动。

4. 四位转

动作要领:主力脚用力踩地,形成反推力,膝盖伸直,提起旋转腿,转体360°,旋转时双手保持二位手。

四位转

动作提示:注意留头甩头,半脚尖要立到位,快速找准半脚尖立起的重心位置是四位转稳定性的关键。在旋转的过程中,上身放松,保持直立,不要耸肩,不能塌腰撅臀;不要忽视手的位置,打手的力量和位置是旋转的一个动力,保持在二位手,平衡身体,稳定重心;膝盖外展,胯不掉不扣,身体保持直立状态。

5. 抱腿转

动作要领:主力脚支撑,立脚尖,抱正腿,双腿呈180°,保证身体的直立,进行360°旋转。

抱腿转

动作提示:支撑腿的脚尖膝盖伸直,呈抱腿姿态,先练习半脚尖站立抱腿,需要利用腰部和腿部的力量,再练习抱腿旋转。

6. 小跳

动作要领:半蹲为基础,起跳过程,双膝伸直,腰要直立,头顶朝上,依靠韧性和脚背推地的力量跳起,不需要跳太高。

小跳

动作提示:始终保持身体直立,两腿外开,脚背用力推地,空中绷脚背,脚外开;落地时,先脚掌后脚跟着地,上身和肩部用力,脚背放松;起跳时,扣胯撅臀,上身前俯。每次练习要求完成三组小跳,每组之间休息30秒。第一组要求训练时间为1分钟;第二组的训练时间为1分30秒;第三组的训练时间为1分钟。三组小跳练习完成后,要对小腿肌肉进行拉伸放松,放松时间大约1分钟。

四、协调性训练

协调性是指身体运动的时机正确、动作方向及速度恰当,平衡稳定且有韵律。在各项体能中,协调性训练可以说是最困难的,因为影响协调性的因素有很多。以下介绍几种协调性训练的动作。

1. 单脚跳

单脚跳能训练腿部力量,增强腿部的爆发力和耐力,对腰部力量也有提高,同时可以增加肺活量。单脚跳的时候尽量两脚交替进行,一是防止肌肉疲劳,二是使两腿的力量均衡发展,从而提高身体的协调能力。

单脚跳

动作要领:一只脚单脚起跳,听到信号或音乐节奏后换成另一只脚。

动作提示:落地时借助脚踝缓冲,手臂上下协调摆动,注意保持平衡,膝盖不要超伸,防止损伤;每次练习要求完成三组,每组之间休息 30 秒,第一组要求训练时间为 1 分钟,第二组的训练时间为 1 分 30 秒,第三组的训练时间为 1 分钟。三组单脚跳练习完成后,要对小腿肌肉进行拉伸放松,放松时间大约 1 分钟。

2. 跑马步

动作要领:站姿,一条腿向前方踏出,另一条腿迅速靠拢,并腿,重复此动作。

跑马步

动作提示:移动时收紧核心,保持身体稳定,不要弯腰弓背,防止腰背的损伤,不要耸肩,防止肩颈损伤,肘关节不要超伸,防止肘关节损伤。每次练习要求完成三组,每组八个八拍,组间休息 30 秒。三组跑马步练习完成后,要对小腿肌肉进行拉伸放松,放松时间大约 1 分钟。

3. 侧滑步

动作要领:两脚并立,两臂自然下垂;左脚提踵,身体重心落在前脚掌上,左脚压脚跟后的同时右腿伸直向右侧滑行一步,两脚交替进行原地滑步;两臂随着身体摆动。

侧滑步

动作提示:移动时,膝关节微屈,收紧核心,保持身体稳定,不要弯腰弓背;平时应加强徒步或负重提踵训练,以提高踝关节及脚趾的力量。每次练习要求完成三组,每组八个八拍,组间休息 30 秒。

4. 垫步跳

动作要领:踏出一只脚做单脚跳,然后换另一只脚单脚跳,交替进行。

动作提示:手臂和脚的移动方向相反,单脚跳起时,一侧手臂和脚要抬起来,双脚轮流着地;整个练习过程中,脚跟不着地,用踝关节的力量将身体弹

垫步跳

起。每次练习要求完成四组,组间休息 1 分钟。第一组要求训练时间为 1 分钟,第二组的训练时间为 1 分 30 秒,第三组的训练时间为 1 分钟,第四组的训练时间为 2 分钟。四组垫步跳练习完成后,要对小腿肌肉进行拉伸放松,放松时间大约 1 分钟。

第十三节　民族舞

我国有 56 个民族,舞种繁多,异彩纷呈。本节主要介绍藏族、傣族、维吾尔族的民族舞蹈。

藏族是中国少数民族中,人口较多、分布地域广阔的民族之一。藏族发源于西藏境内雅鲁藏布江流域的中游地区,集中分布在我国西藏自治区和青海、甘肃、四川及云南 4 省内各地区,具有悠久的民族历史和丰富的文化。因藏族生活地域的差异,形成了诸多形式不一、风格各异的礼仪和歌舞。通过对藏族弦子、踢踏、牧区舞等代表性舞蹈的学习,学生可基本掌握藏族的舞蹈风格及律动,感受藏族舞蹈文化的深厚底蕴。

傣族舞蹈,是傣族人民表达情感的一种特色舞蹈。傣族舞蹈分为自娱性舞蹈、表演性舞蹈、祭祀性舞蹈、武术性舞蹈等类别,大多婀娜多姿、节奏缓慢,也有一些节奏轻快明朗。

维吾尔族自古居住在中国的西北部,有历史悠久的文化艺术传统。其舞蹈吸收古西域

乐舞的精华,经长期发展和演变,形成了具有多种形式和特殊风格的舞蹈艺术,广泛流传在新疆维吾尔自治区各地。以下选取"赛乃姆"舞种进行介绍,这是一种自娱性舞蹈,只要是喜庆的日子,男女老少都来跳舞,自由进场,即兴发挥,还可以邀请围观者进场一同跳舞,气氛融洽。人们在乐鼓声和伴唱声中翩翩起舞,直到尽兴。

一、藏族舞蹈

1. 基本动作

藏舞基本步伐-靠步　　藏舞基本步伐-前后靠步　　藏舞基本步伐-三步一靠

(1)自然位:人在日常生活中的自然站姿,双脚位置在"正步位"和"小八字位"之间,脚尖不靠拢,微微分开。

(2)扶胯:五指自然合拢,双手掌心扶在腰胯两侧,肘与身体平行。这是藏族舞蹈的一种特殊叉腰姿势。

(3)小颤:自然位站立,双膝比较松弛地上、下屈伸。这是藏族"踢踏舞"的基本律动。

(4)退踏步:属于踢踏舞步,自然位站立,身体轻松自然;右脚向后踏一步,前半脚掌踏地,左脚原地轻踏一步,右脚再向前重踏一步,重心仍在左脚;三步均应踏地有声,前两步较最后一步略轻些。

2. 上肢动作

(1)齐眉晃手:双手下垂,屈腕、屈肘,以腕带动;双手于胸前交替晃动,右手顺时针划圆,左手逆时针划圆。此动作有大、中、小之分:小晃在腹前和胸前,中晃的高度齐眉,大晃在身体前上方。

(2)晃盖手:一手晃,另一手屈臂立腕,经上弧线从旁及里,盖向晃动的手,形成上弧线的流动。单手的晃盖常见于腰旁、腹前。

(3)髋前划手:双手下垂,左右手先后从髋前由内向外至身体旁侧划圆,右手顺时针,左手逆时针。髋前划手和齐眉晃手属于连贯的一组动作。

(4)前后摆手:双臂下垂于身旁,向前后45°摆动,手腕带动双臂附随。

(5)横向摆手:双臂下垂于身旁,双手分别在体前和体后横向摆动;多为单手的横向摆动,手腕主动带动小臂、大臂附随。

(6)平面摆手:双臂下垂于身旁,一侧手从外至里于胸前水平摆动,手腕带动手臂附随。

3. 下肢动作

(1)碎踏:双脚全脚交替踏步,双膝颤动,踏脚节奏均匀;可完成进、退、转体动作。

(2)颤踏:弱拍,双膝下沉,重拍,动作腿踏地伸直膝盖颤动(变支撑腿),同时抬起另一只脚。动作时,一只脚踏地与另一只脚抬起同步,颤动时保持上身的稳定、放松。

(3)抬踏颤:弱拍,双膝下沉,同时抬起前脚掌,重拍,膝关节带动,踝关节发力,脚掌快速击打地面,同时颤膝。这个动作可双脚亦可单脚进行。

(4)吸颤步:动作腿吸腿时,支撑腿蹭踏颤膝一次,再落脚碎踏二次。注意上身保持稳定、放松。

(5)退踏步:动作腿后撤半步,脚掌着地,同时支撑脚微离地面,支撑腿踏地,然后动作腿踏地颤膝;动作时,它具有"退颤分离颤、踏地后顺势滑"的特点。

二、傣族舞蹈

1. 基本动作

(1)一位手：大拇指回扣，其余四指并拢，双手指尖相对，掌心朝下，放在大腿前侧。

旁一位手：大拇指回扣，其余四指并拢指向髋部，掌心朝下，手肘微微弯曲，双手在大腿两侧。

傣族舞蹈
基本脚位
与造型

后一位手：双手放在臀部后方，大拇指回扣，其余四指并拢，掌心朝下，掌根指向臀部，手要有点弧度，手肘微微弯曲。

侧一位手：双手放在身体的一侧，和一位手差不多。

(2)"三道弯"的基本特征：

躯干的"三道弯"：第一道弯从立起的脚掌至弯曲的膝盖，第二道弯从膝盖到胯部，第三道弯从胯部到倾斜的上身。

手臂动作的"三道弯"：指尖至手腕，手腕至肘，肘至臂。

腿部动作的"三道弯"：立起的脚掌至脚跟，脚跟至弯曲的膝盖，膝盖至胯部。

这种躯干、手臂、腿的"三道弯"体态造型与傣族人民生活在亚热带地区有关，他们信仰小乘佛教，视孔雀为圣鸟。他们的服饰特点、佛教雕塑、孔雀神态等都较为直接地反映在舞蹈艺术中。

2. 基本律动

傣族舞优美、轻盈、朴实、矫健、感情含蓄，跳舞时下半身多呈半蹲状态，身体、手臂、下肢的每个关节都有弯曲，形成了特有的"三道弯"造型。重拍向下均匀颤动也形成傣族舞蹈特有的韵律和节奏特征，其基本律动有以下几种。

(1)正面起伏：重拍，向下蹲，身体向下的时候，脊椎要伸直，蹲的时候上身不能前倾或后仰，脊椎对着脚跟缓慢下沉；身体还原向上提的时候也要缓慢。

(2)旁边起伏：下沉的时候出右胯，双膝向下弯曲，左膝藏在右膝后，上身向左侧倾斜，头向右看，再进行反方向动作。出胯的时候上身不能前倾或后仰。

(3)腿的正步起伏：身体下沉的时候会有个抬腿动作，膝盖不能向前顶，因为傣族舞蹈穿的是桶裙，向前抬腿会很难看，一定要垂直向后踢腿，而且要勾脚，踢起时要迅速，配合呼吸。当腿向后踢时上身会轻微左右起伏，左右腿轮流起伏，动作连贯。

3. 基本手位

傣族舞蹈
基本手位

傣族舞蹈的基本手位有以下几种：

(1)胯旁叉手；

(2)体前领腕；

(3)斜上领腕；

(4)顶上领腕；

(5)平升开掌；

(6)胸前交叉立掌；

(7)单展翅；

(8)点肘侧提腕;

(9)望月手;

(10)开花手;

(11)体后侧合翅;

(12)照影;

(13)倒叉腰。

三、维吾尔族舞蹈

1. 基本步伐

维吾尔族
舞蹈基本
步伐

(1)压抬步:三步一抬,三步一踢,按节拍行走;一只脚脚尖着地,突然脚跟落地,同时另一只腿抬起屈膝向后踢,每走三步做一次抬起动作;男子的压抬步幅度要大些,此动作可以一直向前走,也可以向两侧前行或转体时使用。

(2)支字步:右脚迈向左脚前方,然后左脚向左前迈出与右脚平行,接着左脚向右脚前方迈出,右脚向右前方迈出与左脚平行,重复动作。

(3)转身步(垫转步):右脚向外撇迈向左脚前方,左脚原地做点步动作,重心放在左脚尖上,同时右脚也做垫步动作,身体随之向左转动。换另一侧重复练习。

(4)横错步(横切步):右脚迈向左脚前,然后再迈回来,原地来回错步,左脚原地点步。换另一侧脚重复练习。

(5)原地点步:左脚原地点步,右脚前后迈步(点步),交换脚进行练习。

(6)旋转屈腿步:分为左旋转和右旋转。右旋转:左脚尖翘起,用脚根做支点,身体稍向右转,两臂伸直掌心向上,右脚向右侧迈,转体、转膝,右脚在前,右脚后跟翘起;左膝关节顶在右膝关节窝,右手拍到左胸上部,左手背在身后。左旋转同理。

(7)跪膝旋转步:右旋转时跪右膝,右手侧上举;左手放在左膝上,上身后扬。左旋转时同理。

2. 基本特点

(1)维吾尔族舞蹈活泼优美,步伐轻快灵巧,尤其是手腕和手臂的变化极为丰富,有着浓郁的西域风格。关于动脖子的练习方法,可以找一个直角形的墙角,然后把两个肩膀卡在直角中间,固定身体,尝试在水平方向用耳朵找墙,多练几次。也可以把两个手掌对着耳朵,然后用耳朵去找手,这样反复练习就能找到感觉。

(2)维吾尔族舞蹈中,头、肩、腰、臂、肘、膝、脚都有动作,传神的眼神更具代表性,还要加上"动脖子""弹指头""翻手腕"等一系列的动作,形成了维吾尔族舞蹈的鲜明特点。

第十四节 健美操

一、健美操的历史

健美操的起源应追溯到两千多年前。古希腊人对人体美的崇尚举世闻名,他们认为,在世界万物中,只有人体的健美才是最匀称、最和谐、最庄重、最有生气和最完美的。古希腊人通过跑跳、投掷、柔软体操和健美舞蹈等各种体育项目进行人体美的锻炼。他们提出了"体操锻炼身体,音乐陶冶精神"的主张。

19世纪末20世纪初,欧洲出现了许多体操流派,他们在理论和实践上的创新推动了健美操的发展。20世纪60年代初则是健美操的萌芽时期,它最早是美国太空总署的医生库帕博士为宇航员设计的体能训练内容。20世纪80年代初,随着全球健身热和娱乐体育的发展,健美操以其强大的生命力风靡世界。美国是对世界健美操的发展有着重要影响的国家,美国影视明星简·方达,根据自己的健身体会和经验,撰写了《简·方达健美术》一书。该书自1981年出版后,引起了世界的轰动。作者以现身说法,促进了健美操在世界范围内的遍及。与此同时,自1985年开始,美国正式举办一年一度的健美操锦标赛,并确定了竞赛项目和规则,使健美操发展为竞技性运动项目。

健美操不仅在美、英、法等国家迅速发展,而且在一些发展中国家和地区也得到了不同程度的发展。苏联早已把健美操列入大、中、小学的体育教学大纲,在亚洲地区,中国、菲律宾等国家也建有许多健美操活动中心及健身俱乐部,人们都开始将健美操作为自己的主要健身方式,由此形成了世界范围内的"健美操热"。

1983年,美国举行了首届健美操比赛,1984年,首届远东区健美操大赛在日本举行,由此,健美操比赛在世界各地全面兴起。每年国际上举办的比赛有世界健美操锦标赛、健美操世界杯赛、世界健美操冠军赛等。

1987年,我国举办了首届中国健美操电视邀请赛,1988年、1989年、1990年、1991年分别在北京、贵阳、昆明、北京举办了四届邀请赛。1992年起改名为全国健美操锦标赛,成为每年举办的传统赛事。

健美操是一项深受广大人民群众喜爱的、普及性极强的,集体操、舞蹈、音乐、健身、娱乐于一体的体育项目。其中大量吸收了迪斯科、爵士舞、霹雳舞中的上下肢、躯干、头颈和足踝动作,特别是髋部动作,这给健美操增添了活力,同时也有利于减少臀部和腹部脂肪的堆积,有利于提高动作的协调性和灵活性。健美操是一种有氧运动,是持续一定时间的、中低强度的全身运动,主要锻炼练习者的心肺功能,是有氧耐力素质的基础。不仅能帮助我们强身健体,而且还有减肥的功效。

二、健美操的分类

目前,健美操的种类繁多,分类方法也各不相同。根据健美操的目的,可以将其分为健身健美操、竞技健美操和表演健美操三大类。

1. 健身健美操

健身健美操,也称为大众健美操,是集健身、娱乐、防病为一体的群众性健身运动。健身健美操的主要目的是健身,因此,其运动强度和动作难度相对较低,适合社会不同年龄、层次、性别、职业的人练习。根据不同的需要,健身健美操还可以从不同的角度进一步分类和命名。

(1)按年龄结构可分为老年健美操、中年健美操、青年健美操、少年健美操、儿童健美操、幼儿健美操等。

(2)按人体活动部位可分为头颈健美操、肩部健美操、胸部健美操、臂部健美操、腹部健美操、髋部健美操、腿部健美操等。

（3）按练习的目的可分为热身健美操、姿态健美操、形体健美操、减肥健美操、节奏健美操、活力健美操、跑跳健美操等。

（4）按练习形式可分为徒手健美操、持轻器械健美操（哑铃、彩球、花环、绳、手鼓等）、专门器械健美操（垫上健美操、踏板健美操、健骑机健美操等）。

（5）按人数可分为单人健美操、双人健美操、三人健美操、六人健美操、八人健美操和集体健美操。

（6）按性别可分为女子健美操和男子健美操。

（7）按人名、动作特色可分为简·方达健美操、瑜伽健美操、迪斯科健美操、搏击健美操、拉丁健美操、爵士健美操等。

2. 竞技健美操

竞技健美操是根据竞赛规则的要求组编的一套具有较高艺术性、以取得比赛优异成绩为主要目的的健美操。竞技健美操只进行自编动作的比赛，有特定的比赛规则和评分方法，需完成一定的难度动作，对人体的心肺功能、身体素质、技术技能和艺术表现能力有较高要求，一般适合青年人。竞技健美操比赛共设五个项目：男子单人健美操、女子单人健美操、混合双人健美操、混合三人健美操、混合六人健美操。

3. 表演健美操

表演健美操主要是以在表演中展示自己的价值和魅力，陶冶情操、净化心灵、促进健美操活动的广泛开展，满足人们表现自我的需要为目的，在特定的活动、场合或节日庆典中进行表演，集观赏、娱乐为一体的体育节目。一般而言，健身健美操常用于表演，竞技健美操用于表演时可不受规则的限制。

三、健美操的特点

1. 集健美和健身于一体

健美操是以健身为基础，根据人体解剖学、运动生理学、体育美学等多学科理论，为使人体健康健美而进行动作编排的运动项目。健美操动作讲究健美大方，强调力度和弹性，练习内容讲求针对性和实效性，不仅能使身体各部位的关节、韧带、肌肉得到充分锻炼，使人体匀称和谐地发展，而且还能增强体质，培养健美的体形和风度，塑造健美的自我。因此，健美操是一项既注重外在美锻炼，又强调内在美培养的人体运动方式，对人的身心影响较为全面。

2. 鲜明的节奏感和韵律感

健美操是一种必须在音乐伴奏下进行的身体练习，音乐是健美操的灵魂。与艺术体操相比，健美操更强调动作的力度。因此，健美操的音乐节奏趋于鲜明强劲，风格更趋于热烈奔放。健美操音乐多取材于爵士、摇滚等现代音乐和具有上述特点的民族乐曲。正是音乐中高低、长短、强弱、快慢等有节奏的变化，使健美操更富有一种鲜明的现代韵律感。此外，旋律清晰、活泼轻快、情绪激奋的音乐，不仅能振奋练习者的精神，使人产生跃跃欲试的动感，而且还能使人在练习过程中，忘却疲劳，产生一种轻松愉快的心情。

3. 动作的多变性和协调性

健美操成套动作的多变性，不仅表现在动作的节奏和力度上，而且还表现在动作的复合性方面。每节动作很少是单个关节的局部动作,大多为多关节的同步运动。如在完成大幅度的上肢动作时,常伴有腰、膝、髋、踝等的动作。这不仅可使身体各关节的活动次数成倍增长,而且还能有效改善和提高人们身体的协调性。

4. 广泛的群众性

健美操是一项富有趣味性的运动,它能给人们带来热情奔放的情感体验,符合现代人追求健美、自娱自乐的需要,因此深受广大群众的喜爱。同时由于健美操,尤其是健身健美操,其练习形式多样,运动负荷和难度可以自我调节,不同年龄、性别、形体、素质、个性、气质的练习者都可酌情选择练习,各种人群都能从健美操练习中找到适合自己的练习方式,并通过训练增强体质,弥补自身的某些不足,并且还可以从中获得乐趣。因此,健美操具有广泛的群众性。

四、基本手型

健美操的手型有很多种,是从芭蕾舞、现代舞、迪斯科、武术中吸收和发展的。手型是手臂动作的延伸和表现,运用得好,会使健美操动作更加丰富多彩、生动活泼,更具有感染力。

(1)并掌:五指伸直,相互并拢;大拇指微屈,贴于食指旁。

(2)开掌:五指用力伸直,充分张开。

(3)花掌:五指微屈,中指、无名指、小拇指并拢、稍内收,大拇指内扣。

并掌　　开掌

(4)拳:握拳,大拇指在外,紧贴于食指和中指之间。

(5)立掌:五指伸直,手掌用力上翘。

(6)西班牙舞手式(兰花掌):五指用力,小拇指、无名指、中指自掌根关节处依次内屈,大拇指稍内扣。

花掌　　拳

(7)花式:在分开式的基础上,小拇指向掌心回弯到最大限度,无名指随小拇指回弯一定程度。

五、基本动作

(一)双腿动作

1. 弹动

弹动是指膝关节有弹性的屈伸。

2. 分腿半蹲

两腿分开,屈膝半蹲时膝盖对准脚尖,臀部向后下方向运动,腰腹收紧,保持上体挺直。用于提高腿部力量练习时,可采用窄距离同肩宽的半蹲,在有氧健身操中的半蹲可采用宽距离半蹲。分腿半蹲可使大腿及臀部的肌肉得到很好的锻炼。

3. 箭步蹲

两脚前后分开站立,后脚用前脚掌站立,两脚尖向前、脚跟向后,身体重心在两腿之间;屈膝下蹲时,前面腿的膝盖对准脚尖,后面腿的膝盖对准地面。箭步蹲可以锻炼大腿、臀部及核心肌群的稳定。

(二)迈步动作

1. 并步

动作要领:一侧腿先迈出一步,同时移重心,另一侧腿可做点、抬、并、屈、踢等动作。

动作变化:迈步点地、迈步吸腿、迈步后屈腿、迈步踢腿、并步跳。

并步　　　两次并步

2. 交叉步

动作要领:右腿向右侧迈出,左腿在右腿后交叉迈出,稍屈膝,随后右腿再向右侧迈一步,左腿跟上并拢,左脚点地;换另一侧重复练习。侧交叉步是很好的向左右移动的步伐,应尽量增大动作幅度,落地时应顺势向下屈膝缓冲,动作过程中保持腰腹的稳定。

动作变化:交叉步吸腿、交叉步后屈腿、交叉步跳。

3. V字步

动作要领:右脚向右前方迈出,左脚向左前方迈出,屈膝,两腿呈字母"V"型。

V字步

4. 小马跳

动作要领:右脚向右侧跳一步,紧接着左脚在右脚旁小垫步跳,反方向动作相同。

动作变化:可改变方向或连续向某一方向移动跳。

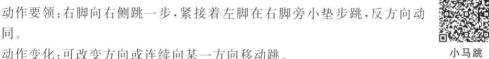
小马跳

(三)抬起动作

1. 吸腿

动作要领:一侧腿支撑,另一侧腿屈膝向上抬起,还原,换另一侧重复动作。保持支撑腿的弹性缓冲及身体的稳定。

动作变化:吸腿跳、蹦腿跳。

正面并腿跳

2. 弹踢腿

动作要领:右腿屈膝,右脚向后抬起,左脚起跳同时将右膝伸直向前踢出;然后右脚落地同时左腿屈膝,左脚向后抬起,做反方向动作。弹踢腿时,起跳腿的大腿先发力,再小腿弹跳,向前踢的腿,膝关节不要伸直,要有控制地向前下方踢。

动作变化:侧弹踢腿跳、后弹踢腿跳。

侧吸腿

(四)基本步伐

1. 踏步

动作要领:两腿依次抬起和落下,交替进行。屈腿时膝关节向前,落地时从脚尖过渡到全脚掌,膝、踝关节放松,上体表现出腰腹的控制力量,整个踏步过程中,保持身体自然的直立、稳定和放松。

侧面踏步　　正面踏步

动作变化:双腿抬起高度与身体方向的变化,如V字步、转体步等。

2. 后踢腿跑

动作要领：双腿屈膝，依次向后抬起、落下，交替进行。屈腿时膝关节向前，落地时从脚尖过渡到全脚掌，膝、踝关节放松，上体表现出腰腹的控制力量，整个过程中，保持自然的直立。

后踢腿跑

动作变化：各种角度和方向的动作变形。

3. 吸腿跳

动作要领：上体保持挺直，吸腿，抬起双腿，髋关节与膝关节最大限度地弯曲，角度不小于 90°，膝盖达到最高点时，小腿垂直于地面，脚尖绷直。

正面侧吸腿跳　正面吸腿跳

动作变化：包括各个空间、角度、高或低强度的动作变形。

4. 踢腿跳

动作要领：屈髋，做直腿高踢的动作，踢起腿在髋部前面或侧面运动，踢起腿的高度不低于肩，支撑腿伸直，动作过程中上体保持自然直立，脚背绷直。

正面踢腿跳

动作变化：各个平面、高度、强度与方向的动作变形，如中踢、高踢和垂直踢。

5. 开合跳

动作要领：双腿跳起，落地时向两侧开立，两脚分开的距离大于肩宽，两脚尖向外，膝关节朝脚尖方向，微屈；并腿时，两脚起跳并拢，整个过程中，上体保持自然直立，起跳动作控制有力，落地时从脚尖过渡至全脚掌缓冲。

开合跳

动作变化：各个角度转动、移动、高低强度的动作变形。

6. 弓步跳

动作要领：双腿跳起，前后分开落地，前腿屈，后腿蹬直，双腿在一条直线上，低强度动作时，身体微微前倾（前腿负重），颈与足跟在一条直线上；高强度动作时，双腿前后交替跳动，重心在两腿之间。

动作变化：各个角度转动、移动、高低强度的动作变形。

第十五节　健身气功

养生可以理解为"保养生命"，通过对阴阳、气血、精神的调节，运用导引吐纳、四时调摄、食养、药养、节欲、辟谷等多种方法，对身体进行保养、调养，颐养生命。养生产生于远古时期，是中华民族智慧和经验的结晶，是在漫长的生活实践中，人们为了抵御自然灾害和预防疾病而衍生出的健身方法。提到养生，许多人还是停留在狭义的养生理念，认为养生是通过食疗或其他非医疗的方式提高自身身体素质的治疗方法。其实早在公元 5 世纪，养生概念就已深入人心，公元 610 年，隋朝名医巢元方曾在《诸病源候论》中记载了各种疾病的症状和病源，但并没有记载相应的药方，只列出养生方、导引法 213 种。可见当时养生对于人们提高身体素养的重要性，可以达到延年益寿的效果。

健身气功是一种以民族传统文化的生命整体观为理论基础，以自身形体活动、呼吸吐纳、心理调节相结合为主要形式的养生锻炼方法，是中华民族特有的民族传统体育项目和文化遗产,作为中华民族优秀传统文化的重要组成部分,健身气功有着深厚的文化背景。在长期的历史发展过程中,健身气功含有中国传统哲学、养生学、中医学和美学等多种文化思想和概念,形成了自身独特的养生、健身特点,成为我国最具有群众基础、最受欢迎的民族传统运动项目之一。目前流行的主要健身气功有九种:健身气功·易筋经,健身气功·五禽戏,健身气功·六字诀,健身气功·八段锦,健身气功·十二段锦,健身气功·大舞,健身气功·导引养生功十二法,健身气功·马王堆导引术,健身气功·太极养生杖。本节主要介绍其中两种。

一、健身气功·八段锦

1. 简介

八段锦之名,最早出现在南宋洪迈所著《夷坚志》中:"政和七年,李似矩为起居郎……尝以夜半时起坐,嘘吸按摩,行所谓八段锦者。"八段锦在北宋已流传于世,且有坐式和立式之分,由于立式更便于人们习练,因而流传甚广。

健身气功·八段锦以立式八段锦为蓝本进行整理和创编,其运动强度和动作编排次序符合运动学和生理学规律,属于有氧运动。动作特点主要包括:柔和缓慢,圆活连贯;松紧结合,动静相兼;神与形合,气寓其中。习练过程中要做到松静自然、准确灵活、练养相兼、循序渐进。

2. 基本手型

(1)拳:大拇指抵掐无名指根节内侧,其余四指屈拢收于掌心,握固。(见图 2-56)

图 2-56 拳

(2)自然掌:五指微屈,稍分开,掌心微含。(见图 2-57)

图 2-57 自然掌

(3)八字掌:大拇指与食指竖直分成八字状,其余三指的第一、第二指节屈收,掌心微含。(见图 2-58)

(4)爪:五指并拢,大拇指第一指节和其余四指的第一、第二指节屈收扣紧,手腕伸直。(见图 2-59)

图 2-58 八字掌

图 2-59 爪

3. 基本身型

(1) 自然势：两脚分立约与肩宽，两膝微屈，头正颈直，百会虚领，下颌微收，唇齿轻合，舌抵上腭，沉肩坠肘，含胸拔背，腰腹放松，两手自然垂于体侧，目视前方。

(2) 抱球势：在自然势状态下，两臂环抱于腹前呈圆弧形，与脐同高，掌心朝向神阙穴（肚脐），两掌指尖相距 10 厘米，目视前方。

(3) 捧球势：在自然势状态下，两臂捧于腹前呈圆弧形，掌心向上，两掌指尖相距 10 厘米，两掌小拇指距小腹 10 厘米，目视前方。

(4) 扶按势：在自然势状态下，松腕舒指，两臂内旋前伸，与肩同高，随后屈肘，两掌下按于两髋旁，目视前方。

自然势　　抱球势

捧球势　　扶按势

二、健身气功·五禽戏

1. 简介

五禽戏是东汉末年神医华佗在前人导引术的基础上，将阴阳理论、五行和中医经络、气血运动原理、脏腑机理相结合，通过模仿虎、鹿、熊、猿、鸟五种动物的生活习性与神态创编的强身健体的养生功法。2002 年，国家体育总局组织创编健身气功新功法，上海体育学院虞定海教授等专家学者，通过拜访、调研，新编了健身气功·五禽戏功法。五禽戏作为前人智慧的精髓，吸取了导引养生术的精华，属于气功中的动气功。五禽戏是体育运动和医疗保健的有机结合，具有重要的医学价值。

2. 基本手型

(1) 虎爪：五指张开，虎口撑圆，五指的第一、二指关节弯曲内扣，呈抓握东西的爪式，模拟虎的爪型；注意手腕要松，指尖发力，五指灵活不僵硬。（见图 2-60）

(2) 鹿角：大拇指伸直外张，食指、小拇指伸直，中指和无名指弯曲内扣，模拟鹿角的形

状;注意手指要伸展自然,有张力。(见图2-61)

图2-60 虎爪

图2-61 鹿角

(3)熊掌:大拇指压在食指指尖上,其余三指跟随食指并拢弯曲,将掌心撑圆,虎口呈圆形,模拟熊的掌型;注意五指要曲而外撑,充满力量。(见图2-62)

(4)猿勾:屈腕内扣,五指指腹捏拢;模拟猿猴攀援的手型。勾扣要有力,手腕要灵活。(见图2-63)

图2-62 熊掌

图2-63 猿勾

(5)鸟翅:手腕自然伸直,五指伸直,大拇指、食指、小拇指向上翘起,中指、无名指并拢伸直向下压,模拟禽鸟伸展翅膀的动作;注意动作要轻灵自然,有向外延伸的感觉。(见图2-64)

(6)握固:大拇指抵掐无名指根节内侧,其余四指在外覆压大拇指握拳,收于掌心。(见图2-65)

图2-64 鸟翅

图2-65 握固

3.基本步型

(1)弓步:两腿前后分开一大步,前腿屈膝,膝盖对准脚尖微内扣;后腿自然伸直,脚跟蹬地,脚尖稍内扣,全脚掌着地。(见图2-66)

(2)虚步:一侧腿向前迈出,脚跟着地,脚尖上翘,膝微屈;后腿屈膝下蹲,全脚掌着地,脚尖朝向同侧前方约30°,臀部与脚跟上下相对,身体重心落于后腿。(见图2-67)

(3)丁步:两脚左右分开,间距约二分之一肩宽;两腿屈膝下蹲,一侧腿脚跟提起,前脚掌

图 2-66　弓步　　　　　　　　　图 2-67　虚步

着地,虚点地面置于另一侧腿的足弓处;另一侧腿全脚掌着地踏实。(见图 2-68)

(4)后点步:一侧腿向前迈出,膝关节自然伸直,全脚掌着地,身体重心置于前腿;后腿自然伸直,脚背绷紧,脚尖点地。(见图 2-69)

图 2-68　丁步　　　　　　　　　图 2-69　后点步

4. 平衡动作

(1)提膝平衡:一侧腿直立站稳,上体挺直;另一侧腿在体前屈膝上提,小腿自然下垂,脚尖自然向下。(见图 2-70)

(2)后举腿平衡:一侧腿蹬直站稳;另一侧腿伸直向体后举起,脚尖向下,抬头,挺胸,塌腰。(见图 2-71)

图 2-70　提膝平衡　　　　　　　图 2-71　后举腿平衡

第十六节　跆拳道

一、基本步法

(一) 准备姿势

准备姿势也称实战姿势或预备姿势,是跆拳道比赛开始时双方的基本站立姿势。

准备姿势

1. 动作要点

(1) 两脚并立,两臂垂于体侧。

(2) 右脚向后撤一步,两脚前后距离要宽于自己的肩宽,向右转体约45°,身体侧对对手,前脚脚尖同后脚的脚跟在一条直线上,同时两手半握拳,沉肩,两臂屈肘自然垂放。右脚在后是右架准备姿势,左脚在后是左架准备姿势。

(3) 身体重心落在两腿之间,膝盖略弯曲,眼睛平视对手,下颌微收。

2. 动作重点

(1) 两臂位置不是固定的,可以一臂下垂,在没有踢击或防守时,手臂放松。

(2) 两脚之间的距离和重心的高低,可根据具体情况进行调整,原则上是保证在移动时能快速调整身体重心。

(3) 若身体重心下降至大小腿之间的夹角几乎等于90°时,则为低位准备姿势。

3. 练习方法

(1) 先练习右架准备姿势。

(2) 再练习左架准备姿势。

(3) 最后左右交替练习。

(二) 换步

换步

1. 动作要点

(1) 右架准备姿势站立,双脚同时蹬地,重心上提。

(2) 扭腰转髋,两脚原地前后交换,由右架准备姿势换成左架准备姿势。

2. 动作重点

(1) 尽量使重心平稳移动,不宜起伏过大,两脚稍离地即可。

(2) 双脚要同时用力蹬地。

(3) 扭腰转髋换步后,前脚脚尖与后脚脚跟在一条直线上。

3. 练习方法

(1) 先练习双脚同时用力蹬地。

(2) 再练习扭腰转髋换步。

(3) 最后左右交替练习。

（三）上步

1. 动作要点

(1) 右架准备姿势站立,右脚蹬地将重心移动到左脚。

(2) 提右脚向前迈一步,变成左架准备姿势站立。

(3) 双手积极配合腿部动作,调整手臂位置。

2. 动作重点

(1) 通过向左拧腰转髋完成上步,两臂在体侧自然上下移动,重心起伏不宜过大。

(2) 两腿夹紧,后脚直线上步。

(3) 身体保持直立,重心始终保持在中立位。

3. 练习方法

(1) 先练习右架上步。

(2) 再练习左架上步。

上步

（四）后撤步

1. 动作要点

(1) 右架准备姿势站立,左脚蹬地将重心移动到右脚。

(2) 提左脚向后撤一步,变成左架准备姿势站立。

(3) 双手积极配合腿部动作,调整手臂位置。

2. 动作重点

(1) 通过向右拧腰转髋完成后撤步,两臂在体侧自然上下移动,重心起伏不宜过大。

(2) 两腿夹紧,前脚直线撤步。

(3) 身体保持直立,重心始终保持在中立位。

3. 练习方法

(1) 先练习右架后撤步。

(2) 再练习左架后撤步。

后撤步

（五）前滑步

1. 动作要点

(1) 右架准备姿势站立,右脚向前用力蹬地。

(2) 左脚向前滑进大约一脚的距离,右脚快速跟进相同的距离。

前滑步

2. 动作重点

(1) 在移动过程中,尽量减小重心的起伏,重心保持在两腿之间。

(2) 两脚掌尽量贴地前滑与跟进,后脚跟进的距离不易过大或过小,要与前脚前滑的距离相同,重心跟着前移。

(3) 两脚移动要有速度、节奏、连贯性,移动距离不宜过大。

3. 练习方法

(1) 先逐步练习,再多次结合练习。

(2) 右架前滑步掌握好,再练习左架前滑步。

(3)最后结合腿法进行练习。

(六)后滑步

1. 动作要点

(1)右架准备姿势站立,左脚向后用力蹬地。

(2)右脚向后滑大约一脚的距离,左脚快速跟进相同的距离。

2. 动作重点

(1)在移动过程中,尽量减小重心的起伏,重心保持在两腿之间。

(2)两脚掌尽量贴地后滑与跟进,前脚跟进的距离不易过大或过小,要与后脚后滑的距离相同,重心跟着后移。

(3)两脚移动要有速度、节奏和连贯性,整体移动距离不宜过大。

3. 练习方法

(1)先逐步练习,再多次结合练习。

(2)右架后滑步掌握好,再练习左架后滑步。

(3)最后结合腿法进行练习。

后滑步

(七)前垫步

1. 动作要点

(1)右架准备姿势站立,右脚用力蹬地,重心前移。

(2)右脚向左脚并拢,右脚落地的同时左脚向前迈出一步,成右架准备姿势站立。

2. 动作重点

(1)重心起伏不要过大,重心前移,身体不要前冲。

(2)两脚要迅速连贯地完成动作,中间不能停顿。

3. 练习方法

(1)先逐步练习,再交替多次练习。

(2)熟练后,结合腿法进行练习。

前垫步

(八)后垫步

1. 动作要点

(1)右架准备姿势站立,左脚用力蹬地,重心后移。

(2)左脚向右脚并拢,左脚落地的同时右脚向后迈出一步,成右架准备姿势站立。

后垫步

2. 动作重点

(1)重心起伏不要过大,重心后移,身体不要猛退。

(2)两脚要迅速连贯地完成动作,中间不能停顿。

3. 练习方法

(1)先逐步练习,再交替多次练习。

(2)熟练后,结合腿法进行练习。

二、基本腿法

(一)前踢

前踢是跆拳道基本腿法的基础动作,掌握好前踢可以为后面的腿法学习奠定基础。前踢在品势中使用较多,竞技中使用较少。

前踢

1. 动作要点

(1)右架准备姿势站立,右脚蹬地将重心移至左腿。

(2)右腿向正前方提膝,大小腿折叠,夹角约30°,膝盖朝前顶,脚背绷直,双手握拳屈臂自然放在身体两侧。

(3)继续将髋关节前送,右大腿向上抬,当大腿抬至水平位置或稍高时,向前弹出小腿,脚背向上击打目标。

(4)击打结束后,小腿快速收回,回到大小腿折叠状态,然后后撤右腿,回到右架准备姿势。

2. 动作重点

(1)向前提起右腿时,两大腿内侧夹紧,直线出腿。

(2)为保持重心的平衡,躯干可稍向后倾,支撑腿可微屈,尽量将髋部向前送。若是高位前踢,髋部则要尽量向上向前送。

(3)击打时脚背要绷直。

(4)小腿弹出后,在弹直的一刹那,大腿要有一个制动的过程,使脚背产生鞭打的效果。

(5)脚尖朝向前上方弹出。

(6)前踢的主要击打部位是对方的面部、下颚。

3. 练习方法

(1)先练提膝向前送髋的动作,再练弹踢小腿,最后练习前踢连贯动作,左右架交替练习。

(2)动作熟练后,再配合道具练习。

(3)两人一组,交替进行前踢的练习。

(4)熟练运用后,逐渐提高前踢的高度和难度。

(二)横踢

横踢是跆拳道比赛中使用率较高的动作,是运动员的主要得分战术。

1. 动作要点

(1)右架准备姿势站立,右脚蹬地将重心移至左腿。

(2)右腿向正前方提膝与腰同高,大小腿折叠,夹角约30°,膝盖朝前顶,脚背绷直,双手握拳屈臂自然放在身体两侧。

(3)向左转髋同时扣膝,以支撑的左脚前脚掌为轴心,提起左脚跟向左侧旋转,大小腿处于水平位置后,右小腿快速鞭打踢出,右膝朝向右侧。

(4)用脚背击打对手的胸腹部、面部及两肋或是所有被护具包围的部位。

(5)击打后小腿收回,回到大小腿折叠状态,右脚自然下落成左架准备姿势,然后右脚后撤,回到右架准备姿势。

2. 动作重点

(1)横踢与前踢类似,区别仅在于横踢腿的膝盖方向在击打的一刹那,转髋扣膝朝向对方的腹部。

(2)提起右腿时,两大腿尽量夹紧,减少出腿幅度,即右腿直线出击。

(3)为保持重心的平衡,支撑腿微屈,躯干稍向后倾以配合快速转髋。

(4)击打目标时脚背绷直,但踝关节要放松。

(5)小腿弹出后,在弹直的一刹那,腰腹反向用力,使大腿有一个制动的过程,让脚背产生鞭打的效果。

(6)提膝应随着转髋同时进行,不能完全提膝后再转髋,避免膝盖过早偏向左侧。

(7)支撑脚应积极配合髋部转动,转髋时脚跟提起离开地面,但不能提太高。

(8)横踢主要击打对手胸腹部和面部及两肋。

(9)做反击横踢时按横踢的要领完成动作,只是支撑腿随身体重心的移动向后或向斜后方移动。当对方进攻时,自己迅速向后移动重心,使用反击横踢。

3. 练习方法

(1)先练提膝和转髋扣膝,可扶墙或用其他支撑物辅助练习;然后弹踢小腿练习;最后练习横踢连贯动作,先慢后快,左、右架交替练习。

(2)熟练后,再练习高位横踢,击打对方头部。

(3)动作独立练熟后,再配合道具练习。

(4)两人一组,交替进行踢护具练习。

(5)结合步法移动进行练习。

(三)后踢

后踢是跆拳道比赛中反击对手进攻的主要战术之一,也可用作进攻战术,但使用频率较低。

后踢

1. 动作要点

(1)右架准备姿势站立,右脚蹬地重心移至左腿。

(2)以左脚前脚掌为轴心,左脚跟外旋,向右转体90°,背对对手,同时抬起右大腿,使大小腿折叠并勾起脚踝,同时向右后方转动头部。

(3)两大腿夹紧,右腿向后平伸蹬出,在蹬直前膝关节微微外翻。

(4)用脚跟击打对手腹部、胸部或头部。

(5)完成击打后,右脚自然落下成左架准备姿势,然后右脚后撤,回到右架准备姿势。

2. 动作重点

(1)身体向右转动的同时快速提起右膝,头部配合同方向转动。

(2)身体转到背朝对方时要制动,同时右脚后蹬,身体不再转动,膝关节此时的方向应与支撑腿膝关节的方向一致。

(3)抬右腿时,两大腿应尽量夹紧,让右腿"擦"着左腿抬腿。

(4)为保持重心的稳定,支撑腿微屈,躯干下压,双手握拳置于胸前,蹬腿时手反向用力,起到制动作用。

(5)支撑腿应积极配合身体的转动,调整好身体重心。

3. 练习方法

(1)先练习后蹬动作,体会后蹬的感觉,可扶墙或用其他支撑物辅助练习;再练习转身同时收腿的动作;分解动作熟练后,练习完整的后踢动作,先慢后快。

(2)后踢动作熟练后,可配合目标物或道具练习。

(3)最后分组配合练习。

(四)下劈踢

下劈踢是跆拳道比赛中较为常用的动作之一,也是运动员进攻和反击对方进攻的主要战术之一。

下劈踢

1. 动作要点

(1)右架准备姿势站立,右脚蹬地将重心移至左腿。

(2)右腿伸直向上踢起,向上提髋。

(3)右脚勾脚,尽量高举过头,然后展腰送髋,右腿快速下压同时绷紧脚背。

(4)用脚掌或脚跟下砸对方的头部,击打后右脚自然落下成左架准备姿势,身体重心前移至右腿上,但不能完全前移,身体要稍后仰来控制重心,避免身体前冲。

(5)右脚后撤,回到右架准备姿势。

2. 动作重点

(1)踢腿向上时,躯干与腿尽量折叠,要积极送髋,大小腿之间可以有一定的弯曲度。

(2)下劈时尽量展腰送髋,身体重心向下压。

(3)远距离下劈踢时要绷直脚背,用脚掌击打,近距离时勾脚,用脚跟击打。

(4)支撑腿应积极配合身体的移动,调整好身体重心。

3. 练习方法

(1)下劈踢对身体柔韧性的要求较高,在开始练习前要先拉伸,避免练习时拉伤韧带。

(2)练习踢腿、展腰、送髋动作,体会腰部和髋部的发力,由慢到快。

(3)练习完整的下劈踢动作。

(4)动作熟练后,配合道具进行目标练习。

(五)后旋踢

后旋踢是跆拳道比赛中常用的动作之一,也是运动员反击对方进攻的战术之一。

后旋踢

1. 动作要点

(1)右架准备姿势站立,右脚蹬地,重心移至左腿,同时以左前脚掌为轴,左脚跟外旋转360°。

(2)拧腰,身体向右后方转动,同时提起右腿向斜后方向40°左右蹬伸,头部向右后方转动,看向目标。

(3)身体继续扭转,右腿借助旋转的力量,向后划水平半圆弧线,同时绷直脚背,快速屈膝用脚掌鞭打对方头部。

(4)整个击打过程,身体重心都在左腿,击打后,右脚自然落下,回到右架准备姿势。

2. 动作重点

(1)身体向右后方向转动的同时要快速提起右腿。
(2)先屈膝,右腿划弧线时,应有一个向斜后方向蹬伸的动作。
(3)身体转动时,头部积极配合向后转动。
(4)小腿在开始时要自然放松,在接触对方头部瞬间绷紧脚背,用脚掌呈水平弧线鞭打。
(5)左脚应积极配合髋部的转动,在完成整个动作之前,重心一直落在左脚掌的前半部分。
(6)后旋踢主要用于击打对手的面部。

3. 练习方法

(1)身体原地转动360°练习,左脚前脚掌着地转动,转身的同时右腿向后蹬伸。
(2)分解动作熟练后,进行完整的后旋踢动作练习。
(3)完整动作熟练后,配合道具进行目标练习,由慢至快渐进练习。

(六)侧踢

侧踢主要是用来阻挡对方的进攻,是跆拳道比赛中主要的防守战术。

1. 动作要点

(1)右架准备姿势站立,右脚蹬地将重心移至左腿,同时以左脚前脚掌为轴,脚跟向内旋转大约90°。
(2)直线提起右腿,折叠小腿的同时向左转髋,身体右侧对着对方。
(3)勾脚扣膝至水平位置,展腰向前送髋,直线平蹬出右腿,蹬出右腿的同时,左脚脚跟快速转向对手的方向,用右脚掌外侧击打对方。
(4)击打结束后,右腿自然落下成左架准备姿势,撤右腿回到右架准备姿势。

2. 动作重点

(1)在胸前收右大腿,脚底对着对手。
(2)支撑腿要积极配合转动。
(3)侧踢主要用于击打对手两肋、胸腹部位或头部。

3. 练习方法

(1)先练习提腿转髋动作,每一次踢腿都要保证大小腿提至水平位置,为保持重心的稳定,可扶墙或用支撑物辅助练习。
(2)分解动作熟练后,练习完整的侧踢动作。
(3)完整动作熟练后,配合道具进行侧踢练习。
(4)分组进行反应练习。

三、品势基本站姿

(一)并排步

1. 规定动作

两腿分立,约一个脚长的距离,两脚内侧平行,两腿伸直。

并排步

2. 易犯错误

两脚尖向里或向外,两脚尖不在一条水平线上。

(二)走步

走步

1. 规定动作

(1)走步时,有停顿的动作。

(2)双腿伸直,重心均匀落在两脚上。

(3)保持身体中正,走步时肩部与正前方自然形成30°夹角。

(4)前后脚的距离为三个脚长。

2. 易犯错误

(1)两脚相距过宽或过窄。

(2)上身向前或向后倾斜。

(3)脚离地没有超过两厘米。

(三)并步

并步

1. 规定动作

双脚内侧合并,双腿伸直。

2. 易犯错误

双脚尖没有并拢,膝关节微屈。

(四)弓步

弓步

1. 规定动作

(1)前后脚相距四脚半长的距离、左右脚的水平宽度是一拳的距离。

(2)上体中正,前腿膝关节弯曲,且与脚尖在一条直线上。

(3)后脚尖与正前方自然形成30°夹角,后腿伸直,三分之二的重心放在前腿上。

2. 易犯错误

(1)后脚的脚跟抬起或后腿膝关节弯曲。

(2)后脚尖与正前方的夹角大于或小于30°。

(3)三分之二重心放在了后腿上。

(4)前后脚的距离过大或过小。

(五)马步

马步

1. 规定动作

(1)双脚相距两脚长的距离,挺胸收腹。

(2)两腿弯曲下蹲,膝关节朝向正前方。

(3)上体中正,膝关节与脚尖在一条直线上。

(4)膝关节扣紧,不能朝外。

2. 易犯错误

(1)膝关节向外展开或向内扣。

(2)上身前倾或臀部后翘。

（六）三七步

1. 规定动作

(1) 双脚前后呈 L 型站立。

(2) 前后脚相距三脚长的距离。

(3) 70% 的重心放在后腿，30% 的重心放在前腿。

2. 易犯错误

(1) 身体重心过于向前或向后。

(2) 前脚脚跟离开地面。

(3) 前后脚之间的距离过大或过小。

三七步

（七）左右站姿

1. 规定动作

(1) 在准备姿势下，左脚或右脚向外旋转 90°。

(2) 动作完成后，脚内侧形成 90°夹角。

2. 易犯错误

(1) 与准备姿势相同。

(2) 双脚并拢。

左右站姿

（八）虎步

1. 规定动作

(1) 两腿前后站立，前后脚的距离约两脚长；身体中正，后脚尖与正前方形成 30°夹角。

虎步

(2) 重心在后腿，前腿膝关节与脚尖在一条直线上。

(3) 前脚脚跟离地，脚掌轻点地，双腿膝关节弯曲，将身体重心的 90% 或 100% 放在后腿。

2. 易犯错误

(1) 后脚尖与正前方的夹角大于或小于 30°。

(2) 前后脚的距离不宜过大或过小。

（九）前后交叉步

1. 规定动作

(1) 两脚相距一拳距离。

(2) 双腿交叉，小腿形成"X"形，前脚和后脚形成 90°夹角。

(3) 身体 90% 的重心放在前腿上。

2. 易犯错误

(1) 双脚间隔距离过大或过小。

(2) 交叉时，重心向后或向前倾斜。

(3) 前脚与后脚的夹角大小或小于 90°。

（十）鹤立步

1. 规定动作

(1)支撑腿弯曲,脚尖朝向正前方,膝盖正对脚尖,双脚内侧平行。

(2)辅助脚内侧紧贴支撑腿的膝关节内侧,辅助腿的膝关节朝向正前方。

2. 易犯错误

(1)双脚脚尖和膝关节没有朝向正前方,大腿没有夹紧。

(2)辅助脚内侧离开支撑腿膝关节。

鹤立步

四、品势基本格挡

（一）下格挡

1. 起始动作

(1)右侧下格挡时,右臂弯曲放在左肩部,拳心朝向脸部。

(2)辅助手臂伸直置于身体中线,拳心向下与胸部同高。

2. 规定动作

(1)右拳顺着辅助手臂下滑,到辅助手臂的小臂处时,拳心反转向外发力格挡。

(2)动作完成后,格挡拳在大腿的正前方与大腿的距离约为一掌距离。

(3)辅助拳放在髋关节处,手臂向后夹紧。

3. 注意事项

(1)格挡拳的起点从肩部开始,拳心向外。

(2)辅助手臂要伸直。

(3)格挡拳在大腿正前方。

(4)辅助拳要收在髋关节处,手臂要向后夹紧。

下格挡

（二）中位内格挡

1. 起始动作

(1)右臂弯曲,拳心向外,腕部伸直,拳与颈部同高。

(2)辅助手臂伸直,拳心向下与胸口同高。

2. 规定动作

(1)格挡拳由外向内发力格挡,肘关节向下,挡到身体的中心线。

(2)格挡动作完成后,格挡拳与肩部同高。

(3)辅助拳收在髋关节处,手臂向后夹紧。

3. 注意事项

(1)格挡拳要到身体的中心线,且与肩部同高。

(2)格挡手臂的肘关节不能向外翘起,腕部要伸直。

(3)辅助拳要收在髋关节处,手臂要向后夹紧。

中位内格挡

(三)中位外格挡

中位外格挡

1. 起始动作

(1)右臂中位外格挡时,右臂弯曲并放在左髋关节处,拳心向上。

(2)辅助手臂弯曲并放在右肩部,拳心向外。

2. 规定动作

(1)格挡拳心向外,拳与肩部同高,格挡手臂的大小臂夹角是 90°～120°。

(2)辅助拳收在髋关节处,手臂向后夹紧。

(3)格挡时,格挡手臂的拳经过肩部。

3. 注意事项

(1)格挡拳与肩同高,格挡手臂的肘关节不能向外翘,腕部要伸直。

(2)辅助拳要收在髋关节处,手臂要向后夹紧。

(四)上格挡

上格挡

1. 起始动作

(1)右上格挡时,右臂放在左髋关节处,拳心向上。

(2)辅助的左臂弯曲放在右肩部,拳心向外。

2. 规定动作

(1)格挡手臂由下往上,正面抬起发力格挡至前额,与前额为一拳距离,腕部到身体中心线。

(2)格挡完成后,格挡手臂的大小臂夹角为 45°。

3. 注意事项

(1)格挡手臂的腕部要在人体的中心线,起始动作的幅度不宜过大或过小。

(2)动作完成后,格挡手臂的角度要准确。

(3)辅助拳要收在髋关节处,手臂要向后夹紧。

(五)手刀中位格挡

手刀中位格挡

1. 起始动作

(1)左侧手刀格挡时,左手放在右髋关节处,掌心向上。

(2)辅助的右臂向外展开120°,掌心向外,腕部伸直。

2. 规定动作

(1)格挡手臂的掌心向外,腕部伸直。格挡手臂的大小臂夹角为 90°～120°。

(2)格挡的指尖与肩部同高,格挡手经过右肩。

(3)辅助手臂的掌心向上与胸口同高,与身体相隔一掌距离。

3. 注意事项

(1)格挡手刀不能从髋关节直接格挡。

(2)辅助手刀起始动作不高于或低于肩。

(3)双臂肘关节不能向外翘。

(六)单手刀中位外格挡

1. 起始动作

(1)左侧单手刀中位外格挡时,左手刀放在右髋关节处,腕部伸直,掌心向上。

(2)辅助的右臂弯曲握拳放在左肩,拳心向外。

2. 规定动作

(1)格挡手臂的掌心向下,腕部伸直,指尖与肩同高,格挡手臂的大小臂夹角为 90°~120°。

(2)辅助拳收在髋关节处,手臂向后夹紧。

3. 注意事项

(1)格挡手刀不能从髋关节直接格挡。

(2)格挡手刀的指尖不能高于或低于肩。

单手刀中位外格挡

(七)单手刀上位斜外格挡

1. 起始动作

(1)右侧单手刀上位斜外格挡时,右手刀从左髋关节处,向上移动。

(2)左臂弯曲与右肩同高,掌心向外。

2. 规定动作

(1)格挡手刀的腕部伸直,高度与头部同高,肘关节轻微弯曲然后交叉格挡。

(2)肩部向左转 45°。

3. 注意事项

(1)格挡时手刀的肘关节不能向外翘。

(2)格挡后肩部的转动幅度不宜过大或过小。

(八)燕子手刀颈部攻击

1. 起始动作

(1)左手刀从右髋关节处向上移动。

(2)右手刀从左肩部外侧向前移动。

2. 规定动作

(1)左侧格挡时,格挡手臂与前额相距一拳距离,腕部伸直。

(2)攻击的手与颈部同高,肩部向左转 45°。

3. 注意事项

(1)格挡手臂的腕部不能弯曲。

(2)格挡完成后,手腕在身体的中心线。

(3)攻击的手刀不能高于或低于颈部。

第十七节 武术

武,止戈为武;术,思通造化、随通而行为术。武术,奔跑(止通假趾,意为奔跑)战斗(戈)

的技术,是一种古代军事战争传承的技术。从词源来看,"武术"一词最早见于南朝颜延之的《皇太子释奠会作诗》:"大人长物,继天接圣;时屯必亨,运蒙则正;偃闭武术,阐扬文令;庶士倾风,万流仰镜。"文中的武术,即指军事。

武术就是军事技术,也就是古代战争技术,所以兵器被称为武器,军事被称为武事,军备也被称为武备。有人认为"武"通"舞",其实牛头不对马嘴,"舞"是娱乐,是非必要的娱乐活动,而"武"是古代的生存技术之一,是必要的军事技能。"国之大事,在祀与戎",说的就是武术的重要性。

习武可以强身健体,亦可以防御敌人进攻。武术,具有消停战事、维护和平的作用。作为中华民族的生存技能,中国传统武术伴随着中国历史与文明发展,走过了几千年的风雨历程,成为维系民族生存和发展的灵魂。修习武术,让人从身到心得到提升,充满安全感,精壮神足,具有安然自胜的实力。以下重点介绍两种武术类别:长拳和太极拳。

一、长拳

(一)概述

长拳是中国传统拳派之一,属于一种北派武术,查拳、华拳、炮拳、红拳等均属长拳之列。古代也有专称长拳的拳种,现代新编国标武术长拳是中华人民共和国建立后发展起来的一个拳种,在武术运动中影响较大,有广泛的群众基础。国标武术长拳吸取了查拳、华拳、炮拳、红拳诸拳种之长,把长拳的手法、手型、步型、步法、腿法、平衡、跳跃等动作规格化,编成各种拳械套路。它的特点是姿势舒展大方,动作灵活快速,出手长、跳得高、蹦得远,刚柔相济,快慢相间,动迅静定,节奏分明,是全国武术表演和比赛项目之一。长拳适合青少年练习。

从编排上看,长拳既有适合基础训练的一面,又有适合竞赛和提高训练的一面。它包括拳、掌、勾三种手型,弓、马、仆、虚、歇五种步型,还有一定数量的拳法、掌法、肘法和伸屈、直摆、扫转、击响等不同的腿法,以及平衡、跳跃、跌仆、滚翻动作。

(二)基本技法

长拳的训练内容包括基本功、单练套路、对练套路,单练套路又分为规定套路和自选套路。长拳的基本技法有以下八种:

1. 姿势

头正、颈直、沉肩、挺胸、直腰、敛臀、上肢舒展、挺拔、下肢稳定、匀称。

2. 动作

在做踢、打、摔、拿等技击动作时,起止点、路线、力点都要清晰准确。

3. 身法

把躯干活动与吞、吐、闪、展、冲、撞、挤、靠等攻防变化紧密结合起来。

4. 眼法

做到手眼相随,手到眼到,通过眼神把一招一式的内在意识充分表达出来。

5. 精神

全神贯注,表现出勇敢、机敏、无所畏惧的气概。

6. 劲力

有刚有柔，要刚而不僵，柔而不松，刚柔相济，发劲时有爆发力；要以意识支配动作发力，并以气息配合，做到内外合一。

7. 呼吸

呼吸要讲究提、托、聚、沉四法。跳跃时用提法，静止性动作用托法，刚劲性动作用聚法，由高到低的动作用沉法。

8. 节奏性

在演练中，快与慢、动与静、刚与柔、起与伏等多种矛盾的对比越鲜明、越突出，节奏感就越强。长拳动作舒展，关节活动范围较大，对肌肉和韧带的柔韧性、弹性都有较高要求。同时，由于长拳动作大多是利用大肌肉群来进行活动，肌肉活动量大而且迅速，需氧量较大，因此可以增强心肺功能。

长拳的基本技法规律包括：顶头竖脊，舒肢紧指（趾）；形合力顺，动迅静定；以眼传神，以气助势；阴阳相依，相辅相成。

（三）基本要求

1. 手要捷快

长拳的手法，须"拳如流星"，要迅疾、敏捷、有力。不仅是在拳、臂挥舞时要如此，而且在掌、腕的细微动作中也要如此。要达到"拳如流星"的要求，就必须松肩活肘，使肩、肘、腕等关节在运动时力求松活顺畅，以迅雷不及掩耳之势出拳。

2. 眼要敏锐

长拳的眼法，须"眼似电"，要明快、锐利。眼法在长拳运动中不是单独应用的，必须"眼随手动""目随势注"。既然手法要流星般的迅快、敏捷、有力，那么眼睛的注视，就相应地要像"闪电"般明快、锐利。这种手到眼到的眼法变化，不仅和手法有着密切的关系，也和颈部的活动有关。随着眼法的左顾右盼、上瞻下视，颈部必须灵活，快速转头。同时，眼法还涉及动作意向，一般来说，长拳的动作都有它的意向，进则攻，退则守，即使是静止时的拳势，也含有伺机而动的意向。因此，眼法是表现动作意向和传神的关键。

3. 身要灵活

长拳的身法，须"腰如蛇行"，要柔韧、灵活、自如。身法在长拳运动里，可分为闪、转、展、缩、折、弯、俯、仰等。这些身法的变化多是由腰部主宰。因此，"腰如蛇行"的身法要求，一方面是要求身体在运动的时候要像蛇移动时那样灵活，有曲折有变化，另一方面要求胸椎和腰椎的柔韧性要好，使动作既柔软又坚韧，柔软则灵活，坚韧则有力。动作做得灵活、有力，又富有曲折变化，才会协调、生动。身法主要强调胸、背、腰、腹、臀五个身体部位的运动。在长拳运动中，由活动性动作进入静止性动作时，多讲究挺胸、直背、塌腰、收腹、敛臀等方式。在活动时，则要求身体灵活自如，"体随势变"，根据不同的动作采取不同的身法与手、眼、步、腿诸法协调配合。

4. 步要稳固

长拳的步法，须"步赛粘"，要轻快、稳固。"先看一步走，再看一伸手""打拳容易，走步难""步不稳则拳乱，步不快则拳慢"，步法在长拳运动中起着重要的作用。各种步法在运动时要轻快,站定时要像粘在地上一样稳固,不掀脚,不拔跟。步伐不能受上肢活动的影响,而且要给上肢的活动提供必要的稳固条件。这样,才能动而不乱,使下盘扎实有力。

5. 精要充沛

长拳的精神,需要充沛、饱满。要充沛饱满像"雷霆万钧",像"江河的怒潮",要显示出鼓荡的"怒"的气魄。然而,这种鼓荡的"怒"气,不是表现在脸上,而是贯注在运动之中。精神饱满,气宇轩昂,拳势才能雄健威武。"怒"绝不是直眉横目、龇牙咧嘴的凶狠。要做到"怒"的气魄,必须具有武术的战斗意识,把自己置于一种充满战斗的情境里,这样才能使长拳的动作气如雷霆,势如浪涛。

6. 气要下沉

长拳的呼吸,须"气直沉",要"气沉丹田"。这是因为呼吸在长拳运动中关系着运动的持久性,也关系着力量的催动,即所谓以气催力。长拳运动的动作复杂、起伏转折、快速有力,这一特点决定了长拳的运动强度大,需氧量也较大。如果不善于掌握和运用"气沉丹田"的腹式呼吸法,就容易气血上涌,使气息在胸间游动。气往上浮则内部空虚,空虚则气促,气促则吸氧不足,吸氧不足则力短,力短就不能使运动持久,就会头晕恶心,面色发白,动作紊乱,身体的平衡性也就遭到破坏。所以,在进行长拳运动的时候必须运用腹式呼吸,善于"蓄气",这样才能使运动持久,保持身体的平衡。长拳的呼吸方法,除了沉之外,还有提、托、聚三法。这些呼吸方法随着动作进行变化,但始终遵循"气宜沉"的基本要求。同时,运用时要顺其自然,不能故意做作。

7. 力要顺达

长拳的劲力要顺达。如果发力不顺,会使动作僵硬、死板,长拳运动最忌"僵劲"。用力顺达,须从"三节""六合"着手。三节,以上肢来说,手是梢节,肘是中节,肩是根节;以下肢来说,脚是梢节,膝是中节,胯是根节。六合,是指手、肘、肩、脚、膝、胯等六个部位的配合。掌握好"三节""六合",动作才会豁达。

8. 功要纯青

长拳的技术,须"功宜纯"。在这里,"功"指的是力量、速度、耐力、灵敏等身体素质和运动的各种技巧。所谓"纯",就是"不杂",炉火纯青。"功宜纯"是针对长拳技术质量所提的要求。要使技术质量达到纯青的地步,重要的一条就是在技术规范化的前提下加强锻炼的实践。"功夫是练出来的",只有坚持锻炼,持之以恒,才能不断提高身体素质和运动技巧,才能使功力长进,技术质量由不纯到纯。

9. 四击合法

"四击",就是武术中的踢、打、摔、拿四种技击法则。凡是含有技击动作的长拳,一般都离不开这四种技击法则。踢的法则,具体内容有蹬、端、弹、点、缠、摆、扫、挂等;打的法则,具体内容有冲、撞、挤、靠、崩、劈、挑、砸、撑、奴、搂、拦、采、例、勾、抄等;摔的法则,具体内容有棚、巩、揣、滑、倒、爬、拿、橱、捣等;拿的法则,具体内容有刁、拿、锁、扣、封、闭、错、截等。这些具体内容都有它们的运动方法。长拳运动对踢、打、摔、拿四种技击法则具体内容的运动方法要求非常严格。如果不能严格地遵守这些运动方法,就不可能表达出它们不同的意义,就失去了长拳技击动作的章法。

10. 以形喻势

长拳运动中,有动势、静势、起势、落势、立势、站势、转势、折势、轻势、重势、缓势、快势共十二种动静之势。以自然事物中的十二种形象来比喻这十二种动静之势,动如涛:活动之势,要使运动气势像江海的浪涛那样激荡,滔滔不绝,在万马奔腾中仍有明朗感和稳定感,做到"动要有韵""动中有静"。静如岳:静止之势,要像大山那样巍峨,似乎任何强大的力量都推不动。起于猿:跳起之势,要有猿猴纵身时的那种机灵和矫健。落如鹊:落降之势,要像喜鹊落到树枝上那样轻稳。立如鸡:单腿独立之势,特别是从活动性动作转入静止性的独立动作时,要像鸡在奔走中突然停步,提起一只脚来那样,显示动作的安定稳固。站如松:两脚站立之势,要像苍松那样刚健、挺拔,在静止中傲然,富有生气,使静和动密切联系在一起,所谓"静中有动"。转如轮:旋转之势,要像车轮绕着轴心那样转动,善于创造和掌握运动的轴心,这样才能达到"圆"的要求。折如弓:折叠之势,是指扭身拧腰等转折的动作,要像弓那样越折越有力,有一股反弹劲,不是折得柔软而没有劲力,而是在折叠之势中体现反弹的力量,才能突出动作的变化。轻如叶:轻飘之势,要像树叶那样轻,才能达到"飘"的要求。重如铁:沉重之势,要像钢铁砸下那样沉重有力,但"重而忌狠",不能咬牙切齿。缓如鹰:缓慢之势,要像鹰在空中盘旋那样精神贯注,慢中有快,但"缓而忌温""慢易生懈",要防止动作产生松懈感。快如风:快速之势,要像一阵疾风那样迅速,但"快而忌毛""快易生爆",火爆可以藏拙,但会使动作不准确,务必快而不毛。

二、太极拳

(一)概述

太极拳是以中国传统儒、道哲学中的太极、阴阳辩证理念为核心思想,集颐养性情、强身健体、技击对抗等多种功能为一体,结合易学的阴阳五行之变化、中医经络学、古代的导引术和吐纳术形成的一种内外兼修、柔和、缓慢、轻灵、刚柔相济的汉族传统拳术。传统太极拳门派众多,常见的太极拳流派有陈氏、杨氏、武氏、吴氏、孙氏、和氏等派别,各派既有传承关系,相互借鉴,也各有自己的特点,呈百花齐放之态。太极拳的群众基础广泛,是中国武术拳种中非常具有生命力的一支。2006年,太极拳被列入中国首批国家非物质文化遗产名录。

太极拳作为一种饱含东方包容理念的运动形式,针对意、气、形、神的锻炼,非常符合人体生理和心理的要求,对个体身心健康以及人类群体的和谐共处,有着极为重要的促进作用。太极拳作为我国民族文化遗产,是一种较好的增强体质和预防疾病的手段。经常打太极拳,能提高我们的健康水平,让我们保持充沛的精力。太极拳的特点是动作柔和、缓慢、圆活、连贯,因此,打太极拳时要求:精神贯注,上下相随,虚实分明,连贯圆活,速度均匀;动作运行路线处处带有弧形,整套练习起来,好似行云流水,连绵不断。

太极拳在技击上别具一格,特点鲜明。它要求以静制动、以柔克刚、避实就虚、借力发力,主张一切从客观出发,随人则活,由己则滞,"彼未动,己先动",后发先至,将对手引进,使其失重落空,或者分散转移对方的力量,乘虚而入,全力还击。太极拳的这种技击原则,体现在推手训练和套路动作中,不仅可以训练人的反应能力、力量和速度等身体素质,而且在攻防格斗训练中也有十分重要的意义。

太极拳包含八种劲:掤(用于化解或合力发人)、捋(用于借力向后引力)、挤(对下盘的外掤劲)、按(对上盘的外掤劲,或作反关节拿法)、采(顺力合住对方来力,或作拿法)、挒(以侧掤之劲破坏对方的平衡),肘(以肘尖击人),靠(以肩膀前后寸劲击人)。

(二)基本要求

太极拳在练习过程中要求练习者"静心用意,呼吸自然",即要求在练习过程中平心静气、思想集中,心用在动作上,保持动作与呼吸的配合,使呼吸平稳、自然深长;在练习动作时切不可憋气,保持全身心的自然放松,尾闾中正,身体不偏不倚。尽量做到整套动作行云流水、轻柔缓慢、中正安舒、柔和缓慢;周身保持整体性,以腰为轴,上下相随,动作呈弧形、螺旋形,在转换过程中圆活不滞;同时注意动作之间保持连绵不断,衔接和顺,整套动作中保持重心的稳定;动作练习讲究虚实相生,一招一式要注重轻灵沉着,刚柔相济,保持发力的完整性、动作的弹性,实现真正意义上的"四两拨千斤"。

太极拳练习过程中对身体各个部位的基本要求如下:

头部:虚领顶劲,在整个练习过程中不能左右歪斜,眼睛要自然平视前方,嘴唇轻闭,舌抵上颚;

颈部:自然放松,挺拔竖直,灵活转动;

肩部:沉肩松沉,切勿紧张上耸、过分前扣和后张;

肘部:自然弯曲,放松坠肘,切勿僵硬或上翻;

腕部:不可过分用力或放松,劲力贯注;

胸部:舒松微含,不可外挺或故意内缩;

背部:舒展伸拔,不可弓驼;

腰部:向下松沉,灵活转动,不可过分前弓或后挺;

脊部:中正竖直,保持身型自然端正;

臀部:微收内敛,不可翘臀,注意敛臀;

胯部:松正内含坐胯,让劲力贯注在下肢,不可歪斜;

腿部:稳健扎实,移动平稳;

膝部:松活自然,忌超过脚尖;

脚部:轻灵自然,迈步如猫行。

总体动作要领:虚领顶劲,含胸拔背,沉肩坠肘,手眼相随,以腰为轴,迈步如猫行,虚实分清,意体相随,用意不用力,意气相合,气沉丹田,动中求静,动静结合,式式相连,连绵不断;"一动无有不动,一静无有不静",手、眼、身、法、步要做到相互协调配合,达到内外合一。

第三章　运动战术与操舞编排

第一节　足球

足球战术是比赛中为了战胜对手,根据主客观的实际情况所采取的个人和集体配合的手段。比赛实践证明,熟练而巧妙地运用战术是夺取胜利的重要因素。

一、比赛阵型

比赛阵型是指比赛时场上队员的职责分工和位置布局的表现形式,目的是适应攻守战术的需要,合理运用队员的力量,最大限度地发挥全队的竞技水平。20世纪70年代中期,随着足球比赛全攻全守指导思想及其踢法的出现,人们对阵型的认识有了根本变化,不再用阵型中的位置去限制队员的积极性,而是在明确基本位置与主要职责的前提下,使队员在场上的活动范围更大,位置变化更多。

1. 4-4-2

4-4-2阵型的特点在于攻守平衡,无论是人员排列和职责分工,还是各条线和位置之间都能相互进行补位,并能进行保护。在进攻时,能相互支援和协作。4-4-2阵型是现代足球比赛中最常见的阵型,尤其在比赛双方实力接近的情况下运用得最多。(见图3-1)

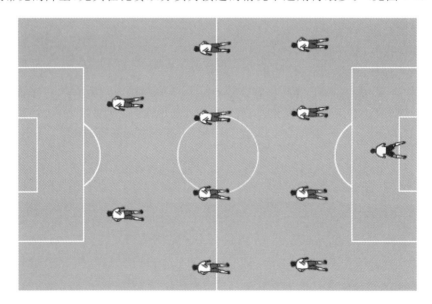

图3-1　4-4-2阵型

2. 4-3-1-2

4-3-1-2阵型是从4-4-2阵型演变出来的,其特点是中场四名前卫采取菱形站位,加强球队进攻力度。4-3-1-2阵型也可理解为4-1-3-2阵型,或者是4-1-2-1-2阵型。该阵型站位的特点:三名中场球员外加一名前腰,无边路球员,边路进攻略显乏术,可以通过边后卫前插形成威胁。两名前锋相互配合,曾经英格兰超级联赛(简称英超)一度将"一高一快"两名前锋作为标配模式。一名前腰球员可攻可守,可支援锋线并协调中场与锋线的连接。中场球员集中在中路,对中路起到很好的保护作用,并起到有效的中路控球、渗透,一名防守后腰的大部分时间在于协助,有效防止对方中路渗透并加强防线保护。此阵型在20世纪90年代比较流行,随着战术的革新和发展,如今使用此阵型的顶级联赛球队已经寥寥无几。(见图3-2)

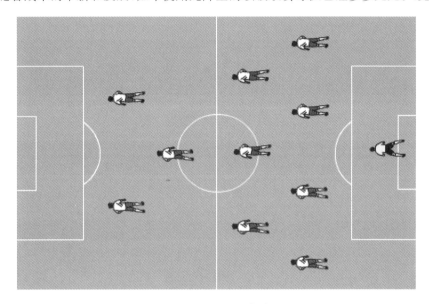

图 3-2 4-3-1-2 阵型

3. 4-2-3-1

法国队依靠4-2-3-1阵型获得2000年欧洲足球锦标赛冠军,紧接着西班牙足球甲级联赛中,也有球队频频使用这套阵型取得好成绩,一时之间,4-2-3-1阵型风靡全欧洲。4-2-3-1阵型最大的变革在于双后腰,这能增强球队的防守。此外,在进攻上,这套阵型存在很大的变化,如三名负责进攻的前卫,可以平行站位,也可以与前锋形成菱形站位,主要看主教练的安排。但是近两年,随着4-3-3阵型的重新复苏,4-2-3-1阵型变得不再受欢迎,但是仍旧有一些球队坚持使用4-2-3-1阵型。(见图3-3)

4. 4-3-3

传统的4-3-3阵型以进攻为主,这套阵型完全可以踢出最漂亮的攻势足球,前提是拥有优秀的进攻球员。4-3-3阵型对于边锋的要求,没有4-4-2阵型或者4-2-3-1阵型那么高。也就是说,使用这套阵型的球队,在进攻线上几乎都是控球能力出色的球员。但值得注意的是,4-3-3阵型对于后腰的要求很高,因为在中场只有三个队员。4-3-3阵型是四后卫打法中攻击力最强的一种。一般都是通过边路的突破来撕开对方的防守。(见图3-4)

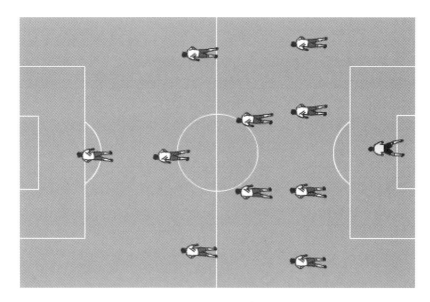

图 3-3　4-2-3-1 阵型

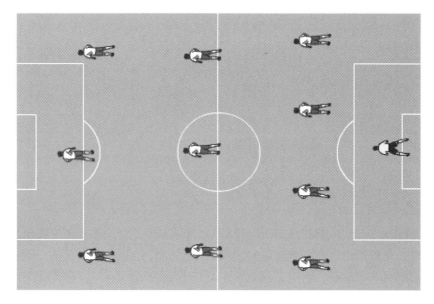

图 3-4　4-3-3 阵型

5. 3-5-2

3-5-2 阵型是德国发明的自由人助攻战术的终极体现,因为只有三名后卫,边路的助攻和后撤参加防守相当重要,因此对两个边前卫的要求很高。3-5-2 阵型在中场安排了 4～5 个队员。四后卫阵型的重心相对来说是在中后场,而三后卫阵型的重心则到了中场。采用三后卫阵型打法的球队其全队攻守重心比起四后卫的阵型来说向前移动了近一个场区。(见图 3-5)

进攻时,由于中场 4～5 个队员,人数较多,轮番向前插入,特别是突然插入是其进攻的重要手段,并且攻击的位置也多有变化。而且在两名有冲击力的前锋的配合下,这种插入队

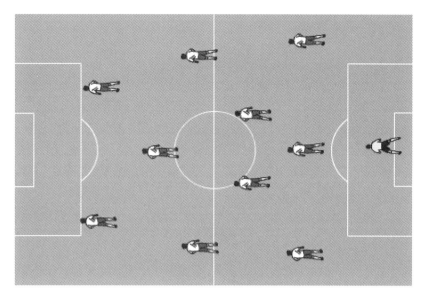

图 3-5　3-5-2 阵型

员和攻击位置的不断变化会给对手造成极大的威胁。

防守时,3 个后卫中常常有两人采取紧逼盯人防守将对方的两名前锋盯牢,另一人负责保护。这样一方面可以在人数上占有一定的优势,另一方面在防守层次上也有一定的纵深结构配备,使防守体系较为稳固。

6. 4-5-1

采用 4-5-1 阵型的球队分布在中场的人数众多,一般会得到大量的控球时间。有时甚至会看到有些球队为了抢回球权,会让单前锋回撤,实际上变成了 4-6-0 的无锋阵型。此时对手想要打穿他们的防线会无比艰难。这套阵型在进攻时的适应性也很强,只要把两个边路中场球员的位置向前提,这个阵型就能轻松地调整为 4-3-3 阵型,而且还不用换人。因此,经常会看到有些球队在比赛开始阶段使用 4-3-3 阵型,取得领先后就立马换成了 4-5-1 阵型。因为 4-5-1 阵型可以让边路球员改变位置,但不会丧失球队中路的防守体系,所以经常有球队在淘汰赛制的比赛中使用改良过的 4-5-1 阵型。(见图 3-6)

二、比赛阶段

在欧洲足球五大联赛中,有的球队会把阵型分成四个部分,分别对应四个阶段。这四个阶段分别是:进攻阶段、由攻转守、防守阶段、由守转攻。

1. 进攻阶段

以进球或完成射门为目标,从后场开始向前组织进攻。从中路渗透组织,形成以多对少局面,拉开距离创造进攻机会。

2. 由攻转守

迅速组织防守结构,对球权进行争夺,延缓对方的快速反击;干扰渗透,所有队员快速回防形成防守体系。

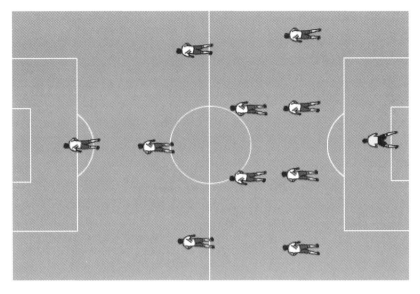

图 3-6 4-5-1 阵型

3. 防守阶段

快速形成第一条防线,创造高位逼抢机会,保持相互队员间的位置,注意补防。

4. 由守转攻

第一时间撕破对手防线或重新组织进攻。

三、比赛原则

比赛原则是足球比赛特点和攻守规律的高度概括,是取得比赛胜利的行动准则。

不管使用什么样的阵型,每个阶段清晰的任务定义与战术策略是不会改变的,也可以把它们称为"足球原则"。

1. 进攻原则:深度、宽度、渗透、支援、创造

进攻中的"深度""宽度"都和"空间"紧密联系,选择正确的空间可以达到"渗透"的目的。足球比赛的进攻原则就是用最短的时间争夺"深度"和"宽度"获得有效的空间,将球"渗透"到对方球门里。在整个进攻过程中,无球进攻队员要为持球队员进行"支援",如通过积极跑动吸引防守或提供传球线路等,为持球队员"创造"出一对一或者以多对少的局部优势。

2. 防守原则:逼抢、关闭、延缓、平衡、保护、控制

防守上的"逼抢"和"关闭"是最优先考虑的原则。对球失去控制的一刻,首先是采取"逼抢"去争夺球权,"关闭"对方可能的传球或带球进攻线路,同时"延缓"对方进攻速度,使本方防守队员获得快速回防的时间。在完成"平衡"的同时,组织好整体防守,队员之间注意补位和"保护",每名防守队员必须紧盯自己的对手,尽最大能力"控制"对手进攻,使防守处于相对稳固的态势。

四、常见的进攻打法

1. 边路传中

边路传中是指攻方球员在离对方底线还有一定距离的边路位置,通过长传把球传向处

于对方大禁区内或者处于大禁区附近位置的同队球员的一种战术。(见图3-7)

图3-7 边路传中

2. 中路渗透

中路渗透的目的是利用中路的开阔地带发动进攻,依靠中路队员数量和技术上的优势,从中路渗透进去,强行撕开对方的后防,直接面对球门,使得分的机会更大。(见图3-8)

图3-8 中路渗透

3. 中边转移

现代足球战术中对中路防守非常重视,使得攻方难以在中路找到突破口,从而形成有效的进攻,但有效的中路渗透会取得直接得分的机会,这就迫使对方加强中路防守,此时两个边路的防线变得相对宽松,为边路传中创造出非常有利的位置,进行中边转移,将球转给边

路的同伴,形成传中的局面。(见图3-9)

图3-9 中边转移

4.快速进攻

快速进攻是以最快的速度、最短的时间在人数上造成以多打少的优势,或在人数相等以及人数少于对方的情况下,趁对方立足未稳,果断而合理地进攻的一种战术。实践证明,由防守转入进攻时,积极创造快攻战机,充分发挥快攻威力,能给对方很大的压力,并能争取主动,达到较好的进攻效果。(见图3-10)

图3-10 快速进攻

5.局部进攻配合

(1)传切二过一:两名进攻队员通过一传、一切配合,越过一名防守队员的配合方法。(见图3-11)

图 3-11　传切二过一

（2）踢墙式二过一：两名进攻队员通过两次传球越过一名防守队员的配合方法。（见图 3-12）

图 3-12　踢墙式二过一

（3）回传反切二过一：两名进攻队员通过三次传球甩开一名防守队员的配合方法。（见图 3-13）

（4）交叉掩护二过一：两名进攻队员通过运球与身体的掩护越过一名防守队员的配合方法。（见图 3-14）

（5）连续二过一：至少由两组二过一配合组成。（见图 3-15）

（6）第二空当：一名进攻队员跑向一个有利空间（第一空当）并牵制一名防守队员，使原

图 3-13　回传反切二过一

图 3-14　交叉掩护二过一

始区域出现了空当(第二空当),第二名进攻队员迅速插入第二空当,利用传接配合突破防守。(见图 3-16)

五、常见的防守打法

1. 中前场压迫式防守

中前场压迫式防守一般在实力高于对手或势均力敌时使用。持球方在中前场丢球后,立刻组织防守,迅速堵截控球者,其他防守队员对前来接应的进攻队员实行紧逼盯人。与此同时,前锋、前卫、后卫三条线保持较短的纵深距离,给对手施加压力,令其回传或横传球。

图 3-15 连续二过一

图 3-16 第二空当

基本要求：

(1)要有压倒一切的气势,这种气势会给对手的心理造成极大压力,在这种压力下,对手稍微放松,就会出现失误。

(2)从中前场丢球的一刻开始,本方防守队员迅速靠近对方持球队员和接应队员,实施逼抢和围抢,对其施加压力,配合要协调一致。

2.快速回收密集防守

快速回收密集防守一般在实力低于对方或以"防守反击"为指导思想的球队中应用广泛,该方法的特点是把防守的重点部署在禁区前沿,形成严密的防守网络。队员之间保持一定的距离,形成稳固的保护体系。

基本要求:

(1)从球权转换的一刻起,距离球最近的队员立即上前进行封堵,延缓对方的进攻,其他人快速回位,收缩防守区。

(2)注意力集中,盯紧靠近球门和前插的进攻队员,限制其从容控球、传球和射门。

3. 局部区域围抢

局部区域围抢是指以两名或多名防守队员组成的小组,对固定区域的一名防守队员实施围抢,关闭其可能的传球或突破线路,外围防守队员盯紧对方接应队员。

基本要求:

(1)局部人数占优势时进行。

(2)围抢时,行动要一致,上抢时一定要快速、准确,有力量。

(3)盯紧前去接应的对方队员。

六、定位球的进攻与防守

定位球战术,是指在比赛中利用"死球"后重新开始比赛的机会组织进攻与防守配合的战术。定位球战术包括任意球、界外球、角球、球门球、中圈开球等。在势均力敌的高水平足球比赛中,定位球战术有时起着决定胜负的作用。

(一)任意球的进攻与防守

1. 任意球的进攻

任意球的进攻,特别是前场任意球的进攻,是当今足坛破门得分最锐利的武器之一。在比赛中常用的进攻方式有三种:直接射门,两人配合射门,三人或三人以上配合射门。任意球进攻方式的选择,主要取决于队员特点和场上的具体形势。在发任意球时应遵循以下几个原则:

(1)发任意球的机会在高水平足球比赛中甚为难得,组织进攻时必须考虑周密,认真对待,力争成功。

(2)任意球进攻时,只要有可能就选择直接射门。

(3)任意球的进攻应尽可能快速。

(4)发任意球前,场上每个队员都应根据赛场情况、自身特点和赛前布置做出响应,做到既有计划准备,又能随机应变。

(5)前场任意球进攻结束后,每个队员必须迅速回位。

2. 任意球的防守

当对方在中后场发任意球时,防守队员需要很好地组织站位。如果对方在前场发任意球,则必须要排人墙。排人墙的队员人数取决于球所处的位置,每个队员也可根据攻守双方队员特点和场上具体情况做安排,队员必须贴紧站立,以防球从人缝中穿过,球门近角由"人墙"封堵,守门员站在远角并保证能观察到踢球队员及其附近队员的活动。

排人墙队员以外的其他队员的站位原则:头球好的防守队员盯住对方空中争抢能力强的队员;中锋盯住对方中卫或后中卫;其余队员盯住自由进攻者或站在人墙的侧后方起保护

作用;另外安排一名速度快的队员站在中线附近准备反击;一旦夺到球,应尽快发动快速反击。任意球中也包含"点球",在罚点球时,进攻队员应注意补射,守门员应防止脱手或警惕碰球门柱后的反弹球,其他防守队员应注意为守门员脱手或击中球门柱反弹回来的球进行解围。

(二)界外球的进攻与防守

界外球进攻战术通常应用于前场,由于踢界外球不存在越位问题,进攻者灵巧的跑位加上其他队员快速的配合,常能造成对方防守阵脚混乱,取得良好的进攻效果。因此,在定位球战术中,界外球进攻战术也是极为重要的战术内容之一。

1. 界外球的进攻

队员在掷界外球时,选择进攻方式和发动进攻应尽可能快,这有助于快速瓦解对方严密的防守组织布置。在对方紧逼的情况下,对于接应队员来说,摆脱能力和对周围局势的洞察力要强,快速决定运用个人持球突破还是与同伴配合突破,思维和行动速度要快。界外球战术的成功主要是由正确的战术选择、配合的熟练程度以及进攻队员随机应变能力所决定的。

界外球进攻的方式:接球队员运球或与同伴配合下底传中;接长传球或与同伴配合长传转移;接球队员与同伴配合推进;将球踢于门前或禁区附近,创造直接威胁球门的进攻配合。

2. 界外球的防守

在防守中,对踢球队员局部的进攻队员和重点区域队员进行紧逼防守,严格限制其自由行动,特别是防范对方向门前踢界外球的进攻配合,应安排争夺空中球能力强的队员盯住对方。

(三)角球的进攻与防守

角球是一种特殊的直接任意球,既可直接射门得分,又可组织配合射门,因而角球是易于破门得分的进攻手段之一。

1. 角球攻的进攻

发角球进攻有两种配合:一种是直接把球发到禁区以内;另一种是通过角球区附近传球配合,再把球传到禁区内。进攻队员在禁区内站位包抄角球的原则是,力争获得更多的进攻点,拉开进攻的宽度和深度。要在球门区近侧角、罚球点和罚球区远角构成三点进攻,在这条线的后面,安排进攻队员,以便获得同伴踢出或对方顶出来的球。由于角球进攻时大多数队员在前场,因此,当对方从角球进攻中抢到球时,每个队员要及时转换到防守的状态。

2. 角球的防守

所有队员注意力高度集中,人盯人,切忌盯球不盯人,防守队员抢占有利的位置,始终保持在球、对手和球门内侧,解围的同时,防守队员快速移动至罚球区附近,限制对手的再次进攻,一旦控球,迅速发动反击。

(四)球门球的进攻与防守

1. 球门球的进攻

球门球进攻战术在比赛中的进攻得分概率不高,这主要是由发球区域的位置特点决定的。球门球进攻战术的形式通常有三种:进攻队员与守门员配合后由守门员发动进攻;将球传于两边或中路队员组织进攻;长传快攻。相比前两种进攻方式,长传快攻的威胁最大,它是在防守队员回位较慢或对方组织不协调且进攻队员已居于前方的形势下采用的。发球门球队员传球的及时性、准确性和拿球队员快速突破是成功运用这一进攻方式的必要条件。

2. 球门球的防守

球门球的防守要求迅速组织防守阵型,每个队员要分别站好位置和盯住对手。在整体位置布局中,注意各线之间的适当距离,做好相互补位的准备。在对方踢球门球时,也可以有组织地安排防守小组在罚球区附近,压迫对方的踢球空间。

(五)中圈开球的进攻与防守

1. 中圈开球的进攻

中圈开球进攻类似于球门球的进攻,一般对球门构成的直接威胁不大,这主要是因为中圈开球时防守队员有足够的准备时间。中圈开球进攻的形式通常有三种:有组织配合的层层推进,主要运用于对方防守阵脚稳定、布置严密的形势下;长传快攻,一般是在防守队员注意力不集中,布局有漏洞的状态下采用;开球直接射门,主要适用于守门员站位靠前,对球门的部分区域失去保护的情况下。

2. 中圈开球的防守

防守队员应充分利用准备时间,进行细致的部署防守,随时准备抢断对方进攻队员发动的任何进攻球,尽快夺回控球权。

第二节　篮　球

篮球战术是篮球比赛中队员所运用的攻守方法的总称,也是一种队员个人技术的合理运用和队员相互配合的组织形式,目的是更好地发挥全队队员的技术与特长,制约对方,力争掌握比赛的主动权,争取比赛的胜利。本节主要介绍篮球运动的四种战术。

一、中锋高位挡拆战术

1. 战术讲解

中锋高位挡拆战术是针对中锋位与前锋位的配合,有效利用错位掩护,制造空位换防,完成进攻。球在③号手中没有投篮机会时,③号将球传给①号,⑤号顺势为③号做高位掩护,③号摆脱对方防守从①号和⑤号之间切入,接①号回传进行突破;遇到补防,③号再传球给背转身反切的⑤号进攻。(见图3-17)

2. 练习方法

先由5人一组,练习无防守的战术跑动。熟悉跑位后,再加入防守进行练习。练习中,前锋利用掩护,要掌握好反切时机,启动时速度要快。在前锋反切移动的同时,持球队员要适时将球传出,做到球领人。中锋完成掩护后迅速转身,准备接球。

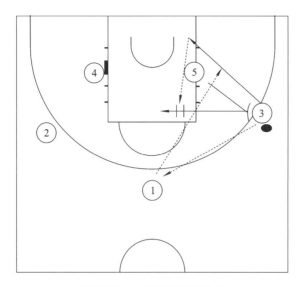

图 3-17 中锋高位挡拆战术

二、高位策应战术

1. 战术讲解

①号传球给②号后,⑤号后移为④号做掩护;④号上前为①号做掩护,同时②号传球给③号,①号切入接③号回传球上篮;⑤号卡住左侧中锋位,④号卡住罚球线位置,随时准备接回传球。(见图 3-18)

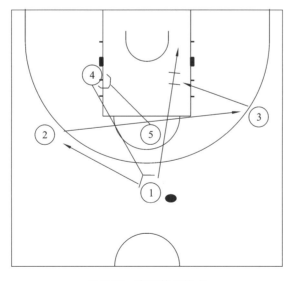

图 3-18 高位策应战术

2. 练习方法

先由 5 人一组,练习无防守的战术跑动。熟悉跑位后,再加入防守进行练习。中锋掩护到位,后卫纵切移动的同时,持球队员要适时将球传出,做到球领人。中锋完成掩护后迅速转身卡位,准备接球。

三、包投、空切战术

1. 战术讲解

②号在①号纵切后摆脱防守,上前绕过④号拿球做包投配合(中锋策应包投配合);⑤号拿球时,①号纵切为⑤号掩护后空出补位,⑤号横切,③号摆脱防守空切接球上篮(中锋策应空切配合)。(见图 3-19)

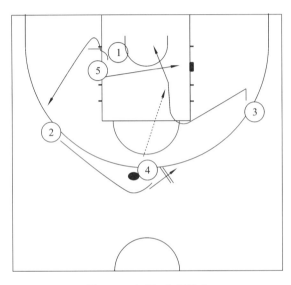

图 3-19　包投、空切战术

2. 练习方法

先由 5 人一组,练习无防守的战术跑动。熟悉跑位后,再加入防守进行练习。

四、快攻战术

1. 战术讲解

篮球比赛中,使用较多的快攻战术是长传快攻(见图 3-20)和三线快攻。长传快攻也称为长传偷袭快攻。它是指队员在后场获球后,用一次或两次传球,将球传给快速向对方篮下跑动的队员完成投篮的一种配合。其特点是突然性强、速度快、时间短、成功率高。图中三角形代表传球队员,①号为进攻,②号为防守,传球队员抢到篮板球后,②号沿边快速移动,持球队员看好时机传球给②号完成进攻。

2. 练习方法

如图 3-21 所示,①号和②号为进攻队员,③号是防守,④号在后场三分线外等待快攻;③号抢下篮板球的一瞬间,④号快速移动,①号和②号中最后投篮的队员快速回防;③号传球给④号进行快攻。若防守未追上,快攻成功;若防守追上,形成一对一,如果一对一快攻失败,进攻方在场边完成 10 个俯卧撑,再继续进行练习。

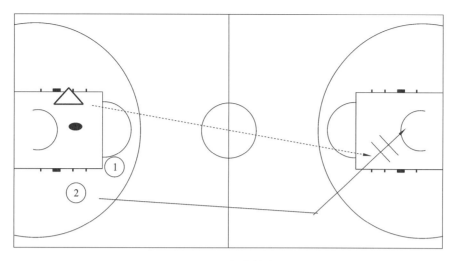

图 3-20　长传快攻

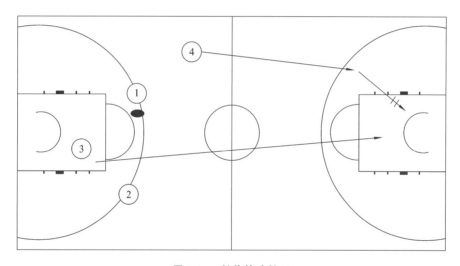

图 3-21　长传快攻练习

第三节　排球

一、阵容配备

阵容配备是指根据比赛的需求以及运动员的个人特点，合理搭配场上队员技术力量的组织形式。阵容配备主要有"五一"配备、"四二"配备、"三三"配备三种形式。

1."五一"配备

"五一"配备是指场上有 1 名二传队员和 5 名进攻队员。这种阵容配备，全队只需要适应 1 名二传队员，相互之间容易达成默契，统一贯彻教练的战术意图。高水平球队一般采用这种阵容配备。（见图 3-22）

2."四二"配备

"四二"配备是指场上有 2 名二传队员和 4 名进攻队员,这种阵容配备对进攻队员的适应能力要求较高。一般水平的球队多采用这种配备阵容。(见图 3-23)

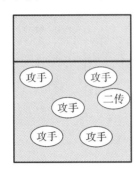

图 3-22 "五一"配备

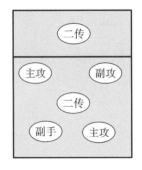

图 3-23 "四二"配备

3."三三"配备

"三三"配备是指场上有 3 名二传队员和 3 名进攻队员。这种配备阵容保证了二传队员和进攻队员相邻,适合初级球队采用。(见图 3-24)

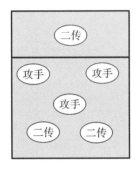

图 3-24 "三三"配备

二、集体进攻战术

随着现代排球运动技术的发展,进攻战术变得更加全方位、立体化。要想取得比赛的胜利必须发挥集体的智慧,加强相互配合。集体进攻战术主要包括两方面:进攻阵型和进攻打法。

1. 进攻阵型

进攻阵型是指在进攻时球队阵容的外在表现形式。在比赛中主要有"中二传"和"边二传"两种进攻阵型。

(1)"中二传"进攻阵型是指二传队员在前排位置组织进攻,其他队员参与进攻的阵型,后排二传队员也可以加入"中二传"进攻阵型。(见图 3-25)

(2)"边二传"进攻阵型是指二传队员在前排靠②号位置组织进攻,其他队员参与进攻的阵型,后排二传队员可以加入"边二传"进攻阵型。(见图 3-26)

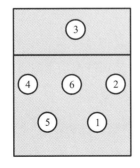

图 3-25 "中二传"进攻阵型

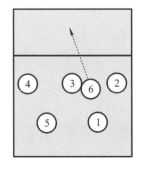

图 3-26 "边二传"进攻阵型

2.进攻打法

进攻打法主要是指二传队员与进攻队员的各项配合技术。

(1)强攻:进攻队员主要依靠自身力量和高度强行突破对方拦网的打法,主要有②、④号位拉开进攻(见图 3-27 和图 3-28)、调整进攻(见图 3-29)和后排进攻(见图 3-30)。

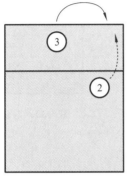

图 3-27　②号强攻

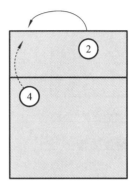

图 3-28　④号强攻

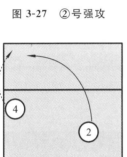

图 3-29　调整进攻

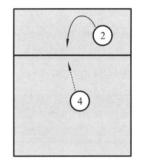

图 3-30　后排进攻

(2)快攻:进攻队员扣二传队员传出的快球,以扣快球掩护同伴进行进攻的打法,主要包括快球进攻和快球掩护进攻。

快球进攻主要分为扣低快球和扣平快球两种。在比赛中常见的快球进攻有近体快、短平快、背快、背短平快、背溜、平拉开等。

快球掩护进攻是指进攻队员利用各种快球吸引对方拦网队员,维护同伴进行实扣的打法。

(3)交叉进攻:2 名进攻队员的跑动路线相交,打快球的队员掩护同伴扣半高球的打法。常见的交叉进攻是"前交叉"进攻(见图 3-31)。

(4)梯次进攻:2 名队员参与进攻,1 名进攻队员打快球掩护同伴在其背后打半高球的打法。(见图 3-32)

(5)双快进攻:2 名前排队员同时在网前位置扣快球。(见图 3-33)

三、集体防守战术

5 人接发球阵型在初学者练习中被广泛采用,常见的有"W"站位阵型和"M"站位阵型。

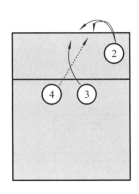 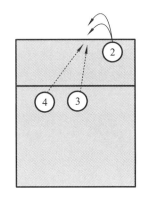 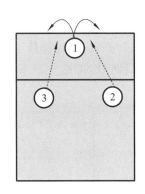

图 3-31 "前交叉"进攻　　　图 3-32 梯次进攻　　　图 3-33 双快进攻

1. "W"站位阵型

"W"站位阵型的特点是 5 名接发球队员分布较均衡,职责分明,前面 3 名队员负责接前场区和后场区前半部分的球,后面 2 名队员负责接后场区后半部分的球。但是队员之间的"接合"较多,接边角球的难度较大。(见图 3-34)

2. "M"站位阵型

"M"站位阵型的特点是 5 名队员站位分散,分工明确,前面 2 名队员负责接前场区的球,中间 1 名队员负责接中场区的球,后面 2 名队员负责接后场区的球。但是,该阵型不利于接发到中场区靠边线和⑥号位置靠近端线的球。(见图 3-35)

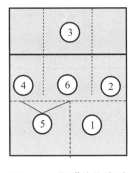 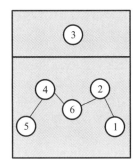

图 3-34 "W"站位阵型　　　图 3-35 "M"站位阵型

第四节　网球

一、放小球战术

放小球战术

每位选手都渴望用轻松的方法战胜强劲的对手,如果你能掌握正确的放小球战术,实现这一愿望将成为可能。网球中的放小球战术是被许多网球运动员使用的最具有观赏性的技术之一。通过有效而准确的放小球,可以提升得分率。网球中的放小球战术是得分的犀利武器,通过对其有效的利用来提升比赛的整体战术水平。

1. 站位

网球比赛中,放小球往往出现在运动员接近球网的时候。放小球是一个稍纵即逝的挥拍动作,使得网球掉落在对方球网一侧距离非常近的位置上。虽然有些球员尝试在底线位置放出近网的小球,但是这样做的成功率非常低。同时,这样的击球会导致自己失去进攻的主动权。因此,放小球时,要尽量靠近球网。

2. 握拍方式

大陆式握拍是最适合放小球的握拍方式。职业网球选手能够迅速改变其正手握拍方式来放出小球,这也是非常重要的技术要领。

3. 挥拍击球

在网球比赛中,如果要放小球,不需要做很大幅度的挥拍击球动作,挥拍击球往往只是一种掩饰。当然,这种掩饰要具有一定的迷惑性,才能打出让对手意想不到的击球。如果没有一开始的挥拍动作,对手很有可能意识到你放小球的意图。同时,在放小球的时候,应该是下旋击球,这样球落地后不会弹得很高。球落地后反弹的距离越短,留给对手回击的机会就越少。

二、空当战术

运用空当战术,反复把球打向对手的空当位置,让对方阵型失去平衡,通过不断调动对手,消耗对手的体能,让其在跑动中回球质量下降。实施战术的球员还必须具备全面的底线击球技术,具有全场无死角的击球能力,这种战术相对来说是一种较高风险的打法。

空当战术

1. 线路

左右线路,使对手在左右大范围移动中击球质量下降;前后线路,使对手在前后移动中,失去击球重心,出现失误或者击球质量下降。

2. 时机

在比赛的中后段使用,实施空当战术的球员已充分热身,击球手感良好,对手体能下降,可以通过击打空当频繁调动对手,进一步消耗对手的体能。

三、上网战术

上网战术

上网战术是利用对手接发球或双方在底线对攻相持时,出现质量较低的中场球,及时利用正、反抽击并随球上网的战术,也称为随球上网战术。

1. 发球上网

发出侧旋、上旋、平击等不同落点、不同球速的球,造成对手接发球质量较低的浅球或中场球,如果回球落点在正手的三分之二场时使用正手进行随球上网,若回球落点在反手的三分之一场时,要利用反手进行随球上网。

2. 相持阶段上网

在对拉中或底线相持对攻时,可用抽击球的旋转、力量、速度和落点的变化来压制对手,造成对手回球质量较低的中场球或浅球,果断到位随球上网。

3. 压迫上网

采用上旋抽击球把球打远,将对手压在底线附近,防止对手上网,使对手回击角度减小,给自己充裕的时间为下次击球做准备,伺机快速上网。利用在对拉中突击角度拉开,使对手左右跑动,改放小球突击上网。

4. 上网线路

(1)对角斜线上网:果断将球截击倒直线,也就是打向对手反拍的空场,让落点远些,同时做好第二次截击的准备(能够回击此球的对手不能小视)。对手很可能接不到你的截击球,即使接到了,也很难在跑动中打出高质量的穿越球。

(2)中路上网:把球直接截击到对方的空场,或者在对方回防的时候将球打到他的身后。

(3)直线上网:简单的对角斜线截击,不仅成功率很高,还会让对手拼命追球,当你占据有利的位置,准备在第二次截击的时候拿分,就可以直线上网。

四、破网战术

破网战术

破网从整个技术环节上来看显得比较被动,很多选手在对方主动上网封堵的情况下会不知所措,沉不住气,结果造成不该有的失误。其实这项技术有它独到的一面,既可以节省因在底线长时间周旋而消耗的体力,又能增加士气,提高自信心。对手也会很惧怕你的破网技术,下次有机会他也不敢再逼近网前。要想练好破网战术,就要做好跑的准备,打出漂亮的穿越球制胜,会使上网的对手懊悔不已,使得对方之后上网时犹豫不决,很难果敢来到网前施压。

注意要点:一开始不要怕失误,细细体会每一个破网落点和每一次击球可以牵制对手多少的网前攻击力,以及下一拍球对方要回到哪个位置。同时要用余光盯住对手的网前站位,结合高球来前后调动。首先,底线的往返移动速度要快,平时多做一些场内折返跑、扇形跑等对短距离爆发性跑动有帮助的体能训练。其次,要有很好的手腕控制能力,学会平击和击上旋球相结合。最后就是预判,你打哪个落点?对方回到什么位置?要有预判,这样就可以提前起动,在时间上占据优势。

1. 穿越球的特点

穿越球最基本的特点是旋转,尽可能使用上旋球。如果能打出高质量的上旋球,球一过网就疾速下降,迫使对手不得不采取较难的低位截击来接球。与削球相比,上旋球可以打出非常刁钻的小角度穿越球。

2. 穿越球的线路

打穿越球,需要特别注意路线。首要任务是能够路线分明地打出直线球和斜线球。对手回球落点较近时,应该果断瞄准直线方向打穿越球,因为球的飞行路线短,一般来讲对手来不及做出反应。对手回球落点比较远时,则不应该强行打直线穿越球,而应该打斜线,这将为自己返回中场调整位置赢得时间。打斜线球不仅对自己接下来的防守有利,而且使对手截击的难度增大。打斜线穿越球,虽然直接得分的概率相对较低,但对手截击回球的攻击力通常都会有所减弱。如果能打出小斜线穿越球,往往可以直接得分。

3. 穿越球的时机

遇到采用随球上网战术的对手时,牢记"优势状态打直线,劣势状态打斜线"的战略原则。

五、业余比赛战术

1. 注意事项

(1)挑边:作为业余选手应首先选择场地或接发球,尽量让对方先发球。

(2)稳定的发球:业余选手的发球,应以稳为主、狠为辅。不论采用何种发球方式,首先考虑的就是准确性、稳定性。必要时,二发用下手发球也是上策。

(3)小幅度的接发球:初级选手往往对发球寄予厚望,急于求成,若能利用小幅度的推挡,将球平稳地回过去,会使对方的信心受挫。

(4)准确的站位:发球或者接发球后,要么随球上网准备截击,要么退回底线与对方对拉,经常站在中后场是最危险的,对方很容易打出你难以应接的追身球和脚下球。

(5)合理的跑位:比较合理的跑位总是跑向自己击球落点的斜线位置,如打完斜线,基本上留在击球处,打完直线,则应向击球落点的对角线方向移动。

(6)坦然面对网前:一旦上网截击,信心和果断是最重要的,不要想一拍得分,而是寻找空当,创造良机;当对方上网时,千万不可盲目打穿越球,而是轻松、自如地抽球或放高球,让对方出现失误。

2. 基本战略

(1)战胜自我:业余选手一无扎实的功底,二无击球力量和速度,往往主动失误送分,因此要稳定心态,一是要看淡比赛,看轻比分,二是要耐心细致、多拍取胜。切记:少失误就是多得分。

(2)扬长避短:业余网球比赛若能抓住对方的弱点,就能超常发挥自身的优点,如对手发球差时,站位就要靠前,加强发球抢攻,给对方造成心理压力;对方反拍弱时,就要反复攻其反手,使其失误;对方擅长底线,而回避上网时,就要多打小角度球,多放网前小球来调动对方,使其被动回球而造成回球失误。

(3)控制节奏:业余选手一般都没有十分鲜明的打球风格,因此谁控制节奏,谁就占据比赛的主动权;擅长慢节奏的选手,应采取保持在底线将对方拉垮的打法;习惯快节奏打法的选手,一是要利用速度和力量抢占优势,二是要及时上网,速战速决;混合型的选手,不要随从对方的节奏,而是要以快制慢、以稳制狠,把握比赛的主动权。

3. 快速制胜秘诀

业余选手一般都有极其相似的技术弱势,若能掌握克服这些弱势的战略战术,就能充分发挥有限的技术优势,在最短的时间内克敌制胜。

(1)强攻反手:多数业余选手都存在正强反弱的现象,连续攻其反手必然会寻得制胜的时机。

发球攻其反手后伺机上网截击:发球攻对方反手后,冲至发球区前中点,将球截击在底线两角位置。

反复攻其反手后寻机上网截击:发球或接发球至对方反手,对方回球后再攻其反手,重复进攻,造成对方失误或创造上网截击的机会。

(2)高吊反手:业余选手一般畏惧高吊球,对于又高又远的反手底线球,更是束手无策,要善于把握时机,击打又高又远的反手高球,使对手回球失误或陷入被动。对方发球,高吊反手回球,伺机上网截击;对方接发球后,直接打反手高球,上网寻找时机。

(3)突击网前:业余选手的快速移动能力差,且难以处理移动中的网前低球,突然的网前吊球,必然攻其不备。首先与对方在底线耐心对拉;再找准机会,选择自己优势的反拍或正拍切削吊球到网前;随球至中场区,回击对方被动的短球或高吊球。

第五节 台球

掌握了台球基本技术之后,想要获得更高水平,就必须对基本技术如何在实战情况下运用有一个具体的认识,使技术训练更有针对性,更符合比赛的需要,也就是说,这种认识将会使技术训练更富有实战性。

一、主球控制

主球控制的本质就是合理地获得连击点。建立连续有利的击球点,保证能一杆清完台面所有的球并获得最高的分数,是台球选手所追求的目标。台球桌上的球势多样复杂,要保证击球入袋的同时,能使主球位于一个预想的位置上,练习者必须在击球前做好以下三方面的工作:

第一,必须明确主球击点和目标球瞄准点;

第二,必须明确所需要的击球力量;

第三,必须对主球的走位线路和停球点有精心的设计,以保证连续击球得分的最大可能性;防止主球在走位过程中或停球时,碰击到不应当碰击的目标球,造成主球不能按预想的线路行进,也不能在预想的停球点停球。

另外,关于主球控制的另一个含义,就是不要使主球落袋。

1. 一般方法

控制主球可以采用旋转和力量两种方法。一般而言,在使主球产生旋转的某一固定击点上,击球的力量不同,其旋转的强弱亦不同,主球的旋转程度与力量成正比。同样,在同一力量击球的情况下,对主球击球点的选择不同,其旋转程度亦不同。

(1)旋转控制。如果为了击球入袋,根本不必运用侧旋球、上旋球或下旋球。但为了建立连击点,就必须控制主球走位,在许多情况下运用不同的旋转来调整主球的行进路线和停球点,以达到有利于击打下一个目标球的目的。

(2)力量控制。对初学者而言,用力量控制主球走位更容易掌握。它避免了过分运用旋转(尤其是侧旋),也避免了在用侧旋球时,由于看不准和击不准瞄准点带来的失误。在主球同一击点上击目标球,由于力量不同,除了主球走位距离有所不同外,主球行进的线路也稍有差别。

2. 斯诺克台球的主球走位

当主球击第一个目标球时,为了能使主球走到有利于击下一个目标球的位置上,在走位线路上有若干个停球点可供选择,杆法运用上有两种选择。第一种杆法选择:可用右低杆击主球,使主球撞击目标球后行进至有利于打下一个目标球的位置。在主球走位线路上,实际上有若干个点可以作为主球的停球点,主球停在任何点上都有利于击打下一个目标球。主球走位至何处,需要根据下一次主球走位要求而定。第二种杆法选择:可用高杆击主球,使主球击目标球入袋后,行进至有利于击打下一个目标球的位置。在主球走位线路上,实际上也有若干个好的停球点。

为了使主球击第一个目标球落袋后,走到有利于打中袋附近的第二个目标球的位置上,可以选择以下两种杆法控制主球走位。第一种杆法选择:用左低杆击主球,使主球击目标球入袋后走位到有利于击下一个目标球的位置。在主球线路上,根据需要,定位好主球停球点。第二种杆法选择:用高杆击主球,适当加大出杆力量,使主球击目标球入袋后走到有利于击下一个目标球的位置。

当主球击红色目标球入袋后,为避免主球反弹撞上7分球,可以选择以下两种杆法进行主球走位控制。第一种杆法选择:用左低杆击主球,当目标球被击入袋后,主球偏转角增大,碰台边后反弹,走到有利于击7分球的位置。第二种杆法选择:用高杆击主球,当主球把目标球击入袋后,主球经台边反弹走到另一侧有利于击打7分球的位置。

当主球击7分球入袋后,有两种走位方法,可使主球走到下一次击红色目标球的位置上。第一种主球走位方法:用低杆击主球,撞击目标球落袋后,走到有利于击下一个目标球的位置。第二种主球走位方法:用高杆击主球,当主球撞击目标球入袋后,沿线走到另一个有利于击下一个目标球的位置。

为了使主球击红色目标球进袋后,能走到一个击7分球的有利位置,如果用高杆击主球,可能会碰到7分球,采用低杆击打主球时,往往能使主球行进至有利于击7分球的位置。

要使主球走至台面上最后一个红色目标球的位置上,在击7分球时,可以用以下两种杆法控制主球的走位。第一种杆法选择:用中杆偏高一些击主球,撞击目标球入袋后,主球沿线行进。第二种杆法选择:用左高杆击主球,撞击目标球入袋后,主球沿线行进。两种杆法相比较,第一种杆法简单,击球入袋成功的可能性大,但走位线路对击打红色球而言难度大一些。第二种杆法则稍复杂,击目标球入袋的可能性由于偏杆因素会受到一定程度的影响,但走位线路在击打红色目标球时,则比较有利。

主球击红色目标球的走位,有以下两种杆法选择。第一种杆法选择:用高杆击红色目标球入袋后,主球跟进,便于击打5分球。第二种杆法选择:用左低杆击红色目标球入袋后,使主球沿线行进,便于击7分球。相对来讲,第一种杆法简单,出杆击球的力量不大,控制主球走位较容易;第二种杆法稍复杂,出杆力量要大一些,控制主球走位的难度要大一些,但是获得高分的机会也多。

二、开球策略

斯诺克台球开球时,一般情况下很难将红色目标球击入袋中,所以开球时,常用的方法是用主球撞击红色目标球三角形区域底部的某一个球,使主球碰台边后,回到开球线后面,以限制对手的进攻。

1. 第一种方法

将主球放置在2分球和4分球之间,偏黄色球一侧。用中高杆轻击,使主球撞击红色目标球三角形区域右侧最后一个球。主球经两次台边反弹后,回到开球线后面。

2. 第二种方法

将主球放置在2分球和4分球位置之间,偏4分球一侧,主球击右侧旋球,撞击红色目标球三角形区域右侧底部倒数第二个球,主球碰3~4次台边并停在开球线后。

三、建立进攻点

在斯诺克台球比赛中,想要胜利就要建立进攻点,比赛双方无论采用什么策略,其目的都是创造、制造或者等待这种机会的出现。在比赛中,常见的进攻点建立有如下两大类。

1. 第一类

第一类是红黑进攻点的建立,即红色球和黑色球之间进攻点的建立。这是高水平选手在比赛中常用的得分手段,它是一杆打出高分的最佳选择。在红黑进攻点建立中,有两个注意事项:

第一,一旦有可能性,必须清除位于7分点和7分球进球线路上的任何球,以保证红黑进攻点的建立。

第二,在红黑进攻点建立过程中,注意主球走位与所击目标球形成必要的角度,以保证主球每一次击球时,都有一个较理想的走位线路和停球点。

2. 第二类

第二类是其他进攻点的建立。由于比赛情况复杂或运动员自身的原因,可能会失去建立红黑进攻点的机会。这时,就必须用其他彩色球来过渡,再回到红黑进攻点的建立上。

四、攻防战术

在斯诺克台球比赛中,为了能够获得进攻机会,有时需要冒一定的风险。尤其是在球距比较远、球台上球势复杂的情况下,既要积极进攻,创造得分的机会,又要考虑一旦失误不会给对方留下太好的得分机会,这时就必须考虑运用攻防兼备的战术。

比赛中双方都尽力去争夺高分,为达到这一目的,就必须使主球击完红色球后留在7分球的附近,以利于击7分球入袋。在主球远离红色球时,击球失误会留给对方进攻的机会。这时可以考虑运用攻防兼备的战术,即"连打带跑":用中杆击主球,出杆时稍加一些力量,击红色球后,使主球碰两次台边后返回开球线后;如果红色球被击入袋中,主球回到开球线后可有两种有利的选择,第一种是用高杆击棕色球进袋后,主球再回到红色球堆及7分球附近,进行红黑色球的击打;第二种是红色球堆未打开,没有建立红黑进攻点的可能,则可借棕色球或绿色球做障碍球,等机会再打高分。

五、防守战术

在比赛中,如果没有进攻的机会,或有进攻机会但成功的可能性很小,那就需要做好防守。一是防守好主球,既不让对方有进攻的机会,又要使对方再防守时困难重重;二是力争做成障碍球。在没有进攻机会时,要防守好主球,可以用高杆撞击红色球,使主球碰台边后返回开球区内的1号位。有进攻机会但成功的可能性很小时,稳妥的打法是用高杆撞击红色球,并尽力使对方难以进攻,最好能做成障碍球。

一般来说,防守战术中做障碍球的方法有两种。一是间隔法,这是斯诺克台球最常见的做障碍球的方法,其要领是要充分利用台面上的非活球来做障碍球;二是贴球法,通过贴球来做障碍球,其解救的难度比间隔法大,因为主球贴球后,其可供击打的方向受到一定程度的限制。解救障碍球的方法有三种:

第一种,反弹球解救法,利用反弹球解救障碍球是最为常见的方法。比如,当红色球被7分球挡住,可以用反弹球来解救。在击反弹球前,要确定好救球的反弹线路和台边的碰球点,并用中杆击主球,碰台边后再碰击红色球。

第二种,弧线球解救法,在主球没有完全被非活球挡住,主球与阻挡球有一个适当的距离,被解救的球也未与其他球靠近时,可以考虑用弧线球解救法。弧线的大小根据台面情况,通过调整握杆手的高低位置和击球点来控制。

第三种,袋边反弹解救法,要先看准袋边的弧形边缘角度,以及要击到的袋边的点。切不可随意击球,造成失误。

第六节　定向运动

一、常见比赛类型

1. 个人赛

个人赛的比赛类型及其特点如表 3-1 所示。

表 3-1　个人赛的比赛类型及其特点

	短距离	中距离	长距离	百米
比例尺 (标准 CH/T4016-2010)	1∶4000 1∶5000	1∶10000 1∶7500	1∶10000 1∶15000	1∶1000 1∶750 1∶500
特点	高速	技术	耐力	节奏感
出发间隔时间	1分钟	1~2分钟	1~3分钟	30秒~1分钟
场地	城市、野外	野外	野外	城市、校园、田径场
要求	准确的地图表达影响线路选择和奔跑的速度;能在高速奔跑中认知路线	强调精确导航和找出检查点;要求运动员持续集中地读图,离开检查点后会有许多方向的变化	运动员要具备做出高效线路选择、认知地图、耐力和体能合理分配的能力;长距离赛强调线路选择和概略导航,要求地形最好是丘陵	运动员要具备在复杂环境中保持注意力集中,在不断改变速度和方向中调控节奏、选择线路和完成线路的能力;最后一段必经路线是30米直道冲刺,终点后有缓冲区

2. 团体赛

团体赛的比赛类型及其特点如表 3-2 所示。

表 3-2　团体赛的比赛类型及其特点

	接　力　赛	团　队　赛	积　分　赛
比例尺（标准 CH/T4016-2010）	1：10000 1：7500	1：10000 1：7500 1：5000 1：4000	1：15000 1：10000 1：7500 1：5000 1：4000
特点	团队竞争	团队协作	充分利用时间获得积分
出发间隔时间	第一棒统一出发， 后续依次接力	3分钟或4分钟	集体出发或间隔1分钟
场地	城市、野外、校园		
要求	场地多是浓密的植被或众多的丘陵和洼地，使运动员失去相互间的视觉联系，除第一棒运动员的地图是在出发时发给运动员外，第二棒和第三棒运动员的地图由上一棒的运动员取图并交接地图；一般设置有交接区和取图区	要求团队成员都应按规定顺序到达必打点，只要求团队中一名成员按任意顺序到达自由点；团队各成员分工协作到达应打卡的检查点；运动员离开出发线，取得地图后，可以在出发线前的分图区分图，分图时间计入比赛成绩，在分图区分图的时间不得超过出发间隔时间	运动员自行规划线路，积分赛中的检查点依据难易程度和从起点到终点主要赛段距离的远近，赋予不同的分值，难度越大分值越大，离起点和终点主要赛段越远分值越大；积分赛也可以是个人赛，主要考察运动员依据自己的定向技术和体能，合理规划时间和最佳线路的能力
获胜时间	最后一棒运动员到达终点的时间	最后一名运动员到达终点的时间	限定时间内取得分数最多者为胜

二、路线选择

1. 选择标准

在定向运动中，由于参赛者个人身体条件的不同，对于每一名参赛者来说，都有一条适合自己的路线。选择的路线应保障参赛者省时、省力、准确地完成比赛，在比赛中发挥自己的优势，在尽量不失误的前提下以最短时间完成比赛。

2. 选择原则

(1) 有路不越野。在比赛过程中要充分利用道路的优势，坚持"有路不越野"的原则。

(2) 走近不走远。在比赛中当地形较为平坦，可视度较高时，坚持"走近不走远"的原则。

(3) 障碍路线提前绕。针对地形较为起伏不定、坡度较大的路段，要统观全局，坚持"障碍路线提前绕"的原则。

三、战术选择

1. 依据参赛者所面对的问题采取的战术

对个人赛战术而言,主要是参赛者个人在比赛中面对的不同问题,如路线选择、方位迷失的处理。团队赛战术主要在于团队配合、团队任务的合理协调分配,关键在于队长的团队领导能力,能够在任务分配中考虑场地特点、队员能力、任务轻重、比赛状态、环境适应等多方面的因素,队长的判断以及管理领导能力会直接影响团队整体的比赛成绩。

2. 依据体力和心理状态采取的战术

依据体力和心理采取战术时,不管是个人赛还是团队赛,都要求参赛者在完成个人任务的时候正确认识自己的综合能力,包括找点技术、路线选择技术、方位判断能力、山地爬坡能力、平地的奔跑能力等。心理问题会因为参赛者自身条件的不同而产生差别,可能发生在比赛前、比赛中的任何一个时期。同时,心理问题也会随体力不支、比赛中遇到问题以及其他参与者的表现而受到影响。因此,战术选择要适时调整,以适应参赛者的体力和心理状态。

3. 依据比赛进程采取的战术

依据比赛进程可将战术分为赛前战术和赛中战术。赛前战术主要体现在运动员为比赛所做的训练计划,设定的竞赛目标,完成的训练任务等。赛中战术主要取决于比赛场地的特点和不同路段的技术难点,以及参赛者在不同路段应注重的问题和预防措施。

4. 依据场地特点采取的战术

场地特点主要分为城市型、野外型、校园型等。不同的场地环境有不同的比赛特点,所以参赛者要在比赛中针对不同的场地采取适宜的战术。校园型的场地,比赛难度不大,但是路线选择以及找点技巧要突出高速的特点。野外型比赛的难度大,参赛者应结合场地环境、自己的能力特点设定比赛的主要目标,采取的战术是以稳定为主,还是以成绩为主,或者是以挑战自己为主等,需要心中有数,目标的确定会影响参赛者在比赛中的战术选择。

第七节 攀岩运动

一、难度赛出场顺序

1. 预赛

预赛中每个类别可以分为一个组或两个组。每个类别的小组数量取决于参赛的运动员数量,如表 3-3 所示。

表 3-3 难度赛中参赛运动员的数量与小组数量的关系

参赛的运动员/人	小组数量/个
<80	1
>79	1 或 2

当分为两个小组时,每组线路设计的总体难度应相近,特征也应相似(地形及风格)。有相关世界排名的运动员的分配方式如表 3-4 所示;没有世界排名的运动员随机分配到两个

小组中,使每个小组的运动员数量相等。

表 3-4　按世界排名分配运动员

A　　组	B　　组
第 1 名	第 2 名
第 4 名	第 3 名
第 5 名	第 6 名

2. 半决赛和决赛

半决赛和决赛的参赛名额分别为 26 名和 8 名,进入下一轮比赛的名额将平均分配到每个小组中。进入下一轮比赛的名额由上一轮比赛成绩最好的运动员获得。如果由于成绩并列使得有资格进入下一轮比赛的运动员数量超过了名额,则这些成绩并列的运动员都将进入下一轮比赛。

3. 出场顺序

(1)预赛出场顺序:第一条线路,随机出场;第二条线路,按照与第一条线路相同的顺序,在一半人数时进行交错,如果运动员人数为奇数,则按向下舍入法取偶数。

(2)下一轮比赛出场顺序:按照运动员在前一轮比赛排名的倒序,如排名最高的运动员最后出场。如果排名存在并列,则按照以下三种方式进行排序:

①并列运动员都有世界排名时,按照他们的世界排名的倒序(即排名高的后出场);

②并列运动员都没有世界排名或世界排名相同时,则随机出场;

③有世界排名的运动员和没有世界排名的运动员并列时,没有世界排名的运动员先出场,并且这种情况应在正式出场名单中标明。

二、攀石赛出场顺序

1. 预赛

预赛中每个类别可以分为一个组或两个组进行。每个类别的小组数量取决于参赛运动员的数量,如表 3-5 所示。

表 3-5　攀石赛中参赛运动员的数量与小组数量的关系

参赛的运动员/人	小组数量/个
≤40	1
41~59	1 或 2
>59	2

当分为两个小组时,每组线路设计的总体难度应相近,特征也应相似(地形及风格)。运动员的分配方式同难度赛预赛中的分配方式。

2. 半决赛和决赛

半决赛和决赛的名额分别为 20 名和 6 名,进入下一轮比赛的名额将平均分配到每个小组中;进入下一轮比赛的名额将由上一轮比赛成绩最好的运动员获得。如果由于成绩并列使得有资格进入下一轮比赛的运动员数量超过了名额,则这些并列的运动员都将进入下一轮比赛。

3. 出场顺序

（1）预赛出场顺序：首先，有最新世界排名的运动员，按照他们的最新世界排名的升序排列，即排名最高的运动员最先出场；其次，没有世界排名的运动员随机出场。

（2）下一轮比赛出场顺序：按照运动员在前一轮比赛排名的倒序，即排名高的运动员后出场。如果存在并列，则按照以下三种方式进行：

① 并列运动员都有世界排名时，按照他们的世界排名的倒序，即排名高的后出场；

② 并列运动员都没有世界排名或世界排名相同时，则随机出场；

③ 有世界排名的运动员和没有世界排名的运动员并列时，没有世界排名的运动员先出场，并且这种情况应在正式出场名单中标明。

三、速度赛出场顺序

1. 决赛名额

决赛的名额取决于预赛中有有效时间记录的运动员的数量，如表3-6所示。

表3-6 速度赛中决赛的名额

预赛中有有效时间记录的运动员/人	名额/个
4～7	4
8～15	8
>15	16

2. 出场顺序

（1）预赛出场顺序：A道，随机出场；B道，按照与A道相同的顺序，在一半人数时进行交错，如果运动员人数为奇数，则按向下舍入法取偶数。

（2）如果在预赛中有两位或更多的运动员成绩并列，则他们在决赛第一阶段的站位将随机分配到相应的赛道中。

四、攀岩战术的训练要求

1. 深刻把握项目制胜规律

运动训练（包括战术训练）的主要目的是在竞赛中夺取优异的成绩，"夺取"的过程就是"制胜"的过程。而要制胜，就必须遵循制胜规律，这是战术训练最基本的要求，也是形成正确的战术观，正确制定战术方案和实施战术训练，在比赛中正确运用战术的前提条件。

2. 抓住战术意识培养这一核心环节

战术意识这一特殊的思维由战术信息选择与战术行为决策两个前后为序、紧密相连的部分组成。其具体内容体现在技术运用的目的性、战术行为的预见性、判断的准确性、攻防转换的平衡性、战术变化的灵活性、战术配合的协同性、战术行为的隐蔽性等。

培养运动员的战术意识是战术训练的中心环节。具体训练方式：系统了解专项竞赛的基本规律与战术特征、比赛中战术变化的规律及正确的应变措施、专项战术的发展趋势等；

积累专项战术理论及经验知识;大量训练并熟练掌握基本战术。

3. 着重培养运动员的战术运用能力

在训练中,应当把培养运动员在各种复杂而艰苦的条件下合理运用战术的能力放在相当重要的位置上,这也是战术训练中贯彻"练为战"思想的具体要求。战术运用的基本要求有以下三点:

(1)明确的目的性。任何战术的运用都必须有明确的目的性,做到有的放矢;战术运用的目的是制胜,因此,应以达到制胜的目的为准,力戒华而不实。

(2)高度的针对性。战术运用合理、针对性强,做到特定战术解决特定问题。

(3)高度的灵活性。根据场上千变万化的局势,灵活地运用有效的战术,力争主动、避免被动,使局势向有利于自己的方向发展。

4. 处理好个人战术行为

个人战术行为指运动员在战术训练中表现出的个人行为,是运动员个人战术的直接表现,亦是集体战术行为的基础。

个人战术行为的能力可分为单兵作战能力和协同作战能力。在集体项目中,个人战术行为的目的是直接制胜或者帮队友创造机会制胜。个人战术能力的培养是提高个人战术行为的关键环节。此外,丰富的战术理论知识、结构独特的个人战术体系及由此形成的独特战术风格,都是加强个人战术能力的必备条件。集体战术以个人战术为基础,个人战术能力是运动团队整体竞技能力极为重要的组成部分。

战术配合是集体战术行为的核心。战术配合的构成因素有参与配合的人数、每个人的战术行为、个人行动目的与战术配合目的的统一等。

五、攀岩战术的训练方法

1. 极限攀登的训练

提高极限攀登级数时,许多运动员常常会尝试远远超出自身能力的攀登线路,这种过于急躁的做法不但耗时,而且会扼杀进步的空间。由于极限攀登能力是建立在排除动作缺失的基础上,进而将体能与技巧发挥到极致,因此建议选择首攀最高级数加一级的攀登线路进行极限攀登练习。

2. 排除动作缺失的训练

在选定极限攀登线路后,就要按顺序解决不同的难点。每个攀登动作的完成程度,都取决于运动员对该动作的理解程度及体能状况。初次攀登时,仅能观察到岩点的方向和位置,并按过去的经验进行攀爬,由于对线路所知有限,不可避免地会耗费多余的体能,但在调整好姿势及寻找到休息支点后,便会较为省力。另外,在保护绳索的辅助下,还可排除体能变数,减少心理恐惧感,充分发挥攀登技巧。

3. 多个动作的结合训练

多个动作的结合训练是指把熟练掌握的单个动作技巧连贯起来完成。通过多个动作的结合训练,进一步提升运动员的攀登技巧与战术运用能力。

第八节　器械健身

一、递增训练法

递增训练法是器械健身最为常用的一种练习方法，即循序渐进地增加训练负荷，不断给机体以超出习惯承载但经努力可以承受的运动量、强度以及密度等"超负荷"的刺激，使机体特别是肌肉获得"超负荷补偿"或称"超量恢复"效应，从而不断提高机能能力与运动水平。

递增训练法在实际运用中，通过逐渐增加练习重量、加大练习动作的难度、提高练习的组数以及每组练习的次数，调整组与组之间的间歇时间以及训练课之间的间歇时间，从而达到练习的效果。例如，一个月训练计划安排：第一周 2 次训练课，第二周 3 次训练课，第三周 4 次训练课，第四周 5 次训练课；第一周第 1 次训练课 60 分钟，第 2 次训练课 90 分钟，第一次训练课中的深蹲练习共 5 组，每组间休息时间从 30 秒开始，每完成一组增加 30 秒休息；每组的练习次数从 12 次开始，每组递增 2 次。这种递增调节训练负荷的方法，在器械训练中由低到高、由小到大，合理安排相适应的负荷进行练习，以此循序渐进地锻炼身体。（见表 3-7）

表 3-7　递增训练安排表

月训练课次数	第一周 2 次	第二周 3 次	第三周 4 次	第四周 5 次
周训练课时间	第一次 60 分钟	第二次 90 分钟	第三次 120 分钟	第四次 150 分钟
动作练习每组次数	第一组 12 次	第二组 14 次	第三组 16 次	第四组 18 次
动作练习每组间歇时间	第一组完成休息 30 秒	第二组完成休息 60 秒	第三组完成休息 90 秒	第四组完成休息 120 秒

二、多组训练法

多组训练法是指在练习过程中对所选用的练习动作进行多组的重复间歇练习，以保证该动作主要训练部位所完成的训练总量达到足够的数值，从而得到充分、彻底的训练。在进行器械练习时，机体能量物质减少、各器官系统工作能力下降等是机体进行相关恢复的刺激，而且在许可的限度内消耗越多恢复越强烈，超量恢复的程度也越高。器械练习中，通过一组的练习，无法实现多消耗、高恢复的运动负荷量。多组训练则可以把几组训练效果积累起来，保证训练的总负荷量，从而加大机体的消耗，实现良好的超量恢复，不断提高训练效果。

多组训练法在实际运用中，需要根据个体的差异安排训练，不能突然加多组数而达到大运动量的训练，应循序渐进。例如，第一周训练每个动作 3 组，每组 8 次；第二周训练每个动作 4 组，每组 10 次；第三周训练每个动作 5 组，每组 12 次，以此类推。（见表 3-8）

表 3-8　多组训练安排表

第一周单个动作	第一组 8 次	第二组 8 次	第三组 8 次	—	—
第二周单个动作	第一组 10 次	第二组 10 次	第三组 10 次	第四组 10 次	—
第三周单个动作	第一组 12 次	第二组 12 次	第三组 12 次	第四组 12 次	第五组 12 次

三、顶峰收缩训练法

顶峰收缩训练法是针对动作技术提出来的一种规格要求和练法，是指当某个动作做到最紧张的极点位置时，刻意保持并再加收缩，使肌肉在该位置保持 2～3 秒的彻底收紧状态。顶峰收缩训练法是顺应肌纤维，提高肌肉训练效率的重要技术之一，同时也是突出肌肉线条的主要训练方法。顶峰收缩属肌肉静力工作的一种。我们把肌肉部分或全部收缩，但没有长度变化的工作叫静力工作。静力工作有两种，一是相互拮抗的肌肉共同收缩长度不变，其力量互相平衡或抵消，受作用的运动关节紧张地保持在固定位置；另一种是肌肉在克服阻力时保持紧张和静止的某种姿势。

四、优先训练法

优先训练法是指发展身体相对比较薄弱的部位，进行重点的加强训练，优先安排体能最好和精力最充沛的时候，进行加大负荷量和负荷强度，对身体薄弱部位进行针对性的训练。优先训练法是一种纠偏和强化训练法。在初级阶段，优先训练一般体现在"补差填缺"上，由于体格的差异及基础条件的不同，练习者身上先天的和后天形成的发育和发展失调、某些部位相对薄弱等情况有赖于优先训练和特别的加强。在中级阶段，一般是"纠偏正畸"，由于认识上的偏差和训练中的疏忽，有些人到了中级阶段身体会出现多处薄弱、失衡、不匀称的问题，如胸背的失调、上下肢的较大反差等，如果不及时纠正就会形成畸态，纠正的方法是利用优先训练法逐一攻克薄弱部位，并有选择地加强重点部位，以求身体全面而均衡的发展。在高级阶段和赛前阶段，强调"精雕细琢"，即对肌肉线条、某些可形成特色的小肌肉群及肌肉形状的完美度进行重点练习、雕琢等。

采用优先训练法训练时，原则上训练部位要多练一些，负荷强度要大一些，动作的角度、形式等也应该多变一些，但需控制在身体允许的范围内。否则，即使机体的整体反应不明显，但由于局部负担过重，也可能导致疲劳的积累，使优先训练的部位出现慢性劳损。

五、金字塔训练法

金字塔训练法也可以称为锥形训练法。它是一个重量与次数对应变换的方法，在练习过程中逐渐增加练习重量，同时相应地减少练习次数。在训练中，负荷量的变化是加强肌肉刺激的主要方法之一，金字塔训练法除了具有这一作用以外，还有可以通过小负荷练习，充分动员神经系统，克服练习中的惰性。在训练课程计划中，金字塔训练法一般从最大重量的 50% 开始，根据实际情况来递增重量，一般在 5 组以内完成练习。（见表 3-9）

表 3-9　金字塔训练计划表

类　别	第　一　组	第　二　组	第　三　组	第　四　组	第　五　组
重量	8RM	10RM	12RM	14RM	16RM
次数	14 次	12 次	10 次	8 次	6 次

六、循环训练法

循环训练法也可称为周期训练法,是指在全年训练或大周期训练过程中,应适时循环采用不同的若干小周期进行训练,以保证机体处于良好的状态,避免受伤和过度训练,促使训练水平不断提高。

循环训练法是以训练周期为基本单元进行的周而复始、循环往复的训练与提高的过程。在长期的训练过程中,训练的内容、动作、方法、手段、负荷强度等总是循环重复,训练以课或周计划的形式周而复始的进行。当练习者通过反复训练适应该负荷水平后,身体的形态及机能水平会得到相应的提高。然后又在新的起点上,按照新的要求,用新的训练内容、方法、手段、动作及运动负荷等进行新的训练,使机体获得新的运动刺激。这就是一种周期性的不断循环提高的训练过程,直至达到训练目标,亦即实现机能的不断提高和体格的不断发展。

七、间歇训练法

间歇训练法是指在一个训练长组中,练习动作之间有停顿、有休息地完成规定的练习次数的一种训练方法。间歇训练法是使每个训练短组都能用练习者能负荷的重量进行训练的保证,该法主要用于训练无氧供能能力,提高力量和增强体能。此外,间歇训练法也强调在一短组训练之后,严格控制休息时间,在肌体未完全恢复的情况下,就进行下一短组练习。

间歇训练法一般由五个因素构成:每组练习的负荷,如时间、运动量等是否有变化;每次练习重复的次数和组数是否有变化;每次练习的负荷强度,是否在有效范围内变化;每组练习的间歇时间须依据机体的恢复情况而确定,在机体尚未恢复的状态下进行下一组训练;间歇时间内的休息方式,以积极休息和调节为主。

第九节　功能训练

训练计划要立足于科学原理,并在执行过程中不断完善,减少训练的随意性和盲目性。在制定训练计划时,不要有"强度第一""没有痛苦就没有收获"的错误训练观念,应当以体育科学的原则和方法为依据设计合理的训练计划。训练计划主要包括训练课、小周期、大周期、年度训练计划、长期训练计划等。训练课要首先确定训练主题,主题确定后身体各部位应围绕主题进行。本节主要展示上肢推、下肢拉、上肢拉、下肢推的增肌计划。

一、上肢推增肌计划

上肢推增肌计划表如表 3-10 所示。

表 3-10 上肢推增肌计划表

环节	动作名称	次数	组数	重量/RM
筋膜放松	泡沫轴滚动:肩关节	—	—	—
静态伸展	婴儿式	5次	1	—
	跪姿胸椎旋转	每侧5次	1	—
激活	平板支撑	10秒	2	—
	肩胛骨推	8次	2	—
动态伸展	毛毛虫爬	4次	1	—
	弓步行走＋胸椎旋转	4次	1	—
增强式训练	半跪姿药球胸前推	8次	3	—
	跳上跳箱	8次	3	—
	站姿药球下砸	8次	3	—
力量训练	A1:杠铃卧推	12次	3	12
	A2:分腿蹲	10次	3	15
	A3:地上天使	6次	3	—
	A1、A2、A3为一轮			
	B1:半跪姿哑铃单臂过顶推	12次	3	12
	B2:壶铃单臂划船	10次	3	15
	B3:平板支撑	20秒	3	—
	B1、B2、B3为一轮			
能量系统	磷酸原系统:折返跑	10米	4	—
拉伸	上、下肢	—	—	—

二、下肢拉增肌计划

下肢拉增肌计划如表 3-11 所示。

表 3-11 下肢拉增肌计划表

环节	动作名称	次数	组数	重量/RM
筋膜放松	泡沫轴滚动:髋关节	—	—	—
静态伸展	双90	每侧5次	1	—
	仰卧蹬伸	每侧5次	1	—
	半跪姿沉髋	每侧5次	1	—
激活	单腿臀桥	每侧10次	2	—
	平板支撑抬脚	8次	2	—

续表

环　节	动　作　名　称	次　数	组　数	重量/RM
动态伸展	燕式平衡	每侧4次	1	—
	后退弓步走＋胸椎旋转	每侧4次	1	—
增强式训练	药球后抛	8次	3	—
	障碍栏侧向非反向跳	每侧8次	3	—
	半跪姿侧身抛药球	每侧8次	3	—
力量训练	A1:壶铃双手硬拉	12次	3	12
	A2:半跪姿弹力带前推	10次	3	—
	A3:直腿下放	6次	3	—
	A1、A2、A3为一轮			
	B1:臀推	12次	3	12
	B2:壶铃侧蹲	10次	3	15
	B3:侧桥	每侧20秒	3	—
	B1、B2、B3为一轮			
能量系统	糖酵解系统:ViPR能量管侧移	30秒训练30秒休息	4	—
拉伸	上、下肢	—	—	—

三、上肢拉增肌计划

上肢拉增肌计划表如表3-12所示。

表3-12　上肢拉增肌计划表

环　节	动　作　名　称	次　数	组　数	重量/RM
筋膜放松	泡沫轴滚轴:肩关节	—	—	—
静态伸展	婴儿式	5次	1	—
	上犬式	5次	1	—
激活	俯卧YW	10次	2	—
	死虫式	8次	2	—
动态伸展	下犬式	4次	1	—
	毛毛虫爬	4次	1	—
增强式训练	跪姿药球下砸	8次	3	—
	障碍栏反向跳	8次	3	—
	小碎步	5秒	3	—

续表

环　节	动　作　名　称	次　　数	组　　数	重量/RM
力量训练	A1:半跪姿弹力带交叉下拉	12 次	3	12
	A2:半跪姿哑铃交替推举	每侧 10 次	3	15
	A3:下犬式	6 次	3	—
	A1、A2、A3 为一轮			
	B1:壶铃单臂划船	12 次	3	12
	B2:壶铃单腿硬拉	10 次	3	15
	B3:平板支撑	20 秒	3	—
	B1、B2、B3 为一轮			
能量系统	磷酸原系统:推雪橇车	10 米间歇 30 秒	4	—
拉伸	上、下肢	—		

四、下肢推增肌计划

下肢推增肌计划表如表 3-13 所示。

表 3-13　下肢推增肌计划表

环　节	动　作　名　称	次　　数	组　　数	重量/RM
筋膜放松	泡沫轴滚动:髋关节	—		
静态伸展	双 90	每侧 5 次	1	—
	半跪姿沉髋	每侧 5 次	1	—
	直腿下放	每侧 5 次	1	—
激活	平板支撑抬手	10 次	2	—
	迷你带臀桥	8 次	2	—
	迷你带横向行走	每侧 3 米	2	—
动态伸展	娃娃蹲	4 次	1	—
	侧弓步移动	4 次	1	—
增强式训练	下坠蹲	8 次	3	—
	侧向障碍栏反向跳	8 次	3	—
	敏捷梯进进出出	—	3	—
力量训练	A1:杠铃深蹲	12 次	3	12
	A2:壶铃侧蹲	每侧 10 次	3	15
	A3:踝关节灵活度	6 次	3	—
	A1、A2、A3 为一轮			
	B1:壶铃分腿蹲	12 次	3	12
	B2:站姿哑铃交替推	10 次	3	15
	B3:ViPR 能量管铲土	每侧 10 次	3	—
	B1、B2、B3 为一轮			
能量系统	糖酵解系统:侧向障碍栏跳	20 秒训练 20 秒休息	4	—
拉伸	上、下肢	—		

第十节 瑜伽

一、阴瑜伽

阴瑜伽(Yin yoga)是美国瑜伽导师 Paul Grilley 在 1979 年创立的一个流派,练习者众多。阴瑜伽是在瑜伽修习的基础和经验中结合医学方面的知识,糅合中国道教和武术的精粹,形成的一个新颖的流派。阴瑜伽强调整个身体的放松,清空一切杂念并结合缓慢自然的呼吸,长时间的动作保持,在肌肉完全放松的状态下锻炼骨骼及肌肉,调节神经系统,增强耐力以达到身心合一的境界。

阴瑜伽的特点:相对静态的练习,放弃向外的对抗,以臣服的姿态进行内观,深入地感受自我、调整自我;在呼吸中更注重呼气发挥作用;练习深入到结缔组织甚至更深的身体层面,主要作用于肝经、胆经、胃经、脾经、肾经、膀胱经。

动作编排:蝴蝶式—束角式—牛面式—大猫伸展式—下犬式—简易鸽子式—蛙式。

二、流瑜伽

流瑜伽(Flow yoga)是时下很流行的一种瑜伽,练习过程中以行如流水般的动作组合来强健身体,侧重伸展性、力量性、柔韧性、耐力、专注力的全面锻炼,让每个核心体式都能使用不同的连接体式进行紧密串联,体式之间的衔接给人一气呵成之感。针对不同练习者有不同的难度和风格调整,可以把流瑜伽的串联分为三级:

一级串联:连接每一个独立体式,区分左右,这里需要注意的是串联不存在跳跃,不使用阿斯汤伽的跳跃连接,而均是单腿移动串联。

二级串联:让每个核心体式之间进行紧密连接的变化串联,但必须保证体式均为站立、跨立类型。

三级串联:本级别串联是针对很多年龄较大、体质较弱的人群,只需要保证体式间的变换流畅即可,可简化使用坐姿态、站立姿态等标准流瑜伽不会出现的姿态体式。

动作编排:后伸展式—前屈式—上犬式—下犬式—反三角式—战士二式—三角式—侧三角式—单腿下犬式。

三、哈他瑜伽

哈他瑜伽(Hatha yoga)又名传统瑜伽,在"Hatha"这个词中,"ha"的意思是太阳,"ta"的意思是月亮,它代表男与女、日与夜、阴与阳、冷与热,以及其他相辅相成的两个对立面的平衡。

哈他瑜伽表示通过锻炼身体的灵活性和力量,让身体进入平衡的状态,也代表让左右脑处于平衡的状态,从而使逻辑性、算术性的左脑与创造性、直觉性的右脑和谐相处,均衡地发挥作用。在哈他瑜伽中,通过右鼻孔呼吸被称为太阳的呼吸,通过左鼻孔呼吸被称为月亮的呼吸,通过这种方式来保持呼吸的顺畅,对哈他瑜伽的修炼至关重要。

哈他瑜伽的特点:主要练习如何控制身体和呼吸,更深一层的练习是使身体各机能有序运转,从而使心灵获得宁静,变得祥和;国内的哈他瑜伽主要以姿势和呼吸的练习为主,以冥想与收束法为辅。

动作编排:后伸展式—树式变体—蹲式—战士一式—斜板式—船式—猫式—虎式—下犬式。

四、热瑜伽

热瑜伽,也叫高温瑜伽或热力瑜伽,就是在38 ℃～40 ℃的高温环境中练习瑜伽。它由26种伸展动作组成,属于柔韧性运动,能提高脊椎柔软性,适合办公室一族。同时,热瑜伽借助一些扭转、弯曲、伸展的静态动作,直接刺激神经和肌肉系统,可以减轻体重。这种来自美国的热瑜伽,大约在2004年开始风靡中国。

热瑜伽的特点:在特定的环境中练习特定的动作,使身体达到全面的锻炼,体式相对固定;在练习中需要更多的氧气供应,需要借助调息来保持体内氧气的平衡,所以,在练习的开始和结束都有固定的调息练习;由于在练习中会大量流汗,所以要不断补充水分,防止身体缺水。

动作编排:站立调息式—半月式—鸟王式—战士三式—侧三角式—站立分腿头触膝式—树式—眼镜蛇式—下犬式。

五、瑜伽编排注意事项

(1)遵守从易到难、循序渐进的原则。

(2)遵守课程原理,比如阴瑜伽以放松为主,体式要缓慢,每个体式保持的时间较长,一节课的体式偏少。

(3)遵守从上到下、从下到上的身体活动原则。

第十一节　街舞

本节主要通过镜面分解示范街舞Hip-hop的动作套路。

一、A 段

A段组合一

1. 组合一

动作描述:1×8双腿开立,1～2拍身体向左向后做Rock,
　　　　　3～4拍身体向右向后做Rock,
　　　　　5～8拍身体向左向后做Rock两次;
　　　　　2×8双腿开立,1～2拍身体向右向后做Rock,
　　　　　3～4拍身体向左向后做Rock,
　　　　　5～8拍身体向右向后做Rock两次;
　　　　　3×8同1×8;
　　　　　4×8同2×8。

技术要领:身体呈平板,核心收紧;向后Rock,双手置于腹前,全身律动放松。

2. 组合二

动作描述：1×8,1~2拍向前迈左脚,手臂握拳胸前平屈,
　　　　　3~4拍右脚向侧点地,
　　　　　5~6拍向前迈右脚,手臂握拳胸前平屈,
　　　　　7~8拍左脚向侧点地;
　　　　2×8,1~2拍向前迈右脚,手臂握拳胸前平屈,
　　　　　3~4拍左脚向侧蹬出去,
　　　　　5~6拍向前迈左脚,手臂握拳胸前平屈,
　　　　　7~8拍右脚向侧蹬出去;
　　　　3×8,1~2拍左脚向侧迈一步,手臂开掌侧平举,
　　　　　3~4拍左脚还原,手臂握拳胸前平屈,
　　　　　5~6拍右脚向侧迈一步,手臂开掌侧平举,
　　　　　7~8拍右脚还原,手臂握拳胸前平屈;
　　　　4×8同3×8。

A段组合二

技术要领：组合二为Bounce的律动,前两个八拍的律动为up,后两个八拍的律动为down。

3. 组合三

动作描述：1×8,1~2拍抬左腿,手臂开掌向上,还原,
　　　　　　　手臂屈肘握拳,拳心向前,
　　　　　3~4拍抬右腿,手臂开掌向上,还原,
　　　　　　　手臂屈肘握拳,拳心向前,
　　　　　5~6拍抬左腿,落左腿的同时左脚跟向左旋转,
　　　　　　　胯同时向左旋转,手臂握拳胸前平屈,
　　　　　7~8拍左脚还原,手臂胸前平屈后还原;
　　　　2×8,1~2拍抬右腿,手臂开掌向上,还原,
　　　　　　　手臂屈肘握拳,拳心向前,
　　　　　3~4拍抬左腿,手臂开掌向上,还原,
　　　　　　　手臂屈肘握拳,拳心向前,
　　　　　5~6拍抬右腿,落右腿的同时右脚跟向右旋转,
　　　　　　　胯同时向右旋转,手臂握拳胸前平屈,
　　　　　7~8拍右脚还原,手臂胸前平屈后还原;
　　　　3×8,1~2拍向后抬左脚,胯向后摆,
　　　　　　　手臂握拳向前推出,拳心向下,
　　　　　3~8拍保持胯向后摆,手臂握拳向前推出;
　　　　4×8,1~2拍向后抬右脚,胯向后摆,
　　　　　　　手臂握拳向前推出,拳心向下,
　　　　　3~8拍保持胯向后摆,手臂握拳向前推出。

A段组合三

技术要领：组合三为元素Running man和Smurf的动作组合,前两个八拍需配合身体

的 Bounce,后两个八拍主要是胯向后发力的动作。

4. 组合四

动作描述:1×8,1~2拍抬左腿,身体面向斜前方45°,
手臂握拳胸前平屈,拳心向下,还原,
3~4拍重复1~2拍的动作,
5~6拍抬右腿,身体面向斜前方45°,
手臂握拳胸前平屈,拳心向下,还原,
7~8拍重复5~6拍的动作;
2×8,1~2拍抬左腿,手臂握拳向上推出,还原,
3~4拍重复1~2拍的动作,
5~6拍抬右腿,手臂握拳向上推出,还原,
7~8拍重复3~4拍的动作;
3×8,1~2拍左腿向侧踢出,左手掌心向下向侧打开,还原抬右腿,
3~4拍右腿向侧踢出,右手掌心向下向侧打开,还原抬左腿,
5~8拍向前做两次 Bounce(down)
4×8 同 3×8。

A 段组合四

技术要领:组合四为元素 Roger rabbit 和 Party machine 的动作组合,完成前两个八拍的过程中配合上胸的 up-down;后两个八拍左脚踢的时候身体向右倾,右腿踢的时候身体向左倾。

5. 组合五

动作描述:1×8,1~2拍左脚向侧做侧弓步,手臂握拳向左挥出,
3~4拍收右脚,手臂握拳,肩肘呈90度,身体律动 up,
5~6拍右脚向侧做侧弓步,手臂握拳向右挥出,
7~8拍收左脚,手臂握拳,肩肘呈90°,身体律动 up;
2×8,重复1×8左右两次;
3×8,1~2拍左脚向侧做侧弓步,左手屈臂,右手向侧打开,还原,
3~4拍右脚向侧做侧弓步,右手屈臂,左手向侧打开,还原,
5~6拍双脚分开,手臂开掌侧平举,还原,
7~8拍双脚分开,双手握拳向上举;
4×8,1~8拍左脚向后退4步,手臂胸前交叉打开,右臂上举。

A 段组合五

技术要领:组合五包含了街舞基础元素 Bart simpson,前两个八拍的重心律动是 up。

二、B 段

1. 组合一

动作描述:1×8 双腿开立,1~2拍身体向左向后做 Rock,同时向前迈步,
3~4拍身体向右向后做 Rock,同时向前迈步,
5~8拍身体向左向后做 Rock 两次;
2×8 双腿开立,1~2拍身体向右向后做 Rock,同时向后退,

B 段组合一

3~4拍身体向左向后做Rock,同时向后退,

5~8拍身体向右向后做Rock两次;

3×8同1×8;

4×8同2×8。

技术要领:身体呈平板,核心收紧;向后Rock,双手置于腹前,配合行进间的步伐。

2. 组合二

动作描述:1×8,1~2拍向前迈左脚,手臂握拳胸前平屈,双腿屈膝Bounce,

3~4拍收左脚,手臂握拳胸前平屈,原地屈膝Bounce,

5~6拍向前迈右脚,手臂握拳胸前平屈,双腿屈膝Bounce,

B段组合二

7~8拍收右脚,手臂握拳胸前平屈,原地屈膝Bounce;

2×8,1~2拍双腿打开向左跳,手臂握拳向侧打开,身体向后Rock,

3~4拍左手向斜前45°指出,身体保持向后的Rock,

5~6拍双腿打开向右跳,手臂握拳向侧打开,身体向后Rock,

7~8拍右手向斜前45°指出,身体保持向后的Rock;

3×8,1~2拍左脚向前踢出,勾脚尖,身体微微后仰,手臂交叉向前,

3~4拍左脚收回向侧点地,双手向侧打开,

5~6拍右脚向前踢出,勾脚尖,身体微微后仰,手臂交叉向前,

7~8拍右脚收回向侧点地,双手向侧打开;

4×8,1~2拍左脚向前踢出,勾脚尖,

左臂屈肘向上,掌心向前,以大臂为轴前后摆动,

右臂屈肘向上,掌心向前,以大臂为轴前后摆动;

3~4拍落左脚,右脚向后交叉点地,

左臂屈肘向上,掌心向前,右臂屈肘向下,掌心向后,

5~6拍右脚向前踢出,勾脚尖,

右臂屈肘向上,掌心向前,以大臂为轴前后摆动,

左臂屈肘向上,掌心向前,以大臂为轴前后摆动;

7~8拍落右脚,左脚向后交叉点地,

右臂屈肘向上,掌心向前,左臂屈肘向下,掌心向后。

技术要领:组合二的身体律动变化较多,注意保持律动转换的协调。

3. 组合三

动作描述:1×8,1~2拍左脚勾脚尖向侧踢出,双臂屈肘上举,掌心相对,

3~4拍落左脚,双脚并拢,双手在额头上方击掌,

5~6拍右脚勾脚尖向侧踢出,双臂屈肘上举,掌心相对,

B段组合三

7~8拍落右脚,双脚并拢,双手在额头上方击掌;

2×8,1~2拍左脚勾脚尖向侧踢两次,双臂屈肘上举,掌心相对,

3~4拍落左脚,双脚并拢,双手在额头上方击掌,

5~6拍右脚勾脚尖向侧踢两次,双臂屈肘上举,掌心相对,

3~4拍落右脚,双脚并拢,双手在额头上方击掌;

　　3×8,1~2拍左脚向侧迈步,手臂侧平举,掌心向下,

　　　　3~4拍右脚向左后交叉迈步,手臂交叉,掌心向下,

　　　　5~8拍重复1~4拍的动作,第8拍并脚;

　　4×8,1~2拍右脚向侧迈步,手臂侧平举,掌心向下,

　　　　3~4拍左脚向右后交叉迈步,手臂交叉,掌心向下,

　　　　5~8拍重复1~4拍的动作,第8拍并脚。

技术要领:组合三为ATL stomp和Rock元素的组合,后两个八拍的律动为up。

4. 组合四

动作描述:1×8,1~2拍左脚跟、右脚尖落地,左臂胸前平屈,

　　　　右臂侧平举,双手握拳,拳心向下,

　　　　还原,双脚并拢,手臂收回置于体侧,

B段组合四

　　　　3~4拍右脚跟、左脚尖落地,

　　　　双手体前向下绕环至右臂胸前平屈,左臂侧平举,双手握拳,拳心向下,

　　　　还原,双脚并拢,手臂收回置于体侧,

　　　　5~8拍左脚跟、右脚尖点地两次,左臂胸前平屈,

　　　　右臂侧平举,双手握拳,拳心向下,

　　　　向上绕环至右臂胸前平屈,左臂侧平举;

　　2×8,1~2拍右脚跟、左脚尖落地,右臂胸前平屈,

　　　　左臂侧平举,双手握拳,拳心向下,

　　　　还原,双脚并拢,手臂收回置于体侧,

　　　　3~4拍左脚跟、右脚尖落地,

　　　　双手体前向下绕环至左臂胸前平屈,右臂侧平举,

　　　　双手握拳,拳心向下,还原,双脚并拢,手臂收回置于体侧,

　　　　5~8拍右脚跟、左脚尖点地两次,右臂胸前平屈,

　　　　左臂侧平举,双手握拳,拳心向下,

　　　　向上绕环至左臂胸前平屈,右臂侧平举;

　　3×8,1~2拍双手握拳,大臂上举,

　　　　3~4拍左脚跟向左旋转,左臂屈肘,右臂直臂,向两侧打开,

　　　　5~6拍双手握拳,大臂上举,

　　　　7~8拍右脚跟向右旋转,右臂屈肘,左臂直臂,向两侧打开;

　　4×8,1~2拍抬右脚,手臂顺着大腿方向向前滑出,

　　　　3~4拍抬左脚,手臂顺着大腿方向向前滑出,

　　　　5~8拍重复1~4拍的动作。

技术要领:组合四为Happy feet和Brooklyn的元素组合,脚步变化较多,强调脚跟和脚尖的灵活性。

5. 组合五

动作描述:1×8,1~2拍屈左膝,左脚点地,抬右手由掌变拳,往回拉,

3~4拍屈右膝,右脚点地,抬左手由掌变拳,往回拉,

5~8拍屈左膝,左脚点地,抬右手由掌变拳回拉,重复两次;

2×8,1~2拍屈右膝,右脚点地,抬左手由掌变拳,往回拉,

3~4拍屈左膝,左脚点地,抬右手由掌变拳,往回拉,

5~8拍屈右膝,右脚点地,抬左手由掌变拳回拉,重复两次;

B段组合五

3×8,1~2拍左手斜向上开掌,掌心向后,向下拉,

3~4拍右手斜向上开掌,掌心向后,向下拉,

5~6拍双手交叉向上开掌,掌心向后,

7~8拍双手握拳,大臂和小臂呈90°平行于地面,拳心相对;

4×8,1~2拍左脚向前迈步,身体向左转90°,手臂配合身体向前,

3~4拍收左脚,左手置于肩部,右手打开,

5~6拍上左脚,同时向左转,

7~8拍以左脚跟为轴,身体向右旋转360°后,双腿分立。

技术要领:组合五为Wutong元素与旋转的组合,前三个八拍侧重于身体的Bounce,最后一个八拍侧重于身体的平衡。

三、C段

街舞Hip-hop动作套路完整示范

组合一 & 组合二:8×8,C段为free style,可以跟随音乐节奏完成各种身体的律动。

第十二节 啦啦操

1. 1×8

1~2拍双手为下H手位,迈左脚前进两步;

3~4拍双手为加油手位,双腿并拢,膝盖微屈;

5拍双手为上H,双脚踮起;

6拍双手为加油手位,双腿半蹲;

7拍双手为下V,脚为弓步,左脚在前;

8拍双手收为加油手位,双脚并拢。

2. 2×8

动作与第一个八拍一致,区别是在1~2拍时往后退。

3. 3×8

1~3拍双手保持下H,向左转180°,连续转三次;

4拍双手收为加油手位,双腿并拢;

5~6拍双手向左侧K,腿为弓步;

7~8拍双手收为加油手位,双腿并拢。

4. 4×8

动作与第三个八拍一致,区别是方向向右。

5. 5×8

1~2拍双手右边L手位,双脚往右迈步,马步蹲;

3~4拍双手收为加油手位,同时双腿并拢;

5~6拍双手左边L手位,双脚往左迈步,马步蹲;

7~8拍双手收为加油手位,同时双腿并拢。

6. 6×8

1拍左手前H,右臂侧平举,右脚往右点地;

2拍双手上H,双脚踮脚;

3拍右手前H,左臂侧平举,左脚往左点地;

4拍双手收为加油手位,同时双腿并拢;

5~6拍双手为左斜线,右脚向右点地,左腿弯曲;

7~8拍双手为右斜线,左脚向左点地,右腿弯曲。

7. 7×8

1~2拍双手为加油手位,含胸埋头,往前小跳一步,左腿弯曲;

3~4拍双臂平举,掌心相对,往前小跳一步,右腿弯曲;

5~6拍左手高冲拳,右手M手位,双脚距离与肩同宽;

7~8拍点头。

8. 8×8

1拍右手斜下冲拳;

2拍右手侧上冲拳;

3拍左手斜下冲拳;

4拍左手侧上冲拳;

5~6拍双手为左斜线,右脚向右点地,左腿弯曲;

7~8拍双手为右斜线,左脚向左点地,右腿弯曲。

9. 9×8

1~2拍双手为加油手位,含胸埋头,往前小跳一步,右腿弯曲;

3~4拍双臂平举,掌心相对,往前小跳一步,左腿弯曲;

5~6拍右手高冲拳,左手M手位,双脚距离与肩同宽;

7~8拍点头。

10. 10×8

1拍左手斜下冲拳;

2拍左手侧上冲拳;

3拍右手斜下冲拳;

4拍右手侧上冲拳;

5拍左脚往右前45°上步,双手为后M;

6拍双手为上V,右侧踢腿;

7拍双手为下V,右脚往左前45°上步;

8拍双腿弓步,埋头,双手扶左膝。

11. 11×8

1拍双手往左前45°做提桶式H;

2拍双手为短T;

3拍双手为上H;

4拍双手为短T;

5拍双手往右前45°做提桶式H;

6拍双手为短T;

7~8拍双腿弓步,埋头,双手扶右膝。

第十三节　民族舞

一、藏族舞蹈编排

(一)踢踏组合

1. 碎踏

动作短句:2/4中速。

准备:体对一方向,基本体态,双手垂于体侧。

1×8:(右始)保持基本体态,一拍一步"碎踏"进。

2×8:(右始)保持基本体态,一拍一步"碎踏"退。

3×8:1~4拍(右始)原地一拍一步"碎踏"左转,体对七方向,双手由外及里"抹";

5~8拍(右始)原地一拍一步"碎踏"左转,体对五方向,双手由里及外"摊"。

4×8:重复3×8动作,体分别对三和一方向。

2. 颤踏

动作短句:2/4中速。

准备:体对一方向,基本体态,双手垂于体侧。

1×8:1~6拍右脚"颤踏"(抬左脚),同时向左转腰,里"横向摆手";

7~8拍体对一方向,原地左右"碎踏"两步,外"横向摆手"。

2×8:做1×8反向动作。

3×4:重复1×8动作。

4×8:重复2×8动作。

3. 抬踏颤

动作短句:2/4中速。

准备:体对一方向,基本体态,双手垂于体侧。

1×8:保持基本体态,原地双脚"抬踏颤"四次。

2×8：1~2拍保持基本体态，原地右脚"抬踏颤"一次，

　　　3~4拍做1~2拍反向动作，

　　　5~8拍重复1~4拍动作。

3×8：1~2拍原地左、右脚"抬踏颤"各一次，

　　　3~8拍重复1~2拍动作。

4×8：原地左、右脚交替"抬踏颤"八次。

4. 吸颤步

动作短句：2/4中速。

准备：体对一方向，基本体态，双手垂于体侧。

1×8：1~2拍"吸颤步"进（吸左脚），前后摆手，

　　　3~4拍做1~2拍反向动作，

　　　5~8拍重复1~4拍动作。

2×8：重复1×8动作，向后退，左右摆手。

5. 退踏步

动作短句：2/4中速。

准备：体对一方向，基本体态，双手垂于体侧。

1×8：右"退踏步"四次，"前后摆手"四次。

2×8：重复1×8动作，同时左转一周（七、五、三、一方向）。

（二）基本动作训练

1. 颤踏组合

音乐：2/4中板。

准备：体对一方向，基本体态，双手垂于体侧。

藏舞垫步
组合

1×8：1~4拍保持体态，双手向上晃手至"斜上位"，

　　　5~8拍保持手位，前弯腰90°，右脚勾脚"旁虚步"敬礼。

2×8：1~4拍收右脚正步位，基本体态，双手垂于体侧，颤膝，

　　　5~8拍保持体态，（右始）原地"碎踏"四次。

3×8：1~3拍保持体态，原地右"颤踏"（踏右脚颤膝，抬左脚），里"横向摆手"，

　　　4拍原地左右"碎踏"，外"横向摆手"，

　　　5~8拍做1~4拍反向动作。

4×8：保持体态，（右始）"碎踏"前行。

5×8：重复3×8动作。

6×8：保持体态，（右始）"碎踏"后退，双臂屈肘，双手经肩向上抽，

　　　再向前抛，双手还原垂于体侧。

7×8：保持体态，（右始）"碎踏"左转四个方向（二拍移转），

　　　手的动作1~2拍双手体前内"抹"，3~4拍双手外"摊"，5~8拍重复1~4拍
　　　动作。

8×8:1~2拍(右始)向左横"踏"四步,双手体侧"摊",
　　　3~4拍原地右脚"踏"两次,双手体前内"抹"外"摊",
　　　5~8拍做1~4拍反向动作。

2. 训练提示

(1)颤膝时强调重拍向下,松弛、自如、灵活。
(2)动作节奏准确,协调、连贯。

二、傣族舞蹈编排

傣族舞蹈
基本动作

准备:正步。
前奏:6拍。
　　　1~2拍正步,
　　　3~4拍右脚经后踢落,右膝脆,双手顶上撑手,
　　　5~6拍左脚撤,双腿正步,跪蹲,双手经体前下落,外划成胯旁叉手。
1×8:1~4拍起伏律动两次(重拍在上),
　　　5~6拍小颤两次(重拍在下),
　　　7~8拍右脚支撑,左脚经后踢落,旁点。
2×8:旁点起伏律动两次(重拍在上)。
3×8:1~4拍旁点起伏律动两次,
　　　5~6拍小颤两次(重拍在下),
　　　7~8拍左起旁点起伏步一次,
4×8和5×8做2×8和3×8反方向动作,最后收正步。
6×8:1~4拍起伏律动四次(重拍在下),
　　　5~8拍右起横摆律动四次。
7×8:右起正步起伏步八次。
8×8和9×8:右起正步起伏步十六次,依次向三、五、七、一方向4拍一转身。
10×8:右起向二方向丁字起伏步六次,第六次落左旁点,最后一拍保持舞姿,起伏律动一次(重拍在上)。
11×8:向八方向做10×8反方向动作。
12×8:1~6拍右起向四方向后退,前点起伏步三次,
　　　7~8拍起伏律动一次(重拍在上)。
13×8:向六方向做12×8反方向动作。
14×8:1~4拍右起向一方向前进,做后点起伏步一次,起伏律动一次(重拍在上),
　　　5~8拍左起前进,后点起伏步两次。
15×8:左起前进,做14×8反方向动作。
16×8:右起,向斜后做旁点起伏步一次,起伏律动一次(重拍在上)。

三、维吾尔族舞蹈编排

维吾尔族舞蹈编排选取"赛乃姆"舞种进行介绍。

维吾尔族舞蹈基本步伐变化　　维吾尔族舞蹈横向垫步移动　　维吾尔族舞蹈基本动作　　维吾尔族舞蹈造型旋转

1. 动作一

1～2拍左手四指并拢，自然弯曲，大拇指向上翘起，手臂自然弯曲，扛于肩上；

3～4拍翻手，手背向外，向斜前方撩出，脚向左斜前方三步一踢；

5～8拍做反向动作。

2. 动作二

1～2拍左手掌心向外，置于胸前，右手同动作一手型，扛于右肩；

3～4拍双手翻手，手背向外，向斜前方撩出，脚向后三步一踢；

5～8拍做反向动作。

3. 动作三

1～4拍双手于头顶上方向左做顺腕动作，脚向左斜前方三步一踢；

5～8拍做反向动作。

4. 动作四

1～4双手于头顶上方向左做顺腕动作，横垫步四次；

5～8拍做反向动作。

5. 动作五

1～4拍右手在上顺风旗位做手位腕花，两拍做一次，脚向前方三步一踢；

5～8拍做反向动作。

6. 动作六

1～4拍双手于胸前平穿打开向两侧，左手在胸前山膀立腕，脚向后三步一踢，同时转身；

5～8拍做反向动作。

7. 动作七

1～4拍左手在上，右手胸前平穿打开，脚向左斜前方三步一踢；

5～8拍做反向动作。

8. 动作八

双手掌心向上，向前伸出，右脚向前伸出点地，左手在胸前山膀立腕，脚向后伸出点地；

5～8拍做反向动作。

9. 动作九

1～4拍双手掌心向上，向前伸出，右脚向前伸出点地，左手在上托按掌，脚向斜后伸出点地；

5～8拍做反向动作。

维吾尔族舞蹈完整示范

第十四节　健美操

一、组合动作

1. 组合一

1×8：1~4 拍右脚开始，向前十字步，右手开始，侧平举，双手握拳；

5~8 拍右脚开始，踏步往后走，双手握拳，自然摆臂。

2×8：1~4 拍右脚开始，向前十字步，右手开始，侧平举，双手握拳；

5~8 拍右脚开始，踏步往前走，双手握拳，自然摆臂。

组合一

3×8：1~2 拍开合跳一次，双臂侧平举，双手握拳，拳心向下，然后双臂还原至体侧；

3~4 拍右脚开始，向左侧漫步，左手握拳叉腰，右手握拳，右臂前屈，左脚开始，向右侧漫步，右手握拳叉腰，左手握拳，左臂前屈；

5~8 拍右脚开始，往后退步，第 8 拍时成弓步，双手握拳胸前交叉，然后侧下 45°。

4×8：1~2 拍左侧并步，右手握拳屈臂，左手侧下 45°；

3~4 拍右脚漫步，双手握拳胸前震动；

5~6 拍开步，双手握拳侧平举；

7~8 拍右脚后交叉，双手开掌斜下 45°。

2. 组合二

1×8：1~4 拍左脚开始，向前十字步，左手开始，侧平举，双手握拳；

5~8 拍左脚开始，踏步往后走，双手握拳，自然摆臂。

2×8：1~4 拍左脚开始，向前十字步，左手开始，侧平举，双手握拳；

5~8 拍左脚开始，踏步往前走，双手握拳，自然摆臂。

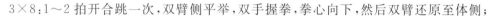

组合二

3×8：1~2 拍开合跳一次，双臂侧平举，双手握拳，拳心向下，然后双臂还原至体侧；

3~4 拍左脚开始，向左侧漫步，右手握拳叉腰，左手握拳，左臂前屈，右脚开始，向右侧漫步，左手握拳叉腰，右手握拳，右臂前屈；

5~8 拍左脚开始，往后退步，第 8 拍时成弓步，双手握拳胸前交叉，然后侧下 45°。

4×8：1~2 拍右侧并步，左手握拳屈臂，左手侧下 45°；

3~4 拍左脚漫步，双手握拳胸前震动；

5~6 拍开步，双手握拳侧平举；

7~8 拍左脚后交叉，双手开掌斜下 45°。

3. 组合三

1×8：1~2 拍右侧滑步，双手并掌，右手侧上，左手斜下；

3~4 拍左脚后交叉，双手握拳收于腰间；

5~6 拍左斜前方并步，双手胸前击掌；

组合三

7~8 拍并步退回原位。

2×8：1~2 拍左后方并步，胸前击掌；

3~4 拍退回原位；

5～6拍左侧滑步,双手并掌,左手侧上,右手斜下;

7～8拍右脚后交叉,双手握拳收于腰间。

3×8:1～4拍上右脚,吸左腿,双手握拳前伸再收于腰间;

5～8拍V字步,双手开掌,由右至左画圈收回腰间。

4×8:1～4拍左脚开始,吸腿跳,然后侧点地,双手握拳,胸前屈肘,然后并掌斜上举;

5～8拍右脚开始,吸腿跳,然后侧点地,双手握拳,胸前屈肘,然后并掌斜上举。

4. 组合四

1×8:1～2拍左侧滑步,双手并掌,左手侧上,右手斜下;

3～4拍右脚后交叉,双手握拳收于腰间;

5～6拍右斜前方并步,双手胸前击掌;

7～8拍并步退回原位;

2×8:1～2拍右后方并步,胸前击掌;

3～4拍退回原位;

5～6拍右侧滑步,双手并掌,左手侧上,左手斜下;

7～8拍左脚后交叉,双手握拳收于腰间。

3×8:1～4拍上左脚,吸右腿,双手握拳,双臂前伸,屈肘,收于腰间;

5～8拍V字步,双手开掌由左至右画圈收回腰间。

4×8:1～4拍右脚开始,吸腿跳,然后侧点地,双手握拳,双臂胸前屈肘,然后并掌斜上举;

5～8拍左脚开始吸腿跳,然后侧点地,双手握拳,双臂胸前屈肘,然后并掌斜上举。

组合四

5. 组合五

1×8:1～4拍右脚开始,侧并跳,双手握拳从腰间冲拳至上举开掌;

5～8拍左脚开始,向上交叉步,双手握拳前后摆动。

2×8:1～4拍右脚开始,侧并跳,双手握拳从腰间冲拳至上举开掌;

7～8拍左脚开始,弓步跳,右手并掌由前向右画圈。

3×8:1～4拍左脚开始一字步,双手握拳由侧交叉至胸前;

5～8拍开步跳,左脚快半拍,双手开掌向上,然后并掌放于大腿,半蹲。

4×8:1～4拍左脚后退V字步,双手握拳依次斜后45°;

5～8拍开合跳,双手并掌上下各一次。

组合五

6. 组合六

1×8:1～4拍左脚开始,侧并跳,双手握拳从腰间冲拳至上举开掌;

5～8拍右脚开始,向上交叉步,双手握拳前后摆动。

2×8:1～4拍左脚开始,侧并跳,双手握拳从腰间冲拳至上举开掌;

7～8拍右脚开始弓步跳,左手并掌由前向左画圈。

3×8:1～4拍右脚开始一字步,双手握拳由侧交叉至胸前;

5～8拍开步跳,右脚快半拍,双手开掌向上,然后并掌放于大腿,半蹲。

4×8:1～4拍右脚后退V字步,双手握拳依次斜后45°;

组合六

5～8拍开合跳,双手并掌上下各一次。

7. 组合七

1×8:小马跳,双手握拳摇绳式。

2×8:1～4拍右跑步转圈至左,双手自然摆臂;

5～8拍开合跳,双手并掌放于大腿上。

3×8:1～4拍上右脚,吸左腿,双手胸前交叉,然后左手上举,右臂前屈;

5～8拍上左脚,吸右腿,双手胸前交叉,然后左手上举,右臂前屈。

4×8:1～4拍右脚侧点地,双手并掌,胸前平举;

5～8拍上右脚,扭髋,双手握拳,双臂胸前平屈。

组合七

8. 组合八

1×8:小马跳,双手握拳摇绳式。

2×8:1～4拍左跑步转圈至右,双手自然摆臂;

5～8拍开合跳,双手并掌放于大腿上。

3×8:1～4拍上左脚,吸右腿,双手胸前交叉,然后右手上举,左臂前屈;

5～8拍上右脚,吸左腿,双手胸前交叉,然后右手上举,左臂前屈。

4×8:1～4拍左脚侧点地,双手并掌,胸前平举;

5～8拍上左脚,扭髋,双手握拳,双臂胸前平屈。

组合八

课前拉伸
动作

课后放松
动作

课后拉伸
动作

二、练习常识

1. 合理安排练习时间与次数

进行健美操练习,可根据自己的工作、学习情况及生活习惯,安排在早上、中午或晚上等时间段。其中,以下午3时至晚上8时这段时间练习,效果最好,因为在这段时间内,人的体力比较旺盛,另外,工作之后进行锻炼也可以起到消除疲劳的作用。每星期安排2～3次,每次1～2个小时,如在饭前练习,要休息半小时才能用餐;饭后则要休息1小时以上才能进行练习;晚上练习,要在睡前两小时结束,以免因过度兴奋影响入睡。

2. 注重热身和拉伸

练习健美操前应先进行热身,使身体发热,提高神经系统的兴奋度。因为,人体从安静状态进入运动状态需要克服内脏器官的生理惰性,开始运动前应激活身体,这样,血液循环才能逐渐得到改善,新陈代谢逐渐旺盛,关节、肌肉、韧带的柔韧性和灵活性增强,既可以防止运动损伤,又可以使肌体做好运动准备。练习完毕,要拉伸,使机体逐渐恢复平静状态,让紧张的肌肉得到舒展放松。运动后,身体平静下来可以洗热水澡,使全身感到舒适、精神焕发,精力更加充沛。

3. 相关细节

健美操融体操、舞蹈、音乐为一体,以有氧练习为基础,为广大青少年所青睐,但是练习健美操要想取得良好的效果,一些细节不能忽视。

从着装上讲,进行健美操练习应根据季节的变化和练习环境的温度适当变化着装。一般穿棉质、弹性好的服装,特别强调运动时要穿弹性好、柔软性高的运动鞋和运动袜子,因为健美操对下肢关节及足弓具有一定的冲击力,穿舒适的鞋袜可以起到良好的保护作用,避免受伤。

天气较暖时,热身的时间可短一些;天凉时,热身时间要稍长些。通常情况下,热身的时间应控制在总锻炼时间的20%左右,以身体感觉发热为宜。

在健美操练习时,要根据自己的体质和对运动负荷的承受能力,适当安排运动时间和运动强度。勉强锻炼,不仅不利于健身,反而会给身体带来不良影响。

饮食也对健美操的练习效果有重要影响。一般,进食后需间隔1~2个小时才可进行练习,若饭后休息时间短,则食量可减少一些。原则上,运动前的一餐食量不宜过多,并且应吃一些易于消化,且含有较多糖、维生素和磷的食物,同时应尽量少吃含脂肪、纤维素及有刺激性、容易过敏的食物。运动后,则应休息30分钟再进食,多食用高能量、低脂肪、含蛋白质多的食物。运动时出汗较多,应及时补充水分。

三、注意事项

1. 动作的规范性

动作的规范性建立在动作的标准性上,因此,练习时肢体的位置、方向及运动的路线一定要准确。注意动作速度、肌肉力度和动作幅度,使肌肉充分拉长与收缩,这样才能达到运动的整体效果。

2. 动作的弹性

动作富有弹性是健美操的特点之一,健美操练习涉及的身体部位很多,因此练习时要注意肌肉的收缩与放松,要有控制,使动作富有弹性,节奏均匀,避免动作过分僵硬和关节的过度伸展。

3. 动作的节奏感

掌握好动作节奏对健美操练习非常重要。练习者要想呈现出较好的动作,必须具有一定的肌肉控制能力、音乐节奏感以及身体协调性。在练习时,要在熟悉音乐节奏的基础上慢慢掌握动作的节奏感。

健美操练习要掌握好运动强度和时间,应根据自身体质和特点选择,不要盲目效法别人,伴奏的音量也不要过大,以免损害听力。

四、创编步骤

创编步骤是指在创编健美操的实际操作中的先后流程。有序地进行这些步骤,可以提高创编的效率及质量,有利于对整体练习的结构及形式进行分析,便于下一步的修改工作。

1. 制定目标

创编者进行健美操创编时,第一步应是制定目标,因为只有目标明确才能使创编具有目的性,才能尽可能少走弯路或不走弯路。

制定目标时,首先要明确,通过所要编创的动作套路应达到的目的,也就是说,到底是为什么而创编。我们思考这个问题,首先思考是为了比赛还是健身?其次思考具体目的,如,健身的对象及客观条件,竞赛类型和预期成绩等。最后思考动作套路的风格,它决定着所编创的健美操的个性与艺术价值。

2. 音乐选择与剪辑

音乐作为健美操的重要组成部分,在创编中是不容忽视的。健美操的伴奏音乐首先应符合健美操的特点,伴奏音乐应当节奏鲜明、热烈,体现蓬勃的精神。其次,根据创编的目标,选择音乐的风格,从而使音乐突出个性并对锻炼者起到带动作用。接下来可以根据成套的动作结构或是具体要求确定音乐的长短、起伏,或反之,根据音乐的长短、起伏来确定成套的动作结构。

音乐在健美操创编中起着至关重要的作用,创编者要认真体会音乐的不同风格,然后利用所掌握的音乐知识去剖析音乐,选择最合适的音乐,使之成为健美操不可分割的一部分。

在使用已出版的音乐作品时,往往要根据需要进行剪辑。在进行音乐剪辑时,应尊重原有音乐的完整性,当取舍音乐的某一部分时,不能破坏音乐的基本结构形式,而是要利用这些结构为目的服务,注意音乐前后连接的自然完整。

根据创编的整体构思,可以有目标地选择音乐。当拿到一首音乐时,如果它能使你激动,特别是能够激起你的想象与灵感,那这首音乐就是你想要的。得到这首你想要的音乐之后,应该反复聆听,去感受它,了解音乐到底在描写什么,是怎么开始、发展、结束的,特别是不要放过音乐的过渡阶段。与此同时,要划分音乐的段落,确定所需要的音乐段落,应该思考的是如何使这些段落衔接与过渡得自然、流畅、有特点,特别要考虑的是如何有一个激动人心的、新颖的开始与结束。最后就可以利用手上的设备进行剪辑音乐的工作了。

示例 1:

原创音乐:(假设时间 2 分 28 秒)

前奏(4×8)—A 段(8×8)—B 段(4×8)—间奏(2×8)—A 段(8×8)—B 段(4×8)—结束(2.5×8),共计 32.5×8。

剪辑后音乐成品:

前奏(2×8)—A 段(8×8)—动效音 0.5×8—B 段(4×8)—间奏(2×8)—结束(2×8)—动效音 0.5×8,共计 19×8。

3. 素材的选择与确定

素材收集工作主要靠平时的学习与积累。当目标确定后,在创编者的素材库中选择那些适合目标的动作。如:哪些动作具有锻炼价值,同时又容易被接受?竞技健美操需要哪些难度动作与过渡动作?哪些动作可以作为个性动作,特别是独创动作?等等。选择往往不是一次性的。与此同时,应把素材拿到组合中先进行检验,看是否可行有效。通过这两个步骤,我们可以初步确定创编中所要采用的素材动作。

4. 建立基本结构

健身健美操的结构应当是科学的、鲜明的、有序的,其基本结构应当遵循健身操的创编原则。竞技健美操的结构主要服务于竞技规则、竞技目的等。

建立结构时应考虑音乐对结构的制约。音乐一般有开始部分"序"和结束部分"终止",在"序"与"终止"部分的音乐节奏往往是很独特的,具有很强的吸引力。抓住这两个阶段,尽可能发挥自己的想象力。

当我们进行套路构思时,应该先考虑自己最熟悉的健美操项目,以及自己对哪类音乐与动作最有把握,然后就可以根据要求,先反复想象整套动作如何开始、发展、结束,确定大概的框架。当有了比较清晰的想法时,就可以进行具体的操作了。

5. 按创编原则组合动作

明确了目标,建立了结构,选择完素材之后,就可以开始组合动作,也就是把两个以上的单个动作串联成动作组。在连接这些动作时,应按照创编原则去处理,可按成套的先后顺序;也可以打破顺序,按主次组合动作;还可以按创编者的意愿进行创新组合。再根据结构上的顺序创编其他动作组合。

我们可以首先考虑那些有代表性的、风格明显的动作,然后选择主体动作,再将这些动作组成一个个的动作组合,这些组合要和音乐的段落相对应。

示例2:

我们选用示例1中剪辑后的音乐

前奏(2×8)—A段(8×8)—动效音0.5×8—B段(4×8)—间奏(2×4)—结束(2×8)—动效音0.5×8

除去两处动效音外(动效音要特殊处理),把成套音乐分成五段:前奏段+A段+B段+间奏+结束。先选择其中一段,如:

间奏:音乐4/4。

动作:踏步—弓步—踏步—弓步—恰恰步—恰恰步—提膝—开合。

6. 评价与修改

一套动作初步完成后,先要进行实践,然后再进行评价与修改,从而使成套动作更趋于合理与完善。评价工作可以是创编者独立完成,也可以请有关专家进行。

健身健美操的评价,一方面可参考创编原则,对锻炼价值进行评价,也可通过生理指标,如:心率、耗氧、肌肉与关节的活动量等进行评价;另一方面,要评价该健美操是否会造成损伤,前后动作是否顺畅。最后,应对其娱乐性、趣味性、艺术性进行评价。竞技健美操要根据竞赛规则及创编原则进行评价。

如果成套动作有不足,则应参考创编原则进行修改。修改工作通常要在成套动作创编完成后进行,但有时也在创编的同时同步进行。边创编边修改时应注意不要过多地在细节问题上纠结,如果过于纠结,往往会使创编陷入困境。成套动作创编完成后进行修改,可以整体、全面地分析,可以有比较,使成套动作更趋合理。

第十五节　健身气功

一、健身气功·八段锦动作解析

(一)预备式

两脚并步站立,两臂垂于体侧,目视前方。左脚向左开步,与肩同宽。两臂内旋向两侧摆起与髋同高,掌心向后。两腿膝关节稍屈,同时两臂外旋,向前合抱于腹前,掌心向内,两掌指尖距约10厘米。目视前方。

1. 动作要点

(1)头顶向上,下颌微收,舌抵上腭,嘴唇轻闭;

(2)沉肩坠肘,腋下虚掩,胸部宽舒,腹部松沉,收髋敛臀,上体中正。

2. 易犯错误

(1)抱球时大拇指上翘,其余四指朝向地面;

(2)塌腰,跪膝,八字脚。

3. 正确做法

(1)沉肩垂肘,指尖相对,大拇指放平;

(2)收髋敛臀,命门穴放松,膝关节不超过脚尖,两脚平行站立。

4. 功法作用

宁静心神,调整呼吸,内安五脏,端正身形,从精神和肢体上做好练功前的准备。

(二)第一式:两手托天理三焦

两臂外旋下落,两掌五指分开在腹前交叉,掌心向上,目视前方。然后两腿挺膝伸直,同时两掌上托于胸前。随后两臂内旋向上托起,掌心向上,抬头目视两掌。两掌继续上托,肘关节伸直,同时下颌内收。动作稍停,目视前方。然后膝关节微屈,同时两臂分别向身体两侧下落,两掌捧于腹前,掌心向上。目视前方。该式一上一下为一次,共做六次。

1. 动作要点

(1)两掌上托要舒胸展体,略有停顿,保持深拉;

(2)两掌下落,松腰沉髋,沉肩坠肘,松腕舒指,上体中正。

2. 易犯错误

(1)两掌上托不充分,抬头不够;

(2)两掌保持抻拉时,松懈断劲;

(3)两掌下落时,肩臂僵硬。

3. 正确做法

(1)两掌上托时抬头看手背,下颌先向上助力,再内收配合两掌上撑,力达掌根,保持抻拉两秒;

(2)两掌下落时要先沉肩坠肘,然后手臂自然下落,身体中正,松腕舒指。

4. 功法作用

两手托天理三焦中的三焦是指人体上、中、下三焦,属于六腑之一,位于胸腹之间,其中胸膈以上为上焦,胸膈与脐之间为中焦,脐以下为下焦。动作通过两手交叉上举,缓慢用力,保持深拉,可使三焦通畅,促使全身上下的气血调和。通过拉长躯干与上肢各关节周围的肌肉、韧带及关节软组织,对提高关节的灵活性,拔伸腰背,提拉胸腹,防止肩部疾患、颈椎病具有良好的作用。

（三）第二式：左右开弓似射雕

左右开弓
似射雕

第一个动作：重心右移，左脚向左开步站立，膝关节缓慢伸直，两掌向上交叉于胸腔，左掌在外。目视前方。

第二个动作：右掌屈指，向右拉至肩前，左掌成八字掌，左臂内旋，向左推出，与肩同高，同时两腿屈膝半蹲成马步；动作略停，目视左前方。

第三个动作：重心右移，两手变自然掌，右手向右划弧与肩同高，掌心斜向前；重心继续右移，左脚回收成并步站立，同时两掌捧于腹前，掌心向上；目视前方。

换另一侧重复动作。该式一左一右为一次，共做三次。

衔接动作：做完第三次后，身体重心继续左移，右脚回收成开步站立，膝关节微屈，同时两掌下落捧于腹前；目视前方。

1. 动作要点

侧拉之手五指要并拢，趋紧，肩臂放平，八字掌侧撑，须沉肩坠肘，屈腕，竖指，掌心搂空。

2. 易犯错误

（1）开弓时端肩，塌腰，重心偏移；

（2）成马步时跪膝；

（3）收腿时脚擦地、晃动，步法不灵活。

3. 正确做法

（1）开弓时沉肩坠肘，上体直立，充分转头；

（2）步法转换要清晰，开弓时膝关节不得超过脚尖，两脚跟外撑；

（3）在习练过程中，根据自身情况调整马步高度，不可强求，避免动作变形，应循序渐进地发展下肢力量。

4. 功法作用

左右开弓似射雕这个动作，展肩扩胸，左右手如同拉弓射箭式，招式舒展，可以抒发胸气，消除胸闷；疏理肝气，治疗胁痛；同时消除肩背部的酸痛不适。能有效发展下肢肌肉力量，提高身体平衡和协调能力，同时增加小臂和手部肌肉的力量，提高手腕关节及指关节的灵活性，并有利于矫正驼背、肩内收等一些不良姿势，可以很好地预防肩颈疾病。

（四）第三式：调理脾胃须单举

调理脾胃
须单举

第一个动作：两腿挺膝伸直，同时左掌上托经面前上穿，随着臂内旋上举至头的左上方；右掌同时随臂内旋下按至右髋旁，指尖向前；动作略停。

第二个动作：两腿膝关节微屈，同时左臂屈肘外旋，左掌经面前下落于腹前；同时右臂外旋，右掌向上捧于腹前；目视前方。

换另一侧重复动作。该式一左一右为一次，共做三次。

衔接动作：做完第三次后，变两腿膝关节微屈，右掌下按于右髋旁，指尖向前；目视前方。

1. 动作要点

（1）舒胸展体，拔长腰脊，两肩松沉；

（2）上撑下按，力达掌跟。

2. 易犯错误

(1) 两掌指尖方向不正;

(2) 肘关节没有弯曲度,两臂对拉力度不够,上体不够舒展。

3. 正确做法

(1) 注意上举和下按时两掌放平,指尖摆正,力达掌跟;

(2) 肘关节稍屈,两臂对拉拔长。

4. 功法作用

调理脾胃须单举这个动作通过左右上肢一紧一松地上下对拉,可以牵拉腹腔,对中焦脾胃起到按摩的作用。同时可以刺激位于胸前部的相关经络以及背部穴位等,具有调理脏腑经络的作用。该式使脊柱内各椎骨间的小关节及小肌肉得到锻炼,从而增强脊柱的灵活性与稳定性,有利于预防和治疗肩颈疾病。

(五) 第四式:五劳七伤往后瞧

第一个动作:两腿微屈膝,重心升起,同时两臂伸直,指尖向下,目视前方。

第二个动作:上动不停,两臂外旋,掌心向外,头向左后方转,动作稍停;目视左斜后方。

五劳七伤
往后瞧

第三个动作:两腿膝关节微屈,同时两臂内旋,两手按于髋旁,指尖向前;目视前方。

换另一侧重复练习。该式一左一右为一次,共做三次。

衔接动作:做完第三次后,变两腿膝关节微屈,同时两掌捧于腹前;目视前方。

1. 动作要点

(1) 头向上顶,转头不转体;

(2) 肩向下沉,展肩挺胸,两臂充分外旋。

2. 易犯错误:

(1) 两臂外旋时上体后仰;

(2) 转头又转体,转头与旋臂不充分。

3. 正确做法

(1) 两臂外旋时下颚微收,向后转动时上体中正;

(2) 转头时看掌心,旋臂时小拇指外侧最大限度外旋,保持两秒拉伸。

4. 功法作用

五劳七伤往后瞧中的"五劳"指心、肝、脾、肺、肾这五脏的劳损,"七伤"指喜、怒、悲、忧、恐、惊、思这七情的伤害。这个动作通过转头扭臂,调整大脑与脏腑联络的交通要道——颈椎(中医称为天柱);同时挺胸,刺激胸腺,从而改善大脑对脏腑的调节能力,并增强免疫力,促进身体的良性调整,改善颈部及脑部血液循环,有助于解除中枢神经系统的疲劳。

(六) 第五式:摇头摆尾去心火

第一个动作:重心左移,右脚向右开步站立;同时,两掌上托至头顶上方,肘关节微屈,指尖相对;目视前方。

第二个动作:两腿屈膝半蹲成马步;同时,两臂向两侧下落,两掌扶于膝关节上方。

第三个动作:重心向上稍升起,随之重心右移,上体向右侧倾,俯身,目视右脚面;重心左移,同时上体由右向前、向左旋转,目视右脚跟。

第四个动作:重心右移成马步,同时头向后摇,上体立起,随之下颌微收;目视前方。

摇头摆尾
去心火

换另一侧重复动作。该式一左一右为一次,共做三次。

衔接动作:做完第三次后,重心左移,右脚回收成开步站立,同时两臂经两侧上举,两掌心相对;两腿膝关节微屈,同时两掌下按至腹前,指尖相对;目视前方。

1. 动作要点

(1)马步下蹲时要收髋敛臀,上体中正;

(2)摇头时,颈部尽量放松;

(3)摇转时脖颈与尾闾对拉伸长,速度应柔和缓慢,圆活连贯。

2. 易犯错误

(1)摇转时头颈部僵直;

(2)尾闾摇动不圆活,幅度小。

3. 正确做法

(1)转头时,颈部肌肉尽量放松,不可主动用力,头部转动速度要慢于尾闾转动。

(2)向后转动头部时要含胸,抬头向上看,向前转动尾闾时要收腹,向后转动时要先塌腰,再敛臀立身。

(3)在马步状态下转动尾闾有一定难度,可以将动作分解练习,先体会头部摇转,再体会尾闾转动,最后将转头和转动尾闾结合起来。

4. 功法作用

心火即心热火旺的病症,属阳热内盛。摇头摆尾去心火这个动作,两腿下蹲摆动尾闾,可刺激脊柱督脉等,通过摇转刺激大椎穴,从而达到舒经泄热的目的,有助于去除心火。在摇头摆尾过程中,脊柱的腰段、颈段大幅度侧屈环转及回旋,可使整个脊柱的头颈段、腰腹及臀、股部肌群参与收缩,既增加了颈、腰、髋的关节灵活性,也发展了该部位的肌力。

(七)第六式:两手攀足固肾腰

第一个动作:两腿挺膝,伸直站立,同时两掌指尖向前,两臂向前向上举起,肘关节伸直,掌心向前,目视前方。

两手攀足
固肾腰

第二个动作:两臂屈肘,两掌下按于胸前,掌心向下,指尖相对;两臂外旋,两掌心向上,随之两掌顺腋下后插。

第三个动作:两掌心向内沿脊柱两侧向下摩运至臀部;随之上体前俯,沿腿后向下摩运,经脚两侧至脚面;抬头,目视前下方,动作略停。

第四个动作:两掌沿地面前伸,随之用手臂带动上体立起;两臂肘关节伸直上举,掌心向前。

该式一上一下为一次,共做六次。

衔接动作:做完第六次后,两腿膝关节微屈,同时两掌向前下按至腹前,掌心向下,指尖向前,目视前方。

1. 动作要点

(1)双手反穿经腋下尽量旋腕,两掌向下俯身摩运时要适当用力;

(2)至足背时要充分松腰沉肩,两膝挺直,向上起身时,手臂要主动上举,带动上体立起。

2. 易犯错误

(1)两手向下摩运时,膝关节弯曲,低头;

(2)向上起身时,起身在前,举臂在后。

3. 正确做法

(1)两手向下摩运时,不要低头,膝关节伸直;

(2)向上起身时,要以臂带身,两臂贴近双耳;

(3)可根据自身身体状况自行调整动作幅度。

4. 功法作用

通过大幅度前屈后伸,双手按摩腰背下肢后方,使人体的督脉和足太阳膀胱经得到拉伸牵扯,可刺激脊柱、督脉以及阳关、尾中等穴,有助于防治生殖泌尿系统的一些慢性病,达到固肾壮腰的目的。

(八)第七式:攒拳怒目增气力

攒拳怒目
增气力

第一个动作:重心右移,左脚向左开步,两腿半蹲成马步,同时两掌握拳于腰侧,大拇指在内,拳眼向上,目视前方。

第二个动作:左拳向前冲出,与肩同高,拳眼向上,目视左拳;左臂内旋,左拳变掌,虎口向下,目视左掌;左臂外旋,肘关节微屈,同时左掌向左缠绕,变掌心向上后握固,大拇指在内,目视左拳。

第三个动作:左拳屈肘回收至腰侧,拳眼向上,目视前方。

换另一侧重复动作。该式一左一右为一次,共做三次。

衔接动作:做完第三次后,重心右移,左脚回收成并步站立;同时两拳变掌,垂于体侧,目视前方。

1. 动作要点

(1)马步下蹲时要立身中正,马步的高低可根据自己腿部的力量灵活掌握;

(2)冲拳时怒目瞪眼,脚趾抓地,拧腰顺肩,力达拳面;

(3)回收时旋腕要充分,五指用力抓握。

2. 易犯错误

(1)冲拳时上体前俯,塌腰、耸肩、掀肘;

(2)回收时,旋腕不明显,抓握无力。

3. 正确做法

(1)冲拳时小臂贴肋前送,头向上顶,上体立直,肩部松沉,肘关节微屈,力达拳面;

(2)回收时先五指伸直,充分旋腕,再屈指用力抓握。

4. 功法作用

中医认为肝主筋,肝开窍于目。攒拳怒目增气力这个动作中的怒目瞪眼可刺激肝经,使肝血充盈,肝气疏泄。该式动作两腿下蹲、脚趾抓地、双手攥拳、旋腕、手指逐节强力抓握等动作,可刺激手足三阴三阳经脉和督脉,同时可使全身肌肉经脉受到静力牵张刺激。长期锻炼可使全身肌肉结实有力,气力增加。

(九)第八式:背后七颠百病消

两脚跟提起,头上顶,动作稍停,目视前方;两脚跟下落,轻震地面。该式一起一落为一次,共做七次。

背后七颠
百病消

1. 动作要点

(1)上提时脚趾要抓地,脚跟尽力提起,双腿并拢,提肛收腹,百会穴上顶,略有停顿,掌握好身体平衡;

(2)下落时沉肩,颠足时身体放松,轻震地面。

2. 易犯错误

(1)提踵时耸肩,身体重心不稳;

(2)下落颠足时速度快,用力过大。

3. 正确做法

(1)脚趾抓住地面,两腿并拢,提肛收腹,肩向下沉,百会穴上顶;

(2)向下颠足时先缓缓下落一半,而后轻震地面。

4. 功法作用

背后七颠百病消这个动作简单,颠足而立,拔伸脊柱,下落震身,按摩五脏六腑。跷足而立可发展小腿后群肌力,拉长主体肌肉韧带,提高人体的平衡能力,落地震动可轻度刺激下肢及脊柱各关节内外结构,并使全身的肌肉得到很好的放松复位,有助于解除肌肉紧张。俗话说:百步走不如抖一抖。

(十)收式

两臂内旋,向两侧摆起与髋同高,掌心向后,目视前方;上动不停,两臂屈肘,两掌叠于腹部,男性左手在里,女性右手在里;两臂垂于体侧。

收式

1. 动作要点

体态安详,周身放松,气沉丹田,心情愉悦。

2. 易犯错误

收功草率,心浮气躁,急于走动。

3. 正确做法

收功时动作要徐缓,周身放松,调顺呼吸,气归丹田。收功后可适当做一些整理活动,如搓手、浴面和肢体的按摩、拍打等放松运动。

4. 功法作用

收式可使气息归元,整理肢体,放松肌肉,愉悦心情,进一步巩固练功的效果,逐渐恢复到练功前安静的状态。

二、健身气功·五禽戏动作解析

(一)预备式

第一个动作:两脚并拢,自然伸直,两手自然垂于体侧;胸腹放松,头顶正直,下颌微收,舌抵上腭;目视前方。

第二个动作:左脚向左平开一步,与肩同宽,松静站立,两臂自然下垂,目视前方,调匀呼吸,意守丹田。

第三个动作:肘微屈,两臂在体前向上、向前平托,与胸同高;两肘下垂外展,两掌向内翻转,并缓慢下按于腹前,目视前方;第三个动作重复三遍,然后两手自然垂于体侧。

预备式

1. 动作要点

(1)两臂上提下按,速度要均匀、柔和、连贯;

(2)动作配合呼吸,两臂上提时吸气,下按时呼气。

2. 易犯错误

(1)向左开步时,两膝过分挺直,身体左右摇晃;

(2)两掌上提下按时,运行路线直来直去,肘尖外扬,肩膀上耸。

3. 正确做法

(1)开步前,两膝先微屈;开步时,身体重心先落于右脚,左脚提起后,再缓缓向左移动,左脚掌先着地,使重心保持平衡;

(2)意念沉肩,再两臂启动,肘尖有下垂感觉,两掌上提、内合、下按时,运行路线成弧形,圆活自如。

4. 功法作用

排除杂念,诱导入静,调和气息,宁心安神。吐故纳新,升清降浊,调理气机。

(二)第一戏:虎戏

虎戏的手型是虎爪——五指张开,虎口撑圆,五指的第一、第二指关节弯曲内扣,模拟老虎的利爪。练习虎戏时要表现出虎的威猛气势,虎视眈眈。虎戏由虎举和虎扑两个动作组成。

1. 第一式:虎举

第一个动作:接上式,两手掌心向下,十指撑开,再弯曲成虎爪,随后两手外旋,小拇指先弯曲,其余四指依次弯曲握拳,拳心相对,目视两拳。

虎举

第二个动作:两拳沿体前缓慢上提,至肩前时,十指撑开,举至头顶上方,目视两掌;两掌再弯曲成虎爪,外旋握拳,拳心相对,目视两拳。

第三个动作:两拳下拉至肩前时,变掌下按,后沿体前下落至腹前;十指撑开,掌心向下,目视两掌。整体动作重复三遍,然后两手自然垂于体侧,目视前方。

1)动作要点

(1)两掌上举时要充分向上,拉长身体,提胸收腹,如托举重物;

(2)下落时含胸松腹如下拉双环,气沉丹田;

(3)眼随手动。

2)易犯错误

(1)手直接由掌变拳,虎爪手不明显;

(2)两掌上举时,身体后仰,成反弓状。

3)正确做法

(1)手指撑开后,先依次屈扣第一、第二节指关节,再紧握成拳;

(2)两掌向头部正上方托举,身体与地面保持垂直。

4)功法作用

两掌上举时吸入清气,下按时呼出浊气,可以提高呼吸机能。手成虎爪变拳,可增加握力,增强掌指微循环功能,改善上肢远端关节的血液循环。

2. 第二式:虎扑

第一个动作:接上式,两掌握空拳,沿身体两侧上提至肩前方;两手向上、向前画弧,十指弯曲成虎爪,掌心向下,同时上体前俯,挺胸塌腰,目视前方。

虎扑

第二个动作:两腿屈膝下蹲,收腹含胸,同时两手向下画弧至两膝侧,掌心向下,目视前下方;随后,两腿伸膝,送髋,上体挺腹、后仰,同时,两掌握空拳沿体侧向上提至胸侧,目视前上方。

第三个动作:左腿屈膝提起,两手上举,左脚向前迈出一步,脚跟着地,右腿屈膝下蹲,成左虚步,同时上体前倾,两拳变虎爪向前、向下扑至膝前两侧,掌心向下,目视前下方;随后上体抬起,左脚收回,开步站立,两手自然下落于体侧,目视前方。

换另一侧重复动作。整体动作重复一遍。

衔接动作:做完一遍动作后,两掌向身体侧前方举起,与胸同高,掌心向上,目视前方;两臂屈肘,两掌内合下按,自然垂于体侧,目视前方。

1)动作要点

(1)两手前伸时上体前俯,下按上提时,膝部先前顶,再髋部前送,身体后仰,形成躯干的蠕动;

(2)虎扑要注意手型的变化;

(3)上提时,握空拳前伸,下按时成虎爪,上提时再变换空拳,下扑时又成虎爪,速度由慢到快,劲力由柔到刚。

2)易犯错误

(1)"虎爪"和"握拳"两种手型的变化过程掌握不当;

(2)身体由折弯到展开不够充分,两手配合不够协调;

(3)向前迈步成虚步时,重心不稳,左右摇晃。

3)正确做法

(1)两手前伸抓扑时,拳变虎爪,力达指尖,由柔转刚;

(2)两掌向里画弧回收时,虎爪屈拢,轻握空拳,由刚转柔;

(3)身体前挺展开时,两手要注意后伸,运行路线要成弧形,协助身体完成屈伸蠕动;

(4)迈步时,两脚横向间距要保持一定的宽度,适当增大稳定角度。

4)功法作用

虎扑使脊柱形成伸展折叠,可以锻炼脊柱各关节的柔韧性和伸展度,起到舒通经络、活跃气血的作用。

虎戏结束,两手侧前上提,内合下按,做一次调息。

(三)第二戏:鹿戏

鹿戏的手型是鹿角——中指和无名指弯曲,其余三指伸直张开。练习鹿戏时,要模仿鹿轻逸、安闲、自由、奔放的神态。鹿戏由鹿抵和鹿奔两个动作组成。

1. 第一式：鹿抵

第一个动作：接上式，两腿微屈，身体重心移至右腿，左脚经右脚内侧向左前方迈步，脚跟着地；同时，身体稍右转，两掌握空拳向右侧摆起，拳心向下，与肩同高；目随手动，看右拳。

鹿抵

第二个动作：身体重心前移，左腿屈膝，脚尖外展踏实，右腿伸直蹬实；同时，身体左转，两掌成鹿角，向上、向左、向后画弧，掌心向外，指尖朝后，左臂弯曲外展平伸，肘抵靠左腰侧，右臂举至头前，向左后方伸抵；目视右脚跟；随后身体右转，左脚收回，开步站立；同时两手向上、向右、向下画弧，两掌握空拳下落于体前；目视前方。

换另一侧重复动作。整体动作重复两遍。

1）动作要点

（1）练习时以腰部转动带动上下肢动作，配合协调；

（2）先练习上肢动作，握空拳，两臂向右侧摆起，与肩等高时拳变鹿角，随身体左转，两手向左后方伸出；

（3）再练习下肢动作，两腿微屈，重心右移，左脚提起，向右前方着地，屈膝，右腿蹬直收回。

2）易犯错误

（1）腰部侧屈拧转时，身体过于前倾；

（2）身体侧屈幅度不够，眼看不到后脚跟。

3）正确做法

（1）后退沉髋，有助于上体正直，可加大腰部拧转幅度；

（2）重心前移，增加前腿膝关节弯曲度，同时加大上举手臂向后方伸展的幅度。

4）功法作用

鹿抵主要运动腰部，经常练习能够提高腰部肌肉力量和运动弧度，具有强腰护肾的作用。

2. 第二式：鹿奔

第一个动作：接上式，两腿微屈，身体重心移至右腿，左脚经右脚内侧向左前方迈步，脚跟着地；同时，身体稍右转，两掌握空拳向右侧摆起，拳心向下，与肩同高，目随手动，看右拳。

鹿奔

第二个动作：身体重心前移，左腿屈膝，脚尖外展踏实，右腿伸直蹬实；同时，身体左转，两掌成鹿角，向上、向左、向后画弧，掌心向外，指尖朝后，左臂弯曲外展平伸，肘抵靠左腰侧，右臂举至头前，向左后方伸抵；目视右脚跟；随后身体右转，左脚收回，开步站立；同时两手向上、向右、向下画弧，两掌握空拳下落于体前；目视前方。

换另一侧重复动作。整体动作重复两遍。

1）动作要点

（1）注意换脚，在五禽戏左右势动作转换中，只有鹿奔有小换步；

（2）注意腕部动作，两手握空拳向前划弧，最后屈腕；

（3）重心后坐时，手变鹿角，内旋前伸，手背相对，含胸低头，同时尾闾前叩，收腹，使腰背

部形成反弓状;

(4)重心前移呈弓步,两手下落。

2)易犯错误

(1)落步后两脚位于一条直线,重心不稳,上体紧张;

(2)背部"横弓"不够明显。

3)正确做法

(1)脚提起后,向同侧肩部正前方跨步,保持两脚横向宽度;

(2)加大两肩内旋幅度,可增大收胸程度;

(3)头、髋前伸,收腹后顶,可增大躯干的后弓幅度。

4)功法作用

鹿奔动作使肩关节充分内旋,伸展背部肌肉,活动了脊柱关节。

鹿戏结束,两手侧前上提,内合下按,做一次调息。

(四)第三戏:熊戏

熊戏的手型是熊掌——手指弯曲,大拇指压在食指和中指的指尖上,虎口撑圆。大自然中的熊表面上笨拙缓慢,其实,内在充满了稳健厚实的劲力。熊戏由熊运和熊晃两个动作组成。

1. 第一式:熊运

第一个动作:接上式,两掌握空拳成熊掌,拳眼相对,垂于下腹部,目视两拳。

熊运

第二个动作:以腰腹为轴,上体作顺时针摇晃;同时,两拳沿右肋部、上腹部、左肋部、下腹部画圆;目随上体摇晃环视。

第三个动作:重复第一、二个动作。

第四个动作:第一、二、三的动作,但上体做逆时针摇晃,方向是相反的。

1)动作要点

开始练习时要体会腰腹部压紧和放松的感觉。

2)易犯错误

(1)两掌贴腹太紧或主动画圆形成摩腹动作,没有随腰腹部的转动协调地进行画圆摆动;

(2)以腰、胯为轴进行转动或身体摇晃幅度过大。

3)正确做法

(1)肩肘放松,两掌轻附于腰腹,体会用腰腹的摇晃来带动两手运行;

(2)腰胯位置相对固定,身体摇晃时,在意念上是做立圆摇转;

(3)向上摇晃时,提胸收腹,充分伸展腰腹;向下摇晃时,含胸松腹,挤压脾、胃、肝等中焦区域的内脏器官。

4)功法作用

熊运可以调理脾胃,促进消化,对腰背部也有锻炼作用。

2. 第二式:熊晃

第一个动作:接上式,身体重心右移,左髋上提,牵动左脚离地,再微屈左膝,两掌握空拳成熊掌;目视左前方。

第二个动作:身体重心前移,左脚向左前方迈步落地,全脚掌踏实,脚尖朝前,右腿伸直;身体右转,左臂内旋前靠,左拳摆至左膝前上方,拳心朝右,右拳摆至体后,拳心朝后;目视左前方。

熊晃

第三个动作:身体左转,重心后坐,右腿屈膝,左腿伸直;拧腰晃肩,带动两臂前后弧形摆动,右拳摆至左膝前上方,掌心朝右,左拳摆至体后,拳心朝后;目视左前方。

第四个动作:身体右转,重心前移,左腿屈膝,右腿伸直;同时,左臂内旋前靠,左掌摆至左膝前上方,拳心朝左,右拳摆至体后,拳心朝后,目视左前方。

换另一侧重复动作。整体动作重复一遍。

衔接动作:做完一遍动作后,左脚上步,开步站立;同时两手自然垂于体侧,两掌向身体侧前方举起,与胸同高,掌心向上,目视前方;屈肘,两掌内合下按,自然垂于体侧;目视前方。

1)动作要点

(1)提髋,落步,屈腿,后座,前靠;

(2)上下肢动作要配合协调;

(3)初学时,提髋动作可以单独原地练习:两肩不动,收紧腰侧,以髋带腿,左右交替,反复练习。

2)易犯错误

(1)没有提髋动作,直接屈膝提腿,向前迈步;

(2)落步时,腿用力前踏,髋关节处没有震动感。

3)正确做法

(1)可先练习左右提髋,方法是两肩保持水平,重心移向右脚,上提左髋,牵动左腿提起,再原地落下;重心左移,上提右髋,以此体会腰侧肌群收缩状态;

(2)提髋,屈膝,身体重心前移,脚自然落地,体重落于全脚掌;同时,踝、膝关节放松,使震动感传至髋部。

4)功法作用

熊晃能起到锻炼中焦内脏和髋关节的作用。

熊戏结束,两手侧前上提,内合下按,做一次调息。

(五)第四戏:猿戏

猿戏有两个手型猿勾:五指撮拢,屈腕。握固:大拇指压在无名指指跟内侧,其余四指握拢。猿猴生性活泼,机灵敏捷,猿戏要模仿猿猴东张西望、攀树摘果的动作。猿戏由猿提和猿摘两个动作组成。

1. 第一式:猿提

第一个动作:接上式,两掌在体前,手指伸直分开,再屈腕撮拢手指成猿勾。

猿提

第二个动作:"猿勾"上提至胸部,两肩上耸,收腹提肛,同时脚跟提起,头向左转,目随头转,看向身体左侧。

第三个动作:两肩下沉,头转正,松腹落肛,脚跟着地,"猿勾"变掌,掌心向下,目视前方;

两掌沿体前下按落于体侧;目视前方。

重复第一、二、三动作,但头向右转。整体动作重复一遍。

1)动作要点

(1)重心上提时先提肩,再收腹提肛,脚跟提起;

(2)重心下落时先松肩,再松腹落肛,脚跟着地;

(3)以膻中穴为中心,含胸收腹,缩脖提肛,两臂内夹,形成上下左右的向内合力,然后再放松还原;

(4)重心再上提时要保持身体平衡,意念中百会穴上顶,身体随之向上。

2)易犯错误

(1)脚跟离地后,重心不稳,前后晃动;

(2)耸肩不够充分,胸、背部和上肢不能充分团聚。

3)正确做法

(1)百会穴上顶,牵动整个身体垂直向上,起到稳定重心的作用;

(2)以膻中穴为中心,缩项、夹肘、团胸、收腹,可加强胸、背部和上肢的团聚程度。

4)功法作用

猿提可以起到按摩上焦内脏,提高心肺功能的作用。

2. 第二式:猿摘

第一个动作:接上式,左脚向左后方退步,脚尖点地,右腿屈膝,重心落于右腿;同时,左臂屈肘,左掌成猿勾收至左腰侧,右掌向右前方自然摆起,掌心向下。

猿摘

第二个动作:身体重心后移,左脚踏实,屈膝下蹲,右脚收至左脚内侧,脚尖点地,成丁步;同时,右掌向下经腹前向左上方画弧至头左侧,掌心对太阳穴;眼先随右掌动,再转头注视右前上方。

第三个动作:右掌内旋,掌心向下,沿体侧下按至左髋侧,目视右掌;右脚向右前方迈出一大步,左腿蹬伸,身体重心前移,右腿伸直,左脚尖点地;同时,右掌经体前向右上方画弧,举至体侧变猿勾,稍高于肩,左掌向前、向上伸举,屈腕撮勾,成采摘式,目视左掌。

第四个动作:身体重心后移,左掌由猿勾变为握固,右手变掌自然回落于体前,虎口朝前;左腿屈膝下蹲,右脚收至左脚内侧,脚尖点地,成右丁步;同时,左臂屈肘收至左耳旁,手指分开,掌心向上,成托桃状,右掌经体前向左画弧至左肘下捧托,目视左掌。

换另一侧重复动作。整体动作重复一遍。

衔接动作:做完一遍动作后,左脚向左横开一步,两腿直立;同时,两手自然垂于体侧,两掌向身体侧前方举起,与胸同高,掌心向上,目视前方;屈肘,两掌内合下按,自然垂于体侧,目视前方。

1)动作要点

要注意上下肢的协调配合。

2)易犯错误

(1)上下肢动作配合不协调;

(2)"摘桃"时,手臂向上直线推出,"猿勾"变化的时机掌握不准。

3）正确做法

（1）下蹲时，手臂靠近身体；

（2）蹬伸时，手臂要充分展开；

（3）向上采摘时，手的运行路线呈向上弧形，动作到位时，手掌才变"猿勾"状。

4）功法作用

猿摘可以改善神经系统功能，提高肌体反应的敏捷性。

猿戏结束，两手侧前上提，内合下按，做一次调息。

（六）第五戏：鸟戏

鸟戏的手型是鸟翅——中指和无名指向下，其余三指上翘。练习鸟戏时，意想自己是湖中仙鹤，昂首挺立，伸筋拔骨，展翅翱翔。鸟戏由鸟伸和鸟飞两个动作组成。

1. 第一式：鸟伸

第一个动作：接上式，两手折叠重合上举，左手在右手上，都是掌心向下；两手上举，耸肩缩顶，尾闾上翘，手掌水平。

鸟伸

第二个动作：下按时身体放松，重心右移后再后伸左腿，两臂在髋旁展开。

换另一侧重复动作。整体动作重复一遍。

衔接动作：做完一遍动作后，右脚下落，两脚开步站立，两手自然垂于体侧；目视前方。

1）动作要点

（1）两手腹前相叠，上举至头前上方，手掌水平，身体稍前倾；

（2）两手下按至腹前，两臂向后呈人字形分开后伸，两膝伸直，保持身体稳定。

2）易犯错误

（1）肌肉的松紧变化掌握不好；

（2）单腿支撑时，身体重心不稳。

3）正确做法

（1）先练习两掌相叠，在体前做上举和下按的动作，上举时收紧，下按时放松，逐步过渡到完整动作；

（2）身体重心移到支撑腿后，另一腿再向后抬起，支撑腿的膝关节挺直，有助于提高动作的稳定性。

4）功法作用

鸟伸动作借助手臂的上举下按，使身体松紧交替，起到吐故纳新、疏通任督二脉经气的作用。

2. 第二式：鸟飞

两手在腹前相合，屈膝侧举起，起身提左膝；再下落，再起身提左膝，两手上举至头顶，手背相对。换另一侧重复动作。整体动作重复一遍。

鸟飞

衔接动作：做完一遍动作后，右脚下落，两脚开步站立，两手自然垂于体侧，目视前方；两掌向身体侧前方举起，与胸同高，掌心向上，目视前方；屈肘，两掌内合下按，自然垂于体侧，目视前方。

1)动作要点

(1)平举时,手腕比肩略高,下落时掌心相对,上举时,手背相对,形成一个向上的喇叭口;

(2)可以先单独练习上肢动作:先沉肩再起肘,最后提腕,下落时先松肩再沉肘按掌,使肩部、手臂形成一个波浪蠕动,有利于气血运行;

(3)再练习下肢动作:一腿提膝时,支撑腿伸直,下落时支撑腿随之弯曲,脚尖点地再提膝。

2)易犯错误

(1)两臂伸直摆动,动作僵硬;

(2)身体紧张,直立不稳,呼吸不畅。

3)正确做法

(1)两臂上举时,力从肩发,先沉肩,再松肘,最后提腕,形成手臂举起的蠕动过程;

(2)下落时,先松肩,再沉肘,最后两掌合于腹前;两臂上举吸气,头部百会穴上领,提胸收腹,下落呼气,松腰松腹,气沉丹田。

4)功法作用

练习鸟飞时需要上下肢协调配合,使身体保持平衡,经常练习可锻炼心肺功能,灵活四肢关节,提高平衡能力。

鸟戏结束,两手侧前上提,内合下按,做一次调息。

(七)收式

引气归元是收功动作,可以调和气息。两手侧举向上,配合吸气,体前下落,配合呼气,两手于腹前相合(男性左手在内,女性右手在内),目视前方。体态安详,呼吸均匀,气沉丹田,收势。

收式

1. 动作要点

(1)两手侧举,掌心向上举至头顶上方,下按时掌心向下沿体前自然下落;

(2)意念可随两手而行,上举时如捧气至头顶上方,下落时外导内引,身体放松,意念下行;

(3)两手在腹前划弧合拢,虎口交叉,叠于腹前,闭目静养,调匀呼吸,意守丹田。

2. 易犯错误

(1)两掌上举带动两肩上抬,胸廓上提;

(2)两掌运行路线不清。

3. 正确做法

(1)身体重心相对固定,两掌上举时,注意肩部下沉放松;

(2)两掌在体侧向上做立圆和在腹前向前画平弧时,意念要放在掌心。

4. 功法作用

收式可以起到和气血、通经脉、理脏腑的功效。待呼吸均匀,意念归于丹田,两眼慢慢睁开,合掌,搓手至掌心发热。浴面,可重复数次,最后两掌向上过耳后,沿体前缓缓下落,两臂自然下垂,两脚并拢。通过收式,使身体舒泰安康,恢复常态。

第十六节 跆拳道

一、技术使用

跆拳道的技术使用包括进攻、反击和防守。在比赛中,有部分运动员采取单一形式的进攻或者反击,有部分运动员则是进攻和反击交替连续使用。双方连续多次交替的进攻和反击,是高水平比赛中常见的现象。进攻中带有反击、反击中又有进攻的强烈实战意识与实战能力,是运动员进攻和反击战术熟练运用的结果。

1. 进攻

进攻是先发制人的攻击。跆拳道的进攻战术包括:直接进攻、间接进攻和连击。

(1)直接进攻:使用时,进攻动作要快速突然,没有预兆;攻击的意念要果断坚决,切忌拖泥带水、犹豫不决。

(2)间接攻击:运用虚假动作,给对手制造错觉或迷惑对手;引诱的同时要做好攻击对手破绽的准备,当对手产生错觉,从而判断不准犹豫不决时,就要快速、敏捷、准确地进行真正的进攻。

(3)连击:连续两次或两次以上的进攻;在一次攻击发出后,只要对手来不及防守或防守不当,就要连续进攻毫不放松;连击可分为原地连击和移动连击,移动连击又包括向前追击对手的连击和边后退边攻击的连击。

2. 反击

在跆拳道比赛中,进攻和反击是相互制约的。在防守对方进攻的基础上,抓住其暴露的空隙和破绽进行攻击称为防守反击。

二、心理战术

心理战术是指利用各种方法和手段刺激和影响对手,扰乱对手正常的比赛心理,使对手不能顺利完成预定的战术计划。常用的心理战术有以下几种:

(1)显示或夸大自己的实力,给对手造成心理压力,让对手望而生畏,产生惧怕心理。

(2)在赛前发布假情报,制造各种假象,让对手真假难辨、虚实难测。

(3)根据人的性格弱点采用有效的方法引导其产生不正常状态,使自己有更多的可乘之机。

三、体力战术

体力战术是指在跆拳道比赛中,合理地分配和使用自己的体力,获得比赛优胜的方法。

(1)当对手体力较差时,在前两局进行积极的进攻或调动对手进攻然后进行反击,消耗对手体力,逐渐发挥自己的体力优势。

(2)当自己体力相对较差时,就要利用各种方法破坏对手的比赛节奏,节省体力保证战术的发挥。

(3)当与对手体力相当时,要充分发挥自己的潜力,在这个基础之上,配合其他战术与对手对抗。

四、规则战术

规则战术是指在比赛中充分利用规则范围允许的手段，获得无形得分，形成比赛优势的策略。有以下几种常见的规则战术：

（1）用特长技术或不常见招法，重击对手头部或躯干，使对手无法再进行比赛。KO战术是在大比分落后时赢得比赛胜利的方法之一，也是提前结束比赛的重要途径。

（2）使用有效手段和方法，迫使或诱使对手多次犯规，造成对方被扣分。

（3）诱使对手被裁判员多次警告或扣分，使其产生心理压力失掉自信而发挥失常。

（4）了解裁判员的特点和水平，在比赛中用相应的战术获得更多利益形成优势。比如：裁判员对击头得分的尺度放宽时，要创造更多的机会攻击对手头部；裁判员强调后踢得分时，就多利用后踢与对手对抗；裁判员对倒地判罚较严时，就多想办法破坏对手重心，使其失去平衡倒地。

五、克制战术

克制战术是限制对手长处、发挥自己长处、攻击对手弱点的比赛战术。每个运动员都有自己擅长的技术和战术，同样也都存在弱点。

1. 针对个矮或善于近距离攻击的对手

尽量与对手拉开距离，保持自己能把握的对抗距离，防止对手突然靠近。当对手向前接近时，运用合理有效的腿法，直接进行迎击抢攻，有机会就连击，没有机会就迅速撤离到对手的攻击范围之外。

2. 针对身高腿长的对手

身高腿长的对手占有距离上的优势，遇到这样的对手有以下几种应对方法：

（1）运用步法，在对手进攻（反击）失效或注意力分散时迅速接近，毫不犹豫地连击对手。

（2）利用假动作分散对手注意力，然后迅速接近并攻击对手。

（3）如果对手反应较快，难以突破时，可以进行强攻，强行打开突破口。前提是要做好防守准备，快速接近对手，到达攻击距离后，连续猛攻对手。

（4）身高特别突出的选手，一般在体力方面会比较差，加上动作幅度大每次动作消耗的能量较一般人多一些。因此，比赛一开始，就要带动比赛节奏和攻防节奏，先消耗对手体力，然后配合各种战术去战胜对手。

（5）身高腿长的选手大多擅长下劈踢、推踢与横踢技术等。防守时，可前后左右各方位的闪躲防守，让对手摸不清自己的套路，尽量避免采用一直后退的方法防守，易遭对手的连击，使自己陷于被动的局面。

3. 针对善于直接进攻的对手

（1）可用假动作干扰对方进攻，或采取抢攻的方法来抑制对手的进攻，迫使其转攻为守。

（2）根据实际情况进行防守反击。

4. 针对善于防守反击的对手

善于防守反击的对手，反应快、判断准、防守能力强，而且善于观察并能迅速找出对手的

破绽、漏洞,防守技巧和反击技术都比较突出。针对此类对手的应对方法有以下几种:

(1)调动对手主动出击,或敌不动我不动,破坏对手的心理防线。
(2)用佯攻的方法,诱使对手做出习惯的反击动作,然后抓住机会快速攻击。
(3)虚实难测,真与假结合起来,让对手难以判断自己的真假虚实。
(4)抢攻的同时做好自我防护,抢攻后进行连击,破坏对手的反击,不给对手反击的机会。

5. 针对善于连击的对手

防守时尽量避免向后退,可以选择向前靠近对手,不给对手攻击的距离,破坏对手的连击;或者左右移动,使对手的连击动作落空,然后寻找机会反击。

第十七节　武　术

一、长拳

长拳的内容十分丰富,包含基本手型、手法、步型及各种腿法。

1. 基本手型

拳:四指并拢从第一指节处依次弯曲紧握,大拇指扣于食指、中指之上。(见图3-36)
掌:四指并拢,大拇指回扣。(见图3-37)

图3-36　拳

图3-37　掌

勾:五指捏拢,手腕回勾。(见图3-38)
爪:五指第一指节回扣,第二指节充分发力。(见图3-39)

2. 手法

冲拳:四指并拢卷握,大拇指紧扣食指和中指的第二指节,拳握紧,拳面平,直腕。
撩掌:掌根发力,手指朝上,从下向上的进攻路线。

双摆掌

推掌

弓步冲拳

3. 基本步型

弓步:两腿以髋关节为中线,前腿大腿与地面水平,小腿垂直于地面,膝关节不要超过脚尖;后腿充分蹬直,力达脚跟,脚尖回扣。(见图3-40)

图 3-38 勾

图 3-39 爪

马步：两脚分开三脚半的距离，屈膝下蹲直至大腿与地面平行，小腿垂直于地面，膝关节不能超过脚尖，上体直立。（见图 3-41）

图 3-40 弓步

图 3-41 马步

仆步：两腿左右分开，两脚距离为脚长的四至五倍，一侧腿屈膝全蹲，膝盖与脚尖外展；另一侧腿伸直平仆，接近地面，两脚全脚着地；左腿伸直为左仆步，右腿伸直为右仆步。（见图 3-42）

图 3-42 仆步

虚步：两脚平行开立，打开三倍左右的脚长，后腿屈膝半蹲，大腿接近水平，全脚掌着地，重心落于后腿；前腿微屈，脚面绷直，脚尖稍内扣虚点地面；两手握拳于腰侧或平伸，挺胸，塌腰,脚跟外蹬,膝盖不超过脚尖。虚步要求前腿虚,后腿实,虚实分明,身体重量主要压在支撑腿上,虚步占三分。(见图 3-43)

歇步:两腿交叉靠拢,全蹲,左脚全脚着地、脚尖外展,右脚前脚掌着地,膝盖靠近左小腿外侧,臀部位于右脚跟上;左腿在下为左歇步,右腿在下为右歇步。(见图 3-44)

图 3-43　虚步　　　　　　　　　　图 3-44　歇步

4. 直摆性腿法

正踢腿:武术腿法的基本动作,两臂平伸,手掌直立;同时左右腿轮流上踢,上踢幅度越高越好,上踢时可前行也可不前行。正踢腿是腿功柔韧性训练最为重要的一步,它可以巩固压腿、劈腿、吊腿的效果,也为实战腿法训练打下坚实的基础。

正踢腿

侧踢腿:与正踢腿类似,不同的是腿的路线是经身体侧面上踢向头顶。(以左侧踢腿为例)身体直立,两手向左右平肩伸出挑掌,右腿出小半步伸直支撑,脚尖外摆;左腿挺直沿体侧向头顶方向勾脚上踢,左掌收回护在右肋上,右掌上行护头顶;左侧踢腿落步,脚尖外摆,即可接着练习右侧踢腿。要注意起步时支撑腿的脚尖外摆,身正转头,外旋开胯,路线从肩后往脑后踢;注意三直一勾(挺胸直腰,支撑腿和踢腿要直,踢腿要勾脚),踢到快过肩时(后半程)加速。

侧踢腿

里合腿:身体直立,一侧腿伸直支撑,脚尖向前;另一侧腿挺直侧起踢至头侧,经面前向对侧斜前上方划弧摆落的动作。

外摆腿:身体直立,一侧腿伸直支撑,脚尖外摆;另一侧腿挺直,勾脚斜踢,再经面前(或贴头顶)向体侧划弧摆动落下的动作。做好外摆腿的要诀:斜起侧落,弧高齐头,三直一勾,横向加速。要点:挺胸塌腰松髋、展髋,外摆幅度要大,成扇形。

里合腿

外摆腿

5. 屈伸性腿法

弹腿:一侧腿支撑,另一侧腿提膝,大小腿收紧,脚背绷直,以膝盖为轴,小腿与脚背保持在一条直线上,向前向上击打,动作迅速有力。

蹬腿:一侧腿支撑,另一侧腿屈膝上提,提到腰部高度,同时身体重心后移,提起腿迅速勾脚送髋向前蹬出,力达脚跟。屈膝上提要充分,且与蹬腿动作连贯、不可脱节,要运用送髋之力,使腿放长击远;注意收腿的速度,应以踢

弹腿

击速度甚至更快的速度收腿,以产生更大的威力;在踢击时,膝关节不可僵住,以防受伤。

蹬腿

6. 乌龙盘打

预备姿势:两脚并步站立,身体自然正直,两臂垂于体侧,指尖向下,大拇指一侧向前,目视正前方。

弓步插掌:左脚向左迈一大步,左腿屈膝半蹲,右腿挺膝蹬直,成左弓步;身体左转,右臂伸直向左摆,指尖向前,大拇指一侧向上;左臂屈肘于右臂前,指尖向上,小拇指侧向前,目视正前方。

乌龙盘打

弓步抡臂:上体右转,右腿屈膝半蹲,左腿挺膝蹬直,成右弓步;同时右臂向上、向右抡臂,左臂向左抡臂,目随右手环视;上体继续右转,右臂向下、向后抡臂,左臂向上、向前抡臂。

7. 五步拳

预备姿势(并步抱拳):身体成立正姿势,两手握拳置于腰间,头往左看。

弓步冲拳:左脚向左迈一步,成左弓步,身体向左转90°;左手向左平搂,收回腰间抱拳,同时右拳从腰间冲出,目视前方。

五步拳

弹腿冲拳:重心前移,右腿提膝向前弹腿,同时冲左拳、收右拳,目视前方。

马步架打:右脚落地,脚尖内扣,身体向左转90°,下蹲成马步,同时左拳变掌,屈臂上架,右拳从腰间向侧冲出,目视右方。

歇步盖冲拳:左脚向右脚后插一步,同时右拳变掌经头顶向左下盖,掌外沿向前,身体左转90°,左掌变拳收回腰间,目视右掌;上动不停,两腿屈膝下蹲成歇步,右掌变拳,收回腰间,同时冲左拳,目视左拳。

提膝仆步穿掌:两腿直立,身体右转90°,左拳变掌,顺势收至右肩前;右拳变掌,由左手背上穿出,掌心向上,同时左腿屈膝提起,目视右手;上动不停,左脚落地成仆步,左手掌指尖朝前,沿左腿内侧穿至左脚面,目视左掌。

虚步挑掌:身体重心前移,左腿屈膝前弓,经左弓步,右脚上步成右虚步;同时左手向后划弧成勾手,右手顺右腿外侧向上挑掌,目视前方。

收势(并步抱拳):左脚向右脚靠拢成并步,同时左勾手和右掌变拳,回收置于腰间,目视前方。

二、24 式简化太极拳

24 式简化太极拳也叫简化太极拳,是国家体育运动委员会(现为国家体育总局)于1956年组织太极拳专家汲取杨氏太极拳之精华编排而成的。它只有24个动作,但相比传统的太极拳套路来讲,其内容更精练,动作更规范,并且能充分体现太极拳的运动特点。

1. 基本手型

拳:四指内卷,大拇指压于食指、中指第二指节上,握拳不可以太过用力,应舒松而内含力量。(见图3-45)

掌:五指自然伸直,大拇指张开,虎口呈弧形,掌心微含,手指不可过于僵硬。(见图3-46)

勾:屈腕,五指第一指节自然捏拢,指尖向下,腕部不可用"死力"。(见图3-47)

图 3-45 拳

图 3-46 掌

图 3-47 勾

2. 基本步型

开步：重心移至右脚，依次提起左脚脚跟、脚掌、脚尖，向左侧横开一步，两脚与肩同宽，依次落下脚尖、脚掌、脚跟，两膝微屈。（见图 3-48）

图 3-48 开步

弓步：前脚向前，全脚掌着地，前小腿与地面垂直，大腿与地面接近水平，膝不超过脚尖；后腿自然伸直但不可绷直，后脚脚尖内扣斜向前方约 45°，脚跟向后蹬地。（见图 3-49）

虚步：两脚平行开立，打开三倍左右的脚长，后腿屈膝半蹲，大腿接近水平，全脚掌着地，重心落于后腿；前腿微屈，脚面绷直，脚尖稍内扣虚点地；挺胸，塌腰，脚跟外蹬，膝不过脚尖。

图 3-49　弓步

虚步要求前腿虚,后腿实,虚实分明,身体重量主要压在支撑腿上,虚步占三分。(见图 3-50)

图 3-50　虚步

仆步:两腿左右分开,两脚距离为脚长的四至五倍,一侧腿屈膝全蹲,膝盖与脚尖外展;另一侧腿伸直平仆,接近地面,两脚全脚着地;左腿伸直为左仆步,右腿伸直为右仆步。(见图 3-51)

图 3-51　仆步

3. 基本步法

进步:屈膝蹲坐,身体重心移于右脚,左脚提起向前上步;身体重心前移,左脚踏实,左腿屈膝前弓,右腿自然蹬直,成左弓步;右腿稍屈,重心后移,左脚脚尖外摆 90°,随之上体左转,身体重心前移至左腿,左腿屈弓,右脚提起收至左脚踝关节处;右脚再向前上步,右腿屈膝前弓,左腿自然蹬直,成右弓步;重心后移,右脚脚尖翘起外摆90°,左脚提起再向前上步,成左弓步,如此左右交替进行。

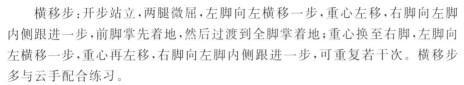

进步

退步:开步站立,两手相叠放于丹田处,男子左手在下;女子右手在下。两膝微屈,重心移到左腿,右脚提起经左脚内侧向右后方退,前脚掌先落地,随重心慢慢后移过渡到全脚掌着地,成左虚步;然后左脚提起经右脚内侧向左后方退,前脚掌先落地,随重心慢慢后移过渡到全脚掌着地,成右虚步,可重复若干次。

退步

横移步:开步站立,两腿微屈,左脚向左横移一步,重心左移,右脚向左脚内侧跟进一步,前脚掌先着地,然后过渡到全脚掌着地;重心换至右脚,左脚向左横移一步,重心再左移,右脚向左脚内侧跟进一步,可重复若干次。横移步多与云手配合练习。

横移步

(云手:身体重心移至右腿,身体向右转,左脚尖内扣;左手经腹前向右上划弧至右肩前,掌心斜向后,同时右手变掌,掌心向右前,眼看左手;上体慢慢左转,身体重心逐渐左移,左手由面前向左侧运转,掌心转向左方;右手由右下经腹前向左上划弧至左肩前,掌心斜向后,同时右脚靠近左脚,成小开立步(两脚距离约10~20厘米),眼看右手;上体再向右转,重复动作。云手的要点:以腰脊为轴转动身体,松腰、松胯,不可忽高忽低;两臂随腰的转动而运转,要自然圆活,速度要缓慢均匀;下肢移动时,身体重心要稳定,两脚掌先着地再踏实,脚尖向前,视线随左右手而移动。)

云手

太极桩:松静站立,双脚打开与肩同宽,气沉丹田,呼吸自然;尾闾中正,髋骨内收,松腰敛臀;双手抱于胸前,沉肩坠肘,掌心内含。

太极桩

野马分鬃:上体右转,重心移至右腿,两掌心相对,右上左下,右手约与肩平,在右胸前做"抱球"姿势;接着左脚跟抬起,转向右侧,眼看右手;上体左转,左脚向左前方迈一步,脚跟轻着地,重心仍在右腿,两脚保持约20厘米的距离;弓步分手,上体挺直,继续左转,重心移至左腿,屈膝前弓,右腿自然蹬直,成左弓步;同时两手分别向左上和右下两个方向分开,左手与眼平,掌心斜向上,右手按至右胯旁,掌心向下,指尖向前,两臂微屈,眼看左手。换另一侧做右侧野马分鬃的动作。

野马分鬃

搂膝拗步:腰微右转,右胯根微内收,左腿提起,重心渐渐转移到右腿,右肩下松,右肘下沉,自然带动右掌弧形下落经右胯侧,臂外旋使右掌心朝上;同时,左掌随转腰向前向里经右胸、腹前弧形向下移,左臂内旋使掌心朝下。换另一侧做右侧搂膝拗步的动作。

搂膝拗步

4. 练习口令

起势:两脚开立,两臂前举,屈膝按掌。

野马分鬃:收脚抱球,左转出步,弓步分手;后坐撇脚,跟步抱球,右转出步,弓步分手;后坐撇脚,跟步抱球,左转出步,弓步分手。

白鹤亮翅:跟半步,胸前抱球,后坐举臂,虚步分手。

搂膝拗步:左转落手,右转收脚举臂,出步屈肘,弓步搂推;后坐撇脚,跟步举臂,出步屈肘,弓步搂推。

手挥琵琶:跟步展手,后坐挑掌,虚步合臂。

倒卷肱:两手展开,提膝屈肘,撤步错手,后坐推掌。(重复四次)

左揽雀尾:右转收脚抱球,左转出步,弓步掤臂,左转随臂展掌,后坐右转下捋;左转出步搭腕,弓步前挤,后坐分手,屈肘收掌,弓步按掌。

右揽雀尾:后坐扣脚,右转分手,收脚抱球,右转出步,弓步掤臂,右转随臂展掌,后坐左转下捋,右转出步搭手,弓步前挤,后坐分手,屈肘收掌,弓步推掌。

单鞭:左转扣脚,右转收脚展臂,出步勾手,弓步推举。

云手:右转落手,左转云手,并步按掌,右转云手,出步按掌。(重复三次)

单鞭:斜落步,右转举臂,出步勾手,弓步按掌。

高探马:跟步后坐展手,虚步推掌。

右蹬脚:收脚收手,左转出步,弓步划弧,合抱提膝,分手蹬脚。

双峰贯耳:收脚落手,出步收手,弓步贯拳。

转身左蹬脚:后坐扣脚,左转展手,合抱提膝,分手蹬脚。

左下势独立:收脚勾手,蹲身仆步,穿掌下势,撇脚弓腿,扣脚转身,提膝挑掌。

右下势独立:落脚,左转勾手,蹲身仆步,穿掌下势,撇脚弓腿,扣脚转身,提膝挑掌。

左右穿梭:落步落手,跟步抱球,右转出步,弓步推架;后坐落手,跟步抱球,左转出步,弓步推架。

海底针:跟步落手,后坐提手,虚步插掌。

闪通臂:收脚举臂,出步翻掌,弓步推架。

转身搬拦捶:后坐扣脚,右转摆掌,收脚握拳,垫步搬捶,跟步旋臂,出步裹拳拦掌,弓步打拳。

如封似闭:穿臂翻掌,后坐收掌,弓步推掌。

十字手:后坐扣脚,右转撇脚分手,移重心,扣脚划弧。

收势:收脚合抱,旋臂分手,下落收势。

第十八节　排舞运动

排舞运动

一、专项技术

(一)排舞运动

排舞由英文"line dance"翻译而来,是一项音乐和固定舞步融合在一起,一人或多人通过风格各异的舞步循环,来愉悦身心的国际性体育运动。舞者在跳舞时站成一排排、一列列的队形,也被称为"排队列舞"。

运用不同的舞蹈形式和音乐元素,并且在运动中融入、整合了体育、各国民间舞蹈的多元文化和艺术特征,这些使排舞运动在大众健身的普及性、舞台表演的独特性、体育运动的竞技性等方面体现出积极的价值。

(二)排舞的起源

排舞最早萌芽于美国西部乡村民间社交舞,派生于其他舞蹈活动,包含了许多舞蹈元素。19世纪初,原来流行于欧洲的社交舞传入美国,由于社交舞必须男女结伴、按照方块或圆形的站位才能跳舞,这使一些没有舞伴的人受到限制,所以大家尝试着单独跳或站成一排跳。美国西部乡村的一些民间俱乐部进行了很多尝试,派生出了类似排舞风格的舞蹈形式,并将这种舞蹈在全国传播开来。

20世纪70年代,迪斯科音乐的兴起对现代排舞的诞生起了很大的促进作用。20世纪80年代早期,美国人吉姆创编了第一套被知晓的有固定舞步设计的排舞。由于此时期的排舞都来源于美国西部乡村舞,故这些舞蹈被证明是现代排舞的正式诞生。同一时期一些摇滚乐、流行歌曲和布鲁斯风格的音乐也有一部分被进行设计,称为现代排舞曲目。

(三)排舞的分类

1. 按照舞步组合结构分类

(1)完整型舞步:不断重复固定的舞步组合。

(2)组合型舞步:由两个或更多的舞步组合构成,而且每一舞步组合的节拍数不一定相同。

(3)间奏型排舞:在固定的舞步组合外,还有一个或多个不一定相同的间奏舞步。间奏舞步一般不超过八拍。

(4)表演型排舞:这种类型的排舞,舞步较复杂,并且没有固定的舞步组合,属于高难度级别的排舞。

2. 按照舞步组合变化的方向分类

(1)一个方向的排舞:面向十二点一个方向跳完所有的舞步组合。

(2)两个方向的排舞:舞步组合结束后在相反的方向又开始重复这一舞步组合,即面向十二点的舞步组合结束后,面向六点又开始重复这一舞步组合。

(3)三个方向的排舞:出现在间奏型排舞中。每完成一次舞步组合,都会按顺时针方向(或者逆时针方向)进行变化,在第三次舞步组合完成后,由于音乐节奏的关系又会回到舞蹈的初始方向。

(4)四个方向的排舞:每完成一次舞步组合,都在一个新的方向开始动作。

(四)排舞的基本步伐

1. 曼波步

第一拍:右脚进,重心放左脚。

第二拍:右脚并步。

左脚与之相反。

2. 摇椅步

第一拍:右脚进。

第二拍:重心放左脚。

第三拍:右脚退。

第四拍:重心放左脚。

3. 查尔斯顿步

第一拍:右脚进。

第二拍:左脚前点。

第三拍:左脚退。

第四拍:右脚后点。

4. 锁步

(1)右锁步:

第一拍:右脚进,左脚锁在右脚后面。

第二拍:右脚进。

(2)左锁步:

第一拍:左脚进,右脚锁在左脚后面。

第二拍:左脚进。

5. 纺织步

(1)右纺织步:

第一拍:右脚前交叉。

第二拍:左脚侧步。

第三拍:右脚后交叉。

第四拍:左脚侧步。

(2)右纺织步:

第一拍:左脚前交叉。

第二拍:右脚侧步。

第三拍:左脚后交叉。

第四拍:右脚侧步。

二、运动战术与操舞编排

(一)排舞动作方向术语

(1)时钟 12:00 点钟方向:人体直立时胸部所对的方向。

(2)时钟 3:00 点钟方向:人体直立时右肩所对的方向。

(3)时钟 9:00 点钟方向:人体直立时左肩所对的方向。

(4)时钟 6:00 点钟方向:人体直立时背部所对的方向。

(5)顺时针方向:按时钟的 12 点、3 点、6 点、9 点钟方向依次完成动作的方法。

(6)逆时针方向:按时钟的 12 点、9 点、6 点、3 点钟方向依次完成动作的方法。

(二)中文舞谱的编写方法

(1)对曲目进行整体描述:介绍曲目的名称、创编者、舞步组合的节拍数、曲目的方向变化、难度级别、所选用的音乐出处等。

(2)编写舞步术语和解码:舞步术语是指每一个八拍或每四个三拍主要完成的舞步动

作,解码是指每一个八拍的节奏口令。

(3)逐拍对舞谱进行描述:根据舞步术语和解码,逐拍对舞步进行描述。

(4)编写间奏舞步:为保证音乐的完整性,有的曲目需要创编间奏动作使之与音乐协调融合

(三)排舞基本步伐练习组合

1. 组合一

1×8:

1~2拍右腿进左腿点地;

3~4拍左腿进右腿点地;

5~6重复1~2;

7~8重复3~4。

2×8:

1~2拍右腿退左腿点地;

3~4拍左腿退右腿点地;

5~6重复1~2;

7~8重复3~4。

3×8:

1~2右脚侧步,收回;

3~4左脚侧步,收回;

5~6原地起跳呈马步;

7~8跳跃还原。

4×8:

1~2向左摇摆并步;

3~4向右摇摆并步;

5~6重复1~2;

7~8重复3~4。

2. 组合二

1×8:

1~4向右推掌右侧步;

5~8向左推掌左侧步。

2×8:

1~4进右脚吸腿跳;

5~8进左脚吸腿跳。

3×8:

1~2右侧步撩手;

3~4左侧步撩手;

5~6重复1~2;

7~8重复3~4。

4×8:

1~4 右纺织步；
5~8 左纺织步。

3. 组合三
1×8：
1~4 右脚进踏步；
5~6 左右并步。
2×8：
1~4 右纺织步；
5~8 踏步跳。
3×8：
1~2 向右曼波步；
3~4 向左曼波步；
5~6 重复1~2；
7~8 重复3~4。
4×8：
1~2 向右曼波步；
3~4 向左曼波步；
5~6 重复1~2；
7~8 重复3~4。

4. 组合四
1×8：
1~2 向右踏步跳；
3~4 向左踏步跳；
5~6 重复1~2；
7~8 重复3~4。
2×8：
1~4 右脚进摇椅步；
5~8 左脚进摇椅步。
3×8：
1~2 右侧曼波步；
3~4 左侧曼波步；
5~6 重复1~2；
7~8 重复3~4。
4×8：
1~2 蹲起向右八字手；
3~4 蹲起向左八字手；
5~6 重复1~2；
7~8 重复3~4。

第四章　竞赛活动的组织与实施

第一节　竞赛活动的实施与管理

一、基本内容

体育竞赛组织的核心工作就是对于体育活动的管理。体育竞赛活动是由运动员、裁判员、志愿者、观众、组织者、工作人员以及新闻记者等多类人群参与，以活动为媒介，在一个固定的场地或环境下为达到某种目的而进行的比赛。体育竞赛活动管理的实质是通过对竞赛活动进行管理，有效提高活动的质量，实现体育竞赛的目标。

1. 组织者

体育竞赛活动的组织涉及多方面人员的参与。组织者要根据竞赛活动的目标和任务及其具体的需要，确定人员机构的分工，精简机构。其中可能涉及的部门包括行政部、竞赛部、新闻宣传部、财务部、安全保障部以及接待部等。

2. 工作规范和职责

工作规范是体育竞赛活动稳定运行的前提和保障。活动中，每个岗位的人员都需要在工作规范的要求下履行自己的责任。在活动的不同阶段要明确自己应该完成的基本工作目标，并且要保质保量的在规定时间内完成。根据岗位安排确定每个参与者的工作内容及职责分工，从上到下建立日程工作表，确保每一个环节都能够在组织者的安排下合理运行，高效地完成工作任务，实现总目标的完成。此外，还要有严格有效的考核和奖惩制度，才能全面了解各岗位的职责与相应的执行情况，实现对组织活动的有效控制。

二、组织形式

1. 综合性比赛的组织形式

正规的体育竞赛组织工作是以体育主管部门为主体，其他部门密切配合完成的一项工作。其组织形式一般由组织委员会根据体育竞赛活动的层次、规模、项目以及其他因素，确定体育竞赛的具体组织形式。综合性比赛是由体育竞赛活动的主办单位根据实际情况与承办单位沟通后明确组织形式，沟通内容涉及赛事组织、宣传、安保、交通、食宿、财务、规程、技术标准的认定等多项内容。组织委员会一般设定主任一名，副主任若干名，秘书长一名，委员若干名。综合性比赛和单项比赛的组织委员会一般均配备这些岗位，但根据比赛规模的大小可灵活调整。

2. 单项比赛的组织形式

单项比赛一般是各项目自行举办的体育活动。组织机构是由承办单位或承办部门根据主办单位的要求由本单位的工作人员组成,上级主管部门一般不直接参与其竞赛活动的组织工作,但负责赛事监督或仲裁工作,体育竞赛规程的制定、颁发以及执行的解释权也均由主办单位负责。

三、竞赛机构及其工作职能

1. 组织委员会

组织委员会(简称组委会)是体育竞赛组织的中枢所在。一般的大型综合性运动会均要求组委会的主任具有一定的行政职务,以便增强该机构的权威性。

(1)核定主要参与者的名单;
(2)制定竞赛活动的各项实施方案;
(3)负责竞赛活动的经费预算和经费使用规划;
(4)处理竞赛活动中遇到的重大决策性问题。

2. 组委会办公室

组委会办公室是综合职能部门,主要任务是拟制文件、组织会议、督促协调组委会的各项指令下发及完成情况,以及后续的文件档案汇总工作。具体工作职能包括以下几种:

(1)负责组委会的筹备工作;
(2)负责组委会的工作会议记录及会议组织;
(3)负责文件制定、下发及监督;
(4)负责对外联络、接洽等工作;
(5)负责体育赛事接待晚宴的布置工作;
(6)负责体育竞赛秩序册的印刷和发放工作,同竞赛部负责赛事流程的编制工作;
(7)负责参与者的摄影留念工作。

3. 组委会竞赛部

组委会竞赛部是体育赛事的核心部门,主要负责赛事的组织、管理、监督、执裁、成绩认定、颁奖、场地器材以及竞赛经费预算的制定等。具体工作职能如下:

(1)制定竞赛计划;
(2)确定竞赛规程;
(3)负责竞赛运动员的报名、核实和注册,以及组织编排工作;
(4)负责竞赛秩序册的编制;
(5)负责竞赛表格的完善;
(6)确定竞赛的执裁标准;
(7)负责竞赛裁判员的选拔及培训工作;
(8)负责竞赛成绩的认定;
(9)负责对竞赛运动员进行兴奋剂检测;
(10)负责竞赛经费的预算和使用。

4. 组委会宣传部

组委会宣传部负责竞赛活动的新闻宣传工作,不仅要求对外进行宣传,还要对体育赛事的参与者进行宣传。具体工作职能如下:

(1)负责赛事场地内所有宣传引导标识的制作;
(2)负责赛事期间所有新闻宣传工作;
(3)负责赛事期间与所有媒体记者的沟通工作;
(4)负责新闻宣传工作的费用预算及使用。

5. 组委会安保部

组委会安保部主要负责赛事活动期间所有安全保卫、交通管理工作。具体工作职能如下:
(1)负责制定赛事活动的安全管理工作计划;
(2)负责赛事期间所有人员的证件安全识别工作;
(3)负责赛事期间场地内的交通管制工作;
(4)负责赛事安保的费用预算及使用。

6. 组委会财务部

组委会财务部负责赛事活动所有财务的管理工作,包含各部门费用预算的核对和管理。一般由承办单位的财务管理部门安排工作人员进行管理,具有一定的专业性。具体工作职能如下:
(1)负责赛事活动总经费的预算及制定资金使用方案;
(2)负责各部门赛事活动的费用实施和报销工作;
(3)负责赛事经费的审计工作。

7. 组委会后勤部

组委会后勤部负责竞赛活动所有场地、设备、设施器材的准备和管理工作。具体工作职能如下:
(1)负责赛事活动所有设备器材的准备和发放;
(2)负责赛事所有辅助用品的放置;
(3)负责赛事所有物品的准备和购买;
(4)负责所有物品费用的预算。

8. 组委会接待部

组委会接待部负责做好来宾的接待迎请工作,工作人员提前落实需接站的人员名单及方式,明确接站的时间和地点,提前到达接站地;负责来宾进入宾馆之前的衔接工作;负责提醒来宾的日程安排等。

四、工作程序

1. 准备阶段

准备阶段是组委会在主办单位的要求下,根据往年赛事的参与情况制定关于本次赛事的工作计划,并开始筹备工作。准备阶段,组委会要根据赛事的规模和层次进行人员分配,本阶段的工作人员不宜过多,容易造成人员安排的浪费,建议以组委会各部门的负责人为主要的工作人员。

2. 实施阶段

实施阶段是体育竞赛活动的关键环节,是竞赛任务顺利进行的重要保障。首先,组委会将工作内容下发到各职能部门，再由各职能部门通过组织实施达到活动整体运行的目的。这个阶段要求各职能的工作人员各司其职，高效且保质保量地完成相关工作。

3. 综合协调阶段

综合协调阶段是在活动开展过程中的一种工作调节阶段。组委会办公室要在这一阶段协调各部门的工作，实现各部门的良好配合。组委会主任要善于管理，从反馈信息中寻求问题的症结所在，研究问题，解决问题，保障赛事活动计划的整体推进和政策的稳定实施。

4. 总结阶段

总结阶段是体育竞赛活动的收尾阶段，组委会要根据各部门的工作表现对赛事的组织工作做出全面评估。整理资料，发现问题，积累经验，做好各项档案记录的存档。

第二节　常用竞赛文件及相关表格

一、竞赛通知

竞赛通知是由上级主管部门下发的综合性或单项比赛活动的红头文件。通知中包含竞赛要求、政策指引、活动计划安排表、承办单位联系人登记表等。（见图 4-1）

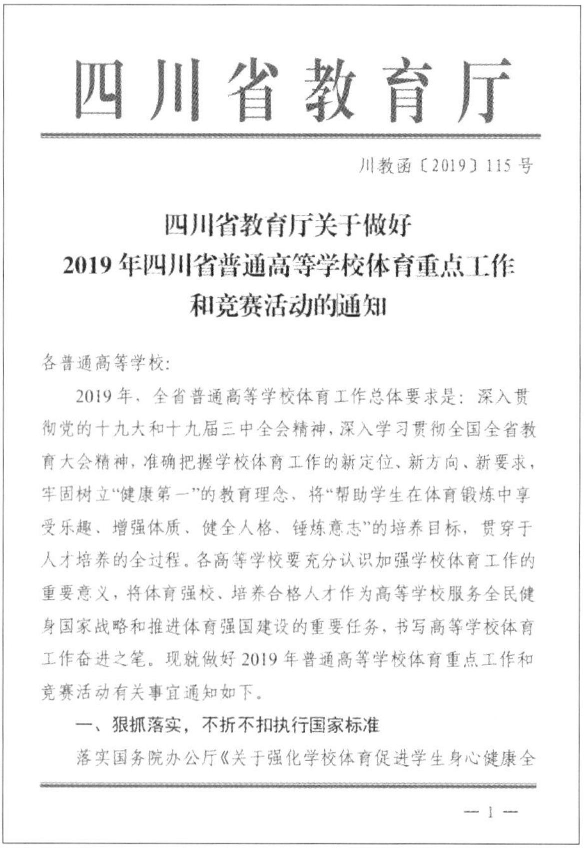

四川省教育厅

川教函〔2019〕115号

四川省教育厅关于做好
2019年四川省普通高等学校体育重点工作
和竞赛活动的通知

各普通高等学校：

2019年，全省普通高等学校体育工作总体要求是：深入贯彻党的十九大和十九届三中全会精神，深入学习贯彻全国全省教育大会精神，准确把握学校体育工作的新定位、新方向、新要求，牢固树立“健康第一”的教育理念，将“帮助学生在体育锻炼中享受乐趣、增强体质、健全人格、锤炼意志”的培养目标，贯穿于人才培养的全过程。各高等学校要充分认识加强学校体育工作的重要意义，将体育强校、培养合格人才作为高等学校服务全民健身国家战略和推进体育强国建设的重要任务，书写高等学校体育工作奋进之笔。现就做好2019年普通高等学校体育重点工作和竞赛活动有关事宜通知如下。

一、狠抓落实，不折不扣执行国家标准

落实国务院办公厅《关于强化学校体育促进学生身心健康全

— 1 —

图 4-1　竞赛通知示例

二、竞赛规程

1. 概念

体育竞赛规程是指根据竞赛计划而制定的具体实施某一项次(届)体育竞赛的政策与规定,对该项竞赛活动的组织管理具有高度的权威性和指导性,是体育竞赛参与者和组织者都必须遵循的规则。

体育竞赛规程是体育竞赛的纲要性文件,教练员、运动员、裁判员、工作人员、领队都应该充分了解每次比赛的竞赛规程。竞赛规程是否完善严谨,直接影响体育竞赛能否顺利进行。初级竞赛规程下达时间应不迟于比赛前二至三个月;高级竞赛规程应于赛前半年至一年通知参加单位和个人,以便其充分做好准备。规程制定后,除了下发参加单位外,还应报有关体育主管部门批准,未经体育主管部门批准的,比赛中所创下的新纪录不予承认。一般来说,竞赛规程通常由主办单位制定。

2. 内容

竞赛规程的内容是根据竞赛的性质、目的、特点而设定的。综合性比赛要制定竞赛规程总则,确定比赛的宗旨,提出比赛的总要求和共性的问题以及相关标准。各单项比赛规程根据总规程的要求设定具体内容,不得与总规程发生冲突。

竞赛规程一般包含:运动会的名称(内容拓展),竞赛的目的、时间、地点和承办单位,竞赛项目,参加单位,参加办法,竞赛办法,录取名次与奖励,报名与报到,裁判员与仲裁委员会,注意未尽事宜,竞赛规程解释权的归属单位等信息。(见图4-2)

2020年四川省青少年排名赛第一站
竞赛规程

一、主办单位:四川省网球协会 四川省学生体育艺术协会
二、指导单位:资阳市教育和体育局
三、承办单位:资阳市网球协会
四、协办单位:资阳市超越体育文化传播有限公司
五、竞赛日期和地点
2020年1月16日—18日在资阳市举行。
六、参加单位
各市州代表队、网球协会、青少年网球俱乐部、相关学校。
七、竞赛项目
(一)甲组:男、女团体、单打、双打、混双比赛。
(二)乙组:男、女团体、单打、双打、混双比赛。
八、运动员资格
(一)参赛运动员须是在校中小学生。
(二)参赛运动员须持有公安机关核发的身份证原件,经现场资格审查合格方可参赛。
(三)参赛运动员须经县级以上医院检查证明身体健康合格,并购买了人身意外伤害保险。

图 4-2 竞赛规程示例

三、竞赛秩序册

竞赛秩序册是在竞赛规程下发的基础上,对于赛制的重要说明。竞赛秩序册一般包含竞赛规程、比赛的组委会名单、办事机构名单、资格审查委员会名单、仲裁委员会名单、裁判员名单、各代表队的人员信息、竞赛计划及活动流程、竞赛日程表、竞赛须知、场地示意图以及承办单位的宣传信息等。(见图 4-3)

图 4-3 竞赛秩序册封面示例

四、相关表格

1. 竞赛报名表

不论是综合性比赛,还是单项个人或单项团体比赛的报名表,均要求包括队名、领队姓名、联系方式、教练员姓名、各个项目的队员信息。此外,队员信息根据参赛人群的属性不同,在表中有所区分。如果是大学生的比赛,报名表中一般均包含组别、学生姓名、学号、性别、参赛项目等信息。(见表 4-1)

表 4-1 2019 年四川省高校大学生网球比赛报名表

队名:　　　　领队:　　　　教练:　　　　工作人员:

组 别	序 号	姓 名	学 号	所在学校	备 注
男子单打					

续表

组别	序号	姓名	学号	所在学校	备注
男子双打					
女子单打					
女子双打					
派出裁判(备注等级)					

注：
备注栏请注明组别：A.普通高校高水平组，B.体育专业组，C.普通学生组
联系人：
电话：
邮箱：

2.竞赛运动员统计表

竞赛运动员统计表根据参赛运动员的报名情况进行统计，按照各个项目分类进行。以网球比赛的统计表进行举例，如表4-2所示。

表4-2 网球比赛运动员统计表示例

序号	男子团体11	男子单打45	男子双打22	女子团体10	女子单打45	女子双打20
1	成都（王天赐/周祺然/陈雨阳/李天宇）	王天赐（成都）	王天赐/周祺然（成都）	成都（古佳许/张佩弦/汪诗琪/冯诗然）	冯诗然（成都）	汪诗琪/冯诗然（成都）
2	攀枝花（唐麒淞/杨博涵/曹政/杨归鸿）	陈雨阳（成都）	陈雨阳/李天宇（成都）	攀枝花（黄雅馨/谭文奕/周靖宁/刘玥池）	古佳许（成都）	古佳许/张佩弦（成都）
3	泸州（李其孺/李俊逸/颜川翔/何泺为）	周祺然（成都）	代世壕/邓子琨（自贡）	泸州（田欣怡/王诗鹭/姜亭竹/庞婉毅）	张佩弦（成都）	胡馨予/彭夕玲（自贡）

续表

序号	男子团体 11	男子单打 45	男子双打 22	女子团体 10	女子单打 45	女子双打 20
4	德阳（谭子轩/陶政十/周阳/雷铮宇）	李天宇（成都）	唐麒淞/杨归鸿（攀枝花）	德阳（黄子峤/杨子涵/张妮睛子/廖思佳）	汪诗琪（成都）	谭文奕/周靖定西（攀枝花）
5	绵阳（刘沣毅/陈禹翰/易思成/金哲定西）	邓子琨（自贡）	杨博涵/曹政（攀枝花）	绵阳（王怡霂/李马可儿/何浠悲）	林弋雅（自贡）	黄雅馨/刘玥池（攀枝花）
6	遂宁（刘浩旭/魏浩楠/杨皓文/李楚祥宇）	代世壕（自贡）	颜川翔/何浠为（泸州）	遂宁（唐佩琪/周小茱/雷亭/汪靖筱）	胡馨予（自贡）	田欣怡/王诗鹭（泸州）
7	乐山（尹涵轩/吕浩亮/李雨峰/刘景瑞）	杨归鸿（攀枝花）	李其孺/李俊逸（泸州）	乐山（何伊凡/涂可影/杨茂/谭乐）	彭夕玲（自贡）	姜亭竹/庞婉毅（泸州）
8	资阳（宰锦丞/蒋知言/彭瀚羲/唐若朴）	唐麒淞（攀枝花）	谭子轩/周阳（德阳）	资阳（蒋肖曼/彭福会/罗叶/谢宛洙）	刘玥池（攀枝花）	黄子峤/廖思佳（德阳）
9	宜宾（尹彦哲/李宇轩/郑熙鹏）	杨博涵（攀枝花）	陶政十/雷铮宇（德阳）	南充（何雨霏/刘嘉译/张壤之/张雨轩）	谭文奕（攀枝花）	杨子涵/张妮睛子（德阳）
10	南充（苟栩蕊/李文迪/林昱辰/陈玺涵）	曹政（攀枝花）	刘沣毅/易思成（绵阳）	达州（蒋奕珺/夏郗蔚/刘晏如/张七）	周靖宁（攀枝花）	王怡霂/何浠裴（绵阳）
11	达州（李骋宇/唐宏博/李文夫/谭璐亿）	李其孺（泸州）	陈禹翰/金哲宇（绵阳）	自贡（胡馨予/彭夕玲/林弋雅）	黄雅馨（攀枝花）	周小茱/汪靖筱（遂宁）
12		何浠为（泸州）	杨皓文/李楚祥宇（遂宁）		王诗鹭（泸州）	唐佩琪/雷亭（遂宁）
13		颜川翔（泸州）	刘浩旭/魏浩楠（遂宁）		姜亭竹（泸州）	涂可影/杨茂（乐山）
14		李俊逸（泸州）	尹涵轩/李雨峰（乐山）		庞婉毅（泸州）	何伊凡/谭乐（乐山）
15		周阳（德阳）	吕浩亮/刘景瑞（乐山）		田欣怡（泸州）	彭福会/谢宛洙（资阳）
16		陶政十（德阳）	宰锦丞/彭瀚羲（资阳）		黄子峤（德阳）	蒋肖曼/罗叶（资阳）

续表

序号	男子团体 11	男子单打 45	男子双打 22	女子团体 10	女子单打 45	女子双打 20
17		谭子轩（德阳）	蒋知言/唐若朴(资阳)		张妮晴子（德阳）	刘嘉译/张壤之(南充)
18		雷铮宇（德阳）	尹彦哲/郑熙鹏(宜宾)		杨子涵（德阳）	何雨霏/张雨轩(南充)
19		刘沣毅（绵阳）	李文迪/林昱辰(南充)		廖思佳（德阳）	蒋奕珺/张七(达州)
20		易思成（绵阳）	苟栩蘅/陈玺涵(南充)		李马可儿（绵阳）	夏郝蔚/刘晏如(达州)
21		金哲宇（绵阳）	唐宏博/李文夫(达州)		王怡霏（绵阳）	
22		陈禹翰（绵阳）	李骋宇/谭璐亿(达州)		何添裴（绵阳）	
23		魏浩机（遂宁）			周小茱（遂宁）	
24		李楚祥宇（遂宁）			汪靖筱（遂宁）	
25		杨皓文（遂宁）			雷亭（遂宁）	
26		李雨峰（乐山）			唐佩琪（遂宁）	
27		尹涵轩（乐山）			杨茂（乐山）	
28		刘景瑞（乐山）			谭乐（乐山）	
29		吕浩亮（乐山）			涂可影（乐山）	
30		唐若朴（资阳）			何伊凡（乐山）	
31		宰锦丞（资阳）			罗叶（资阳）	
32		彭瀚羲（资阳）			彭福会（资阳）	

3. 竞赛计划表

竞赛计划表是根据比赛的时间安排、场地数量、参赛项目数以及各比赛项目的参赛人数等多项因素，综合安排比赛计划，确定在比赛赛程期间各项目比赛每日的比赛进程安排，以便每日的比赛能够合理地进行，同时保证各项目能够在最后两天完成比赛的半决赛和决赛，保证赛事的观看效果。（见表4-3）

表 4-3 网球比赛计划表示例

组别	队数	组数	分组（第一阶段）	第一轮	第二轮	第三轮	第四轮	第五轮	8进4	半决赛	决赛	第一阶段场数	第二阶段场数	总场数
女甲团	4	1	1×4	2	2	2						6		6
男甲团	5	1	1×5	2	2	2	2	2				10		10
女乙团	6	2	2×3	2	2	2				2	3	6	5	11
男乙团	8	2	2×4	4	4	4				4	4	12	8	20
甲乙团场数												34	13	47
女丙团	5	1	1×5	2	2	2	2	2				10		10
男丙团	4	1	1×4	2	2	2						6		6
丙团场数												16		16
女甲单	15	4	1×3,3×4	7	7	7			4	4	4	21	12	33
男甲单	17	4	1×5,3×4	8	8	8	2	2	4	4	4	28	12	40
女乙单	24	8	8×3	8	8	8			4	4	4	24	12	36
男乙单	35	8	3×5,5×4	16	16	16	6	6	4	4	4	60	12	72
甲、乙单打场数												133	48	181
女甲双	6	2	2×3	2	2	2				2	3	6	5	11
男甲双	9	2	1×4,1×5	4	4	4				4	4	16	8	24
甲混双	7	2	1×3,1×4	3	3	3				4	4	9	8	17
女乙双	9	2	1×4,1×6	4	4	4	2	2		4	4	16	8	24
男乙双	13	4	1×4,3×3	5	5	5			4	4	4	15	12	27
乙混双	13	4	1×4,3×3	5	5	5			4	4	4	15	12	27
甲、乙双打场数												77	53	130
总场数														374

4. 竞赛日程表

根据竞赛计划表确定每日的比赛项目后，进行抽签。通过合理的抽签方式对各个项目每日的比赛进行计划性安排，并以日程表的形式体现。竞赛日程表具体描述了各组别循环比赛中每支队伍的比赛时间和比赛地点。（见表4-4）

表 4-4　竞赛日程表示例

甲组男子团体

甲男团	1	2	3	4	5	胜次	净胜		名次
							场	局	分
1 金牛区		10 十九(3)	10 十九(2)	9 十七(4)	9 十七(3)				
2 武侯区			9 十八(3)	10 二十(2)	9 十七(1)				
3 锦江区				9 十八(1)	9 十八(4)				
4 温江区					10 二十(3)				
5 高新区									

甲组男子团体

甲女团	1	2	3	4	胜次	净胜		名次
						场	局	分
1 金牛区		10 十五(3)	9 十二(3)	9 十七(2)				
2 锦江区			9 十八(2)	9 十三(3)				
3 温江区				10 十六(3)				
4 高新区								

甲组男子单打(第一阶段)

甲男单一组	1	2	3	4	胜场	净胜		名次
						局	分	
1 秦真畅(温江)		12 十五(14)	12 十二(4)	11 十二(9)				
2 刘瀚中(锦江)			11 十三(9)	12 十三(4)				
3 陈直瀚(高新)				12 十六(14)				
4 王一霖(金牛)								

5. 竞赛秩序表

竞赛日程表是针对竞赛部负责赛事的裁判员进行操作的表格,一般运动员不能理解其中的具体信息。为了方便参赛运动员了解每日的比赛安排以及各场地的比赛进度,制定竞赛秩序表用于公示。(见表 4-5)

表4-5 竞赛秩序表示例

日期：2018/5/24　　地点：银杏酒店管理学院新网球场　　裁判长：杨学明

场次	场地1	场地2	场地3	场地4	场地5	场地6	场地7	场地8	场地9	场地10
1	高水平男单1组	高水平男双1组	高水平女单1组	高水平女双1组	体专组男单1组	体专组男单2组	体专组男单3组	体专组男单4组	体专组男单5组	体专组男单6组
	包嘉毅（四川大学）	胡云翔/李宇轩（四川大学）	林云婷（电子科技大学）	潘玥/何芯瑜（四川大学）	李超（成都理工大学）	郝建飞（乐山师范学院）	高源（西华大学）	王滢（成都中医药大学）	陈瑞龙（四川旅游学院）	王超（银杏学院）
	VS	VS	VS	VS	VS	VS	VS	VS	VS	VS
	王昊（西华师范大学）	冉诚肖/程宇（西南石油大学）	毛晨玲（西南石油大学）	刘梓澉/蔡羽冬（西南石油大学）	曾强（成都中医药大学）	朱思翰（四川师范大学）	杨涛（四川民族学院）	王志松（乐山师范学院）	易桃（四川民族学院）	张耕（西华师范大学）
	9:00开始比赛	9:00开始比赛	9:00开始比赛	9:00开始比赛	9:00开始比赛	9:00开始比赛	9:00开始比赛	9:00开始比赛	9:00开始比赛	9:00开始比赛
2	高水平男单2组	高水平男双1组	高水平女单1组	高水平女双1组	体专组男单7组	体专组男单7组	体专组男单8组	体专组男单8组	体专组男单9组	体专组男单10组
	梁希鹏（西南财经大学）	李欢/王亦豪（西华师范大学）	蓝雨萱（四川大学）	金子誉/陈皓婷（电子科技大学）	龙飞（西南科技大学）	张磊（西南医科大学）	夏昭兵（银杏学院）	陈杰（成都理工大学）	闻汝佳（西华大学）	代骥乐（乐山师范学院）
	VS	VS	VS	VS	VS	VS	VS	VS	VS	VS
	赵云霄（西南石油大学）	鄂瑞祈/曾柯霖（四川大学）	赵詹佳（西华师范大学）	魏文涓/陈皓子（西南财经大学）	陈永吉（西南民族学院）	江小宇（成都理工大学）	王真鑫（四川旅游学院）	黄智（绵阳师范学院）	彭元聪（西南科技大学）	陈飓风（四川师范大学）
	紧跟前场	紧跟前场	紧跟前场	紧跟前场	紧跟前场	紧跟前场	紧跟前场	紧跟前场	紧跟前场	紧跟前场

续表

场次		场地1	场地2	场地3	场地4	场地5	场地6	场地7	场地8	场地9	场地10
3		高水平男单3组	高水平男双2组	高水平女单2组	高水平女双2组	体专组男单11	体专组男单12	体专组男单13	体专组男单14	体专组女单1组	体专组女单2组
		刘佳(西南石油大学)	黄冠诚/朱健为(电子科技大学)	濮水彤(四川大学)	龚琳/李柔慧(西南石油大学)	程磊(成都中医药大学)	李广辉(西南科技大学)	黄格(西华师范大学)	马沈超(四川旅游学院)	刘晓敏(成都中医药大学)	颜木梅(乐山师范学院)
		VS	VS	VS	VS	VS	VS	VS	VS	VS	VS
		易建安(四川大学)	廖青/陈森森(西南石油大学)	潘昱君(西南石油大学)	张子扬/张芸梦(电子科技大学)	张路青(西华师范大学)	李代华(四川民族学院)	熊春富(西南石油大学)	王鸿利(西南民族大学)	徐庭兰(阿坝师范学院)	吴迪(西华大学)
		紧跟前场	紧跟前场	紧跟前场	紧跟前场	紧跟前场	紧跟前场	紧跟前场	紧跟前场	紧跟前场	紧跟前场
4		高水平男单1组	高水平男双2组	高水平女单2组	高水平女双2组	体专组女单3组	体专组女单4组	体专组女单5组	体专组女单6组	体专组女单6组	体专组女单7组
		蒋京呈(电子科技大学)	彭显家/夏运展(西华师范大学)	陈奕涵(电子科技大学)	周紫洁/唐夕语(四川大学)	付星星(四川师范大学)	胡燕(西南医科大学)	袁雪梅(西华大学)	邓攀(四川师范大学)	李子佳(西南医科大学)	杨莺欣(西南民族大学)
		VS	VS	VS	VS	VS	VS	VS	VS	VS	VS
		王昊(西华师范大学)	李余子禾/招德华	邓琳三(西南财经大学)	常馨月/李佩璇(西南财经大学)	张荻娅(四川农业大学)	邓顺利(银杏学院)	魏林(宜宾学院)	邹冬琴(西南石油大学)	龙清华(宜宾学院)	伍阿只(西华师范大学)
		紧跟前场	紧跟前场	紧跟前场	紧跟前场	紧跟前场	紧跟前场	紧跟前场	紧跟前场	紧跟前场	紧跟前场

6. 竞赛成绩表

竞赛成绩表是根据比赛结果确定比赛成绩，以表格的形式体现。（见表 4-6 和表 4-7）

表 4-6 四川省第十三届运动会网球比赛成绩表

名次 组别	第一名	第二名	第三名	第五名				
男子甲组团体	成都 王天赐 周祺然 陈雨阳 李天宇	达州 李骋宇 唐宏博 李文夫 谭璐亿	绵阳 刘沣毅 陈禹翰 易思成 金哲宇	南充 苟栩蘅 李文迪 林昱辰	泸州 李其孺 李俊逸 颜川翔 何泺为	遂宁 刘浩旭 魏浩楠 杨皓文 李楚祥宇	资阳 宰锦丞 蒋知言 彭瀚羲 唐若朴	攀枝花 唐麒淞 杨博涵 曹政 杨归鸿
女子甲组团体	遂宁 唐佩琪 周小茉 雷亭 汪靖筱	成都 古佳许 张佩弦 汪诗琪 冯诗然	自贡 胡馨予 彭夕玲 林弋雅	泸州 田欣怡 王诗鹭 姜亭竹 庞婉毅	乐山 何伊凡 涂可影 杨茂 谭乐	资阳 蒋肖曼 彭福会 罗叶 谢宛洙	德阳 黄子峤 杨子涵 张妮睛子 廖思佳	南充 何雨霏 刘嘉译 张壤之 张雨轩
男子乙组团体	成都 李仁沏 陈响 陆榆凯 黄俊恺	泸州 王国喜 李治豪 周九安 刘润杰	南充 王宇轩 钟苏泰 赵羿丞 何朝洋	乐山 毛耀 彭 谭笑 庞弋	广元 李斯涵 闫国晋 钱龙 何龙伟	绵阳 向珉杰 陈俊桥 马启涵 杨翔栋	达州 林思宇 陈玄 杨博升 黄喆	德阳 温谦 麦海涛 曾泓皓 孔越
女子乙组团体	泸州 熊子萱 徐瑶 杨雅涵 刘程程	成都 王思颖 陈其美 王艺羲 李羽洁	南充 景雯 杜雨锶 李可琪 杨维多	绵阳 罗梓月 罗熙 张宇昕 谢卓岐	德阳 陈一诺 陈乙畅 罗羽 郑帧予	乐山 汤芷沛 董君之乐 敬华 鲍晓	攀枝花 陈韵如 白玉佳 徐菡 符馨尹	达州 陈晓 刘雨婕 梁楹迎

表 4-7 四川省第十三届运动会网球比赛体育道德风尚奖名单

代表队	体育道德风尚奖运动员	体育道德风尚代表队	体育道德风尚奖裁判员
成都代表队	汪诗琪；李仁沏；王天赐	成都 绵阳 泸州 资阳	何汛 刘芙蓉 陈维 汤俊才 梁锐
绵阳代表队	王明亮；陈俊桥；罗梓月		
自贡代表队	林弋雅		
攀枝花代表队	兰钞文；唐麒淞；周宸丞		
泸州代表队	车奕锐；刘程程；何泺为		
德阳代表队	雷铮宇；周阳；彭熙冉		
遂宁代表代	李楚祥宇；唐佩琪		
乐山代表队	罗铖；彭一；董君之乐		
资阳代表队	宰锦丞；彭福会		
宜宾代表队	李馥瑾；钟朝行		
南充代表队	王问知；何雨霏；杨维多		

五、参赛须知

根据比赛情况,比赛前要对比赛中的重要信息进行说明,以参赛须知的方式公示。具体内容包含当日竞赛安排、竞赛办法、比赛要求等。(见图4-4)

参赛须知

一、比赛当天早上8:30开始开幕式,第一场比赛在开幕式结束后立即进行,以后各场比赛紧跟前场。裁判叫场15分钟不到者,作弃权处理,请运动员尽量提前到场。如在比赛发生资格问题纠纷,请比赛双方配合组委会进行资格审查,存在资格问题的运动员直接取消本次赛事的所有成绩及参赛资格。

二、竞赛办法
1、各项目比赛均分两个阶段进行,第一阶段采用小组单循环赛;第二阶段进行单淘汰附加赛决出相应名次。
2、第一阶段比赛均采用1盘4局平局决胜无占先制。
3、第二阶段比赛均采用1盘6局平局决胜无占先制。

三、除该场比赛运动员、裁判员外,其余人员不得在比赛时进入比赛场地,进入球场请穿软底鞋。

四、运动员在比赛中受伤,给予3分钟治疗时间,参照《2018网球规则》伤病处理办法,不能继续比赛运动员,该场比赛作自动弃权处理。

五、比赛当日如遇下雨、强风等恶劣天气情况,运动员不得离开比赛场地,听从裁判长统一安排,组委会具有临时调整比赛赛制的权力。

六、如比赛秩序与当天公布的秩序表不相符合时,以当天秩序表为准,裁判长有权临时调场。

七、场地说明
1、高水平组比赛场地为1-4号场地(新场地室外);
2、体育专业组比赛场地为5-10号场地(新场地室外及室内);
3、普通组比赛场地为11-12、14-15号场地(老场地);

八、未尽事宜,由组委会研究决定后另行通知。

组委会竞赛部
2019.5

图4-4 参赛须知示例

第三节 常见的竞赛编排方法

一、淘汰制

(一)单淘汰赛

1.概念

参加比赛的队(人)按照编排秩序进行比赛,胜者进入下一轮比赛,负者被淘汰,直到产

生最后的冠军,称为单淘汰赛。(见图 4-5)

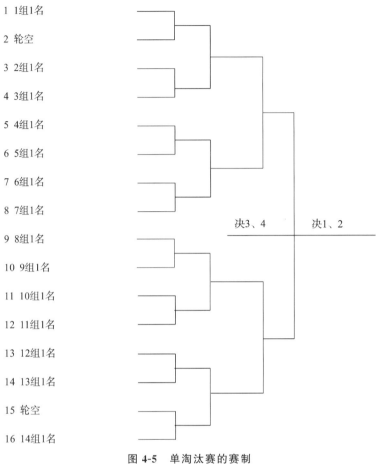

图 4-5　单淘汰赛的赛制

2. 特点

单淘汰赛的场次相对较少,有利于在较短的时间、场地数量较少的情况下,安排较多的选手进行比赛。缺点是比赛较为残酷,很多选手只能参加一场比赛,不利于基层体育的开展。

3. 签位

签位位置数应选择 2 的乘方数。比赛常用的签位位置数是 8、16、32、64、128 等。在国际比赛中,若人数多于 128,则增加预选赛。当参赛队(人)数不是"2"的乘方数时,用稍大于参赛队(人)数的"2"的乘方数的签位进行比赛。

4. "种子"数量及位置

采用设立"种子"选手(队)的方法是为了克服单淘汰赛的不合理性。抽签时把"种子"选手(队)分布在各个区内,使他们最后相遇,力求比赛名次确定的合理性。"种子"选手(队)的数目主要根据参赛的队数或人数来确定,一般为参赛队数或人数的 1/4;同时,"种子"选手(队)的数量应是 2 的乘方,如 2、4、8、16 等。

"种子"选手(队)的位置根据规定应做如下编排:1 号固定安排在上半区的顶部,2 号应固定安排在下半区的底部；淘汰赛的"种子"选手(队)应均匀地分布在各个"区"。(见表 4-8)(上半区、下半区的概念,例,32 个签位,1~16 为上半区,17~32 为下半区；各个区,例,64 个签位,1~16 为 1/4 区,17~32 为 2/4 区,33~48 为 3/4 区,49~64 为 4/4 区。其余以此类推。)

表 4-8 "种子"选手(队)的位置

种子序号	1	2	3~4		5~8				9~16						
签位位置数					种子位置										
8	1	8													
16	1	16	5	12											
32	1	32	9	24	8	16	17	25							
64	1	64	17	48	16	32	33	49	8	9	24	25	40	41	56	57
128	1	128	33	96	32	64	65	97	16	17	48	49	80	81	112	113

5. 轮空

当参赛运动员的人数不是 2 的乘方时,第一轮将有"轮空"。其目的是使运动员在第二轮中形成一个"满签位",即 2 的乘方数,这样才能顺利进行比赛,一直到最后两名运动员参加决赛。

为了避免较强的队(人)在第一轮比赛时相遇而被过早的淘汰,多采用轮空和设立"种子"选手(队),即"种子"选手(队)优先。如,有一个轮空位置时,应由 1 号"种子"轮空；有两个轮空位置时,则由 1 号和 2 号"种子"轮空,以此类推。轮空位置应均匀分布在各个区内。

轮空数的计算方法：所选定的签位位置数减去参赛运动员的人数。例如,有 27 名运动员参赛,则选 32 个签位位置数,其中有 5 个签位是轮空的。与这 5 个签位相遇的运动员,将直接参加第二轮比赛,然后他们和第一轮比赛的 11 名优胜者形成 2 的乘方数(16)。

6. 场数和轮次

单淘汰赛的场数等于参赛队数减一,如：16 个参赛队,则场数为 16－1,即 15 场。

单淘汰赛的轮数就是所选用的签位位置数(2 的乘方)的指数(自乘的次数),即 2 的几次方就是几轮,如 2^4=16,轮数就是 4 轮。

7. 抽签

除 1 号和 2 号"种子"外,其他"种子"的位置凭抽签来决定：1 号"种子"固定在上半区的顶部；2 号"种子"固定在下半区的底部；3~4 号"种子"同一批次抽签进入相应位置；5~8 号"种子"同一批次抽签进入相应位置；9~16 号"种子"同一批次抽签进入相应位置。

按先"种子"后非"种子"的顺序抽签。同单位若有多名运动员参加同一项目比赛,则按先"种子"后非"种子"的顺序抽签,"种子"中按先高位"种子"后低位"种子"的顺序抽签。抽签时除"种子"可以直接进位,其余非"种子"选手先平均进入不同区域再抽签位。

抽签案例分析：

有 15 名选手参赛,甲队 4 人分别用甲 1~4 表示,乙队 4 人分别用乙 1~4 表示,丙队 3 人分别用丙 1~3 表示,丁队 2 人分别用丁 1~2 表示,戊队、己队各 1 人用戊 1、己 1 表示。

甲1为1号"种子",乙1为2号"种子",甲2、丙1为3~4号"种子"。单淘汰赛选用16号签位位置数,轮空1个,轮空位为2号位。每位选手的签位如下:

甲1进1号位,乙1进16号位;

3~4号"种子"中甲2与甲1同一单位,应在不同半区,因此甲2进12号位,丙1进5号位;

非"种子"中与"种子"同队的甲队余甲3、甲4,按同一单位进不同区域的原则,抽签进入2/4区、4/4区;

非"种子"中与"种子"同队的乙队余乙2、乙3、乙4,按同一单位进不同区域的原则,抽签进入1/4区、2/4区、3/4区;

非"种子"中与"种子"同队的丙队余丙2、丙3,按同一单位进不同区域的原则,抽签进入1/4区、3/4区、4/4区;

非"种子"中丁队有2人参赛,按同一单位进不同区域的原则,抽签进入上半区、下半区;

非"种子"中戊队、己队各有1人,可进任意区域(位置已满的区不能进)。

15名选手的最终签位示例如表4-9所示。

表4-9 15名选手的最终签位示例

签位	16(第1轮)	8(第2轮)	4(第3轮)	2(第4轮)	1(第5轮)
1	甲1				
2	轮空				
3	乙2				
4	丙2				
5	丙1				
6	甲3				
7	乙3				
8	丁1				
9	乙4				
10	丙3				
11	丁2				
12	甲2				
13	甲4				
14	戊1				
15	己1				
16	乙1				

(二)双淘汰赛

1. 概念

双淘汰赛是指参赛运动员按照编排的秩序进行比赛,失败两场即被淘汰。最后一场失败的运动员为亚军,全场比赛全胜的运动员是冠军。

2. 赛制

如图4-6所示,首先参赛运动员按照8签位进入对应位置,人数不够的话采用轮空补位。第一轮按照秩序表对阵的方式进行,第一轮胜出的运动员向图的右侧前进,第一轮输掉的运动员还没有被淘汰,按照相近签位两个失败运动员进行第二轮比赛,有一方运动员再次失败则失去比赛资格,胜利的一方继续比赛;依据比赛秩序表进行第三轮比赛,直至决出比赛的冠军、亚军。双淘汰赛与单淘汰赛的不同之处在于:要求失败两次才会彻底失去比赛资格,还要求第三轮的决赛只决出冠军,亚军需要再次比赛才能决出。

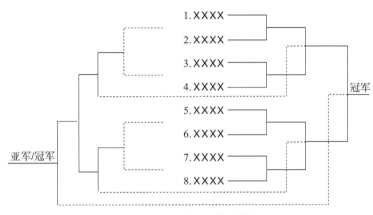

图 4-6 双淘汰赛的赛制

二、循环制

(一)单循环赛

1. 概念

单循环赛中每个参赛队都比赛完一场(轮空队除外),为一轮比赛结束。小组内每支队伍都要比赛一次,便于各参赛队能够以稳定的表现公平、合理地进行比赛,不会因为一场比赛的失误而遭到淘汰。

2. 场数和轮次

单循环赛的场数是指参赛队之间互相轮流比赛直到比赛全部结束的总场数。

单循环赛场数=参赛队数×(参赛队数-1)÷2

单循环赛的轮次,是比赛日程安排的主要依据。当参赛队数是偶数时,单循环赛轮次=参赛队数-1;当参赛队数是奇数时,单循环赛轮次=参赛队数。

3. 轮转方法

单循环赛轮次和顺序的安排方法具有可变性,可以采用不同的轮转方法。

1)逆时针轮转法

逆时针轮转法也是固定"1号位"的轮转方法。首先各签位按照逆时针的顺序,从1号位开始第一轮安排。如果是偶数队伍,则刚好两两队伍相对,如果是奇数队伍,则最后一个位置补"0",作为轮空的一个位置;从第二轮开始,1号位保持不变,其他位置按逆时针的方式进行轮转,下一轮依次继续。(见表4-10和表4-11)

表 4-10 4 支队伍单循环赛的逆时针轮转

第 一 轮	第 二 轮	第 三 轮
1—4	1—3	1—2
2—3	4—2	3—4

表 4-11 5 支队伍单循环赛的逆时针轮转

第 一 轮	第 二 轮	第 三 轮	第 四 轮	第 五 轮
1—0	1—5	1—4	1—3	1—2
2—5	0—4	5—3	4—2	3—0
3—4	2—3	0—2	5—0	4—5

2)顺时针轮转法

顺时针轮转法与逆时针轮转法相比,轮转的方式不一样,轮转的固定位置也不同。(见表 4-12)

表 4-12 5 支队伍单循环赛的顺时针轮转

第 一 轮	第 二 轮	第 三 轮	第 四 轮	第 五 轮
1—0	5—0	4—0	3—0	2—0
2—5	1—4	5—3	4—2	3—1
3—4	2—3	1—2	5—1	4—5

3)贝格尔轮转法

贝格尔轮转法与前两种轮转方法不同,常用于排球比赛的编排。其特点是不设固定位置,其比赛队伍的序号(包括奇数队时的"0"位)左右摆动进行编排。(见表 4-13)

表 4-13 6 支队伍单循环赛的贝格尔轮转

第 一 轮	第 二 轮	第 三 轮	第 四 轮	第 五 轮
1—6	6—4	2—6	6—5	3—6
2—5	5—3	3—1	1—4	4—2
3—4	1—2	4—5	2—3	5—1

4.单循环赛的名次排列

不同项目的比赛在单循环赛制下要结合项目的特点进行安排。一般采用两种方式排列名次。第一种是将比赛结果转化为分值来排名次,如大球类比赛中的足球比赛常用胜一场记 3 分,平一场记 1 分,负一场记 0 分,根据最后的总积分排列名次。(见表 4-14)

表 4-14 以总积分排列名次

队 名	广州队	上海队	北京队	积分	名次
广州队		3—1	1—0	6	1
上海队	1—3		1—2	0	3
北京队	0—1	2—1		3	2

第二种排列方法是直接用比赛结果计算。名次要根据不同队伍之间的比赛结果,按照胜场、净胜场、净胜局、净胜分,以及每场比赛和每局比赛的小分等进行排列。(见表4-15)

表4-15 以比赛结果排列名次

单打		1	2	3	4	5	胜场	净胜		名次
								局	分	
1	甲		63	57	64	64	3	5		2
2	乙	36		16	06	26				
3	丙	75	61		76(10)	26	3	4		
4	丁	46	60	67(10)		06				
5	戊	46	62	62	60		3	12		1

一般而言,单循环赛的比赛名次根据所有队伍比赛完后以最终成绩排列。比赛成绩根据以下原则进行计算:

(1)首先根据胜场数进行计算,如果胜场数完全不同则名次出现;

(2)如果两支队伍的胜场数相同,则看相同胜场的两支队伍比赛间的胜负关系,胜利的一方为第一,另一方为第二,其他队伍依次按照胜场数递减排列;

(3)如果3支或3支以上的队伍的胜场数相同,则看这几支队伍的净胜场或净胜局,根据净胜计算先后名次,如果这几支队伍的净胜数不同,则名次出现,净胜数最大的队伍为第一名,依次排列;如果这几支队伍的净胜数有两支队伍相同,则看他们之间比赛的胜负关系,依次排列。

(二)双循环赛

双循环是指参赛队伍先后进行连续单循环比赛的方法。双循环要求所有的参赛队伍均能相遇两次,最后按各队在比赛中胜负场数、得分来排列名次。目前,双循环赛在基层比赛中较少使用,当参赛队伍较多时,安排双循环赛将使比赛时间较单循环赛延长了一倍。双循环其实就是两个单循环,因此,双循环赛的场数和轮次都是在单循环赛的基础上乘以2进行计算。

三、混合制

混合制是将比赛分为两个或多个阶段进行。混合赛使用单淘汰赛和单循环赛的赛制结合,可保证参赛者至少参加两场以上的比赛,同时比赛天数、场地等能得到有效的控制。根据比赛的特点可以先循环赛后淘汰赛,也可以先淘汰赛后循环赛。

例如:有30名运动员参加比赛,可以采用先小组单循环赛再单淘汰赛的方法进行安排。根据小组分配可以分成8个组进行比赛。

第一阶段,小组单循环赛,3人组2个,4人组6个,进行3轮42场比赛后确定各小组排名。小组前两名选手出现,按照上下半区交叉的方式安排16个签位。

第二阶段,单淘汰赛,16个人进行4轮15场比赛,决出冠军和亚军。

第四节　田径比赛的编排工作

一、赛前的编排工作

1. 准备工作

（1）学习规则和竞赛规程。规则和竞赛规程是运动会的法规性文件，是竞赛工作的指南，编排和记录工作人员必须学习并熟悉这些文件，并且对规程的具体要求以及各种规定有全面、准确的理解，重点了解以下情况。

①运动会的期限，举行的天数，每天的作息时间，开幕式和闭幕式所需的时间等。

②参赛单位、组别、项目等。

③参加办法，每个单位限报几人，每人限报几项等信息。

④奖励及计分办法。

⑤场地器材情况：直道、弯道分道数，跳跃、投掷场地数量；器材设备条件等。

⑥裁判员人数和裁判员水平等情况。

（2）准备有关用具。用具涉及比赛期间可能用到的所有物品，如：铅笔、夹子、曲别针、订书机、剪刀、胶水、文具袋、计算机、录像机等物品。

（3）绘制各种比赛表格，编印秩序册。

（4）按竞赛规程审查报名表。根据规定，审查报名表是否存在错误，如有错误要及时解决。

（5）编排运动员姓名、号码对照表，统计各项目的运动员人数。

（6）填写卡片。根据报名表把参加各项目的运动员、姓名、单位、号码和报名成绩等，填写在"成绩记录卡片"上，卡片填完经核对后按项目归类，以备后期使用。

2. 各项竞赛分组的编排方法

1）径赛的编排原则和方法

（1）编排组只负责分组，各赛次的道次分配在裁判长监督下，由检录处组织运动员抽签排列。

（2）根据各个项目的参加人数、赛次和各赛次录取的名额，直道和弯道分道数以及裁判员的情况等，拟订出"径赛分组计划表"。

（3）分组时，每组人数尽量均等，不应相差太大；同一单位的运动员尽量避免排在同一组里，尤其是在预赛时更应注意这一点。

如按成绩录取运动员参加下一赛次时，可以把成绩好的运动员相对集中在一组，也可将成绩较好的与较差的运动员搭配在一组。如按名次录取分组，必须把成绩优秀的运动员分别排在各组内。

（4）不分跑道的项目，如1500米以上距离的项目，进行分组时，通常是把成绩较好的运动员集中在一组（一般都编为第一组）。每组人数不宜过多，最好控制在15人以内。在参赛运动员较多的情况下，每组人数不超过20人，防止人多拥挤导致犯规或伤害事故，给裁判工作造成困难。

(5)比赛的道次,在检录处抽签排定后,由检录员将抽签道次填入"径赛检录表"复、决赛道次,每组分两批抽签排定;第一批按成绩排列前 4 名抽 3、4、5、6 道;第二批成绩较差的后 4 名抽 1、2、7、8 道。若只有六条分道时,成绩较好的前 3 名抽 2、3、4 道,后 3 名抽 1、5、6 道,如果第 3、4 名成绩并列时,则由这两名运动员抽签决定道次。

2)田赛的编排原则和方法

(1)田赛项目一般不分组,比赛的次序在裁判长监督下由大会抽签排定。

(2)参加人数较多的田赛项目,可在正式比赛前举行及格赛,由大会根据参加比赛运动员的水平设置一定的标准,明确规定在秩序册中,及格赛达到标准者方可参加正式比赛。

(3)如果参加田赛的运动员过多,在比赛前又未举行及格赛,则可分组进行比赛。分组时可将报名成绩较好的运动员分在一组。例如,田赛的远度项目(跳远、铅球等),可将运动员分组在不同的场地同时进行前三次试跳或试掷,然后选出成绩最优的八名运动员或成绩平等的八名运动员合并成一组,再进行后三次试跳或试掷。高度项目,分组在不同场地比赛时,每次横杆提升高度应相同,淘汰了一定人数后再合并成一组进行比赛。

(4)在田赛中,因人数过多必须先分组进行比赛时,须在秩序册内排定。各组的比赛场地、气象、风向等条件必须基本相同。

3. 编排比赛秩序

比赛秩序(或称竞赛日程)编排的合理与否,直接影响整个比赛能否顺利进行。因此,必须认真细致地做好这项工作。

1)影响比赛时长的因素

(1)裁判员的业务水平,执行工作的熟练程度。

(2)场地、器材、设备的条件。

(3)场地工作人员熟悉业务程度。

(4)长距离跑、接力跑的组织工作及布置与撤除栏架的时间。

(5)运动会的性质、规模和运动员的等级水平。

2)注意事项

(1)按比赛日期,分成上午、下午几个场次(或单元),然后再排定每个场次(或单元)所举行的项目。

(2)在各赛次间,应尽可能给运动员适当的休息时间:

200 米及 200 米以下的径赛,中间休息时间最少为 45 分钟;

400 米至 1000 米的径赛,中间休息时间最少为 90 分钟;

1000 米以上的径赛,不宜在同一天举行;

全能运动各单项间休息时间为 30 分钟。

(3)为减少兼项的冲突,可按兼项的一般规律将某些项目穿插编排。

(4)某些性质相近的项目,编排时要注意其先后顺序。如,先推铅球后掷铁饼,先跳远后三级跳远,先 5000 米径赛后 10 000 米径赛等。

(5)不同组别同一项目的径赛,最好衔接进行,这样有利于起点和终点的裁判工作以及场地器材的布置。

(6)各种跨栏项目的比赛,不要安排在一起进行。一般可排在每一个比赛单元(上午、下午)的第一项或最后一项,也可排在长距离比赛的后面。

(7)不同组别的同一项目,在时间许可的情况下,不要安排在同一个时间进行。

(8)200米以下(包括100米栏)的径赛项目,最好是一天内结束一个项目。

(9)要注意把决赛项目和比较精彩的项目分开排列,使运动场上始终保持热烈活跃的气氛。

(10)田赛比赛场地的布局,应照顾全场观众,防止过分集中在运动场的一端,导致另一端出现空场现象。

(11)撑竿跳高的比赛时间,要预留得充足一些,最好在上午开场时就进行,同时要注意阳光照射的方向。

(12)每单元的比赛,应尽可能使田赛和径赛同时结束。

(13)长距离项目宜在上午10点左右、下午4点左右安排,不宜在中午比赛。

3)编排方法

(1)根据各项比赛分组表,把参加全部比赛项目的人数和组数,以及每项比赛所需要的时间,分别写在不同颜色的长形纸条上。径赛各项目,每一赛次抄写一张纸条,例如,有预赛、重赛、决赛的项目,应分别抄写三张。纸条抄写完后要细致地进行检查核对,确认无误后,按组别和径赛、田赛、全能项目顺序整理好备用。

(2)按照田径规则规定的比赛顺序,先编排全能项目,其次安排赛次多的项目,再安排跨栏和其他径赛项目。

(3)按照编排比赛秩序的注意事项,把径赛项目分成几天(按比赛天数)安排,再参阅兼项表核算比赛时间,预估是否可以按时完成这些径赛项目,如有问题,应做调整。每天的比赛项目确定后,把这些项目按单元分上午、下午进行编排。在编排过程中,要经常查对兼项表,如果发现有较多的运动员有兼项冲突或两个赛次之间休息时间不够,则应重新调整,尽量做到安排合理。

(4)排完径赛再排田赛,注意田赛兼径赛的兼项冲突和性质相近项目的先后顺序。

(5)全部比赛项目安排好后,应进行详细检查,如有不妥之处,要全面、细心地再进行调整,切勿将纸条随便移动,以免乱了全局编排。

(6)比赛秩序初步确定之后,即抄送总裁判和竞赛委员会审查,然后复印。

二、赛中的编排工作

1.比赛期间的主要工作

比赛期间有很多编排、记录、公告的工作,头绪多,时间紧迫,因此要做到迅速、及时、准确无误。具体工作如下:

(1)编排复、决赛秩序;

(2)复查各项比赛成绩和录取名次;

(3)检查和统计等级运动员与破纪录情况;

(4)全能比赛结束后,记录处根据"全能运动评分表"复查全能运动各单项得分及总分,填写"全能运动总记录表",张贴公布;

(5)整理资料和本单元比赛成绩;

(6)填写比赛期间的常用表格。

2. 分工

比赛期间,编排记录公告组所需人员为6～8名,可做如下分工:场内联系,临场编排,公告及复写,全能运动总记录,总成绩记录,团体总分记录登记,整理破纪录和达到运动员等级标准的成绩等。

3. 工作步骤

在比赛期间,编排记录公告组按每单元或每天的比赛安排,将填好的径赛检录表和运动员成绩卡片交给径赛裁判长,将全能和田赛各项的成绩表交给田赛裁判长。比赛期间,在收到各赛次的比赛结果后,根据竞赛规程规定的各赛次录取办法,立即录取参加下一赛次的运动员名单并进行编组,一式五份,一份交宣告组,两份交检录处,一份交大会宣传组,一份留底备查,在下一赛次前将运动员成绩卡片交检录裁判长。录取成绩相等的运动员,使人数超过下一赛次的人数时,要进行附加赛,应立即与裁判长、场地组等有关部门联系。

在接到各个项目的比赛结果时,首先要认真检查核对,然后填写成绩报告表一式五份,一份留底,其余分别交宣告组、主席台、奖品组与宣传组。同时准确地将比赛结果填入名次总记录表和团体总分表。为准确、及时地计算出团体总分,内场工作人员亦可使用"团体总分单元比赛累计表",这样可达到每单元比赛结束,总分立即算出的要求。及时整理每天的比赛成绩及破(平)记录与各等级运动员的人数、项数和次数等有关资料,并填发成绩证明单。

最后一项比赛结束,要立即核对团体总分,并将团体总分、名次和破纪录的统计表交总裁判,由总裁判在闭幕式上宣布比赛结果。

三、赛后的编排工作

比赛全部结束后,应及时编印总成绩册,并将所有文件和资料整理后,交主办单位保存,同时应做好总结工作。

1. 整理和编印"成绩册"

(1)填写新纪录申请表和成绩证明书。

(2)编印"成绩册",成绩册的内容包括团体总分;破纪录情况统计;各项参赛运动员的成绩,按顺序排列,必要时可在每个人的成绩后面注明运动员的等级;全能运动项目参赛运动员的各单项成绩、得分及总分和名次。各项前8名(或前6名)的成绩总纪录表。

2. 整理资料

将编排记录公告组的所有文件、资料、各种表格整理归类,交主办单位存档。

3. 工作总结

在编排记录公告组组长的领导下进行工作总结,必要时可以邀请总裁判参加。针对赛前、赛中、赛后三个方面,肯定成绩,找出差距,提出改进建议。

四、相关表格示例

1. 报名表

田径比赛报名表如表4-16所示。

表 4-16 2019 年银杏酒店管理学院春季运动会报名表(学生)

系别:信息工程管理系　　　　　领队:许洪荣　　　　　教练:张博

项目		1	2	3	4	5	6	7	8
100 米	男子	游佳林	陈伟	刘俊甫	刘子福	漆轩宇	王奇奇	李美均	张轩澈
	女子	邓佳欣	王曼	王雪琳	张婧	叶丽	许子贤	张义月	张婷婷
200 米	男子	蒲小飞	刘子福	郭军	余腾飞	王俊林	邱长龙	赵裕康	向梓轩
	女子	胡冬玫	华正露	李晓燕	张露丹	杨奕煊	梁问	辛静	练庸琼
400 米	男子	王梓威	赵裕康	冯佳兴	邱长龙	陈宇	李松键		
	女子	廖玉娴	肖柔捷	文莎	候丽勤	王蝶	李婉颖	何璇	
800	男子	张齐英	潘凤超	吴优	郭勇	罗德鹏	王紫翼	周芮	陈宇
	女子	王德香	罗珊	张晓君	吴一兰	苏昌燕	陈债	曾雨露	王潇敏
1500 米	男子	柏林江	李美均	杨颖锐	陈润利	李磊	郭勇		
	女子	陈茂	邓佳欣	邱文雪	施迪	张婧	杜海英	吴一兰	王森
3000 米	男子	邓晨根	杨颖锐	陈润利	丁康	邢伦	张亮	邹俊	陈梓晨
跳远	男子	董泰源	陈伟	吴晓达	谷和洋	李浩轩	廖嘉鑫	程康生	古熠涵
	女子	王梦莎	周小琴	张露丹	廖欣然	辛静	王雪桦	李欣雨	康青红
跳高	男子	五梓威	吴瑞杰	樊林	程康生	蒲小飞	张轩澈	古熠涵	屈仁山
	女子	杨玉莲	王雪琳	曾玉	石秋玲	王潇敏	王梦莎	马楠	
铅球	男子	黄效澄	柏林江	李宇航	刘俊甫	敬浩	孟飞	陈龙	
	女子	杨玉莲	李婉颖	蒋晴雯	鲜静	张婷婷	宋杨	范晓沁	陈明玥
4×100 米	男子	李美均	漆轩宇	张轩澈	陈宇				
	女子	邓佳欣	王梦莎	王雪琳	叶丽				
4×400 米	男子	王梓威	冯佳兴	邱长龙	赵裕康				
	女子	廖玉娴	肖柔捷	文莎	候丽勤				
1500 米异程接力	男子	赵裕康	王梓威	李美均	李奇聪				
	女子	张婧	胡冬玫	王蝶	苏昌燕				
二十人二十一足	1 队	是							
	2 队	是							
旋风跑(10 人/队)	1 队	是							
	2 队	是							
彩虹跑(20 人/队)	1 队	是							
	2 队	是							

注:非田径项目各队第一名队员为队长;
　　趣味项目只需填报"是、否"参加,不需要填报参赛名字。

2. 小组名单汇总表

田径比赛小组名单汇总表如表 4-17 所示。

表 4-17 田径比赛小组名单汇总表

项目		人数\单位	酒店系	旅游系	信管系	艺术系	财管系	外语系	工商系	总计
径赛	100 米	男子								
		女子								
	200 米	男子								
		女子								
	400 米	男子								
		女子								
	800 米	男子								
		女子								
	1500 米	男子								
		女子								
	3000 米	男子								
	4×100 米	男子								
		女子								
	4×400 米	男子								
		女子								
	1500 米异程接力	男子								
		女子								
田赛	跳远	男子								
		女子								
	跳高	男子								
		女子								
	铅球	男子								
		女子								
趣味	二十人二十一足	1 队	是							
		2 队	是								
	旋风跑（10 人/队）	1 队	是							
		2 队	是							
	彩虹跑（20 人/队）	1 队	是							
		2 队	是							

3. 竞赛日程表

田径比赛竞赛日程表如表 4-18 所示。

表 4-18 田径比赛竞赛日程表

4月25日 上午					
序 号	项 目	赛 次	人 数	组 别	时 间
拔河					
1	教工拔河	决赛	2 队	1 组	9:50
2	学生拔河	决赛	2 队	1 组	10:05
径赛					
3	学生男子 100 米	预赛	53 人	7 组	10:10
4	学生女子 100 米	预赛	53 人	7 组	10:30
5	学生男子 400 米	决赛	43 人	6 组	11:00
6	学生女子 400 米	决赛	45 人	6 组	11:20
田赛					
1	学生男子跳远	决赛	52 人	1 组	9:50
2	学生女子铅球	决赛	56 人	1 组	9:50
4月25日 下午					
序 号	项 目	赛 次	人 数	组 别	时 间
径赛					
1	学生男子 100 米	决赛	8 人	1 组	2:00
2	学生女子 100 米	决赛	8 人	1 组	2:05
3	学生男子 1500 米	决赛	44 人	3 组	2:20
4	学生男子 4×100 米	决赛	7 队	1 组	2:55
5	学生女子 4×100 米	决赛	7 队	1 组	3:05
6	男子 1500 米异程接力	决赛	7 队	1 组	3:20
7	女子 1500 米异程接力	决赛	7 队	1 组	3:30
田赛					
1	学生女子跳远	决赛	54 人	1 组	2:00
2	学生男子跳高	决赛	42 人	1 组	2:00
趣味项目					
1	彩虹跑	决赛	14 队	4 组	3:40
2	二十人二十一足	决赛	14 队	4 组	4:00

续表

4月26日 上午					
序 号	项 目	赛 次	人 数	组 别	时 间
径赛					
1	学生男子200米	预赛	52人	7组	9:00
2	学生女子200米	预赛	53人	7组	9:20
3	学生男子800米	决赛	46人	6组	9:50
4	学生女子800米	决赛	48人	6组	10:10
5	学生男子3000米	决赛	44人	2组	10:40
田赛					
1	学生女子跳高	决赛	40人	1组	9:00
2	学生男子铅球	决赛	53人	1组	9:00
趣味项目					
1	旋风跑	决赛	12队	6组	11:20
4月26日 下午					
序 号	项 目	赛 次	人 数	组 别	时 间
径赛					
1	学生男子200米	决赛	8人	1组	2:00
2	学生女子200米	决赛	8人	1组	2:05
3	学生女子1500米	决赛	46人	2组	2:20
4	学生男子4×400米	决赛		1组	2:45
5	学生女子4×400米	决赛		1组	2:55
6	教工混合4×100米	决赛			3:00
教工趣味项目					
1	夹沙包	决赛		1组	2:00
2	一分钟跳绳	决赛		1组	2:30
3	抛绣球	决赛		3组	3:10
4	反弹大灌篮	决赛		3组	3:10

4. 竞赛分组表

田径比赛竞赛分组表如表4-19所示。

表4-19 田径比赛竞赛分组表

4月25日 上午					
径赛					
1	教工拔河	决赛	2队		9:50
2	学生拔河	决赛	2队		10:00
3	学生男子100米	预赛	53人	7组	10:10

续表

组/道	一道	二道	三道	四道	五道	六道	七道	八道
第1组	游佳林 信管系	向冬明 旅游系	郭子铭 酒店系	王宇航 外语系	池佳奎 财管系	颜佳吉 工商系	陈邱毅 艺术系	张元 酒店系
第2组	梁洪彬 酒店系	马世建 艺术系	温世巍 外语系	陈伟 信管系	徐文鑫 旅游系	王浩然 工商系	柳春鑫 财管系	张洪浪 旅游系
第3组	张轩澈 信管系	宋平 酒店系	李仕越 财管系	刘俊甫 信管系	郑浩宇 艺术系	何佳凌 工商系	苏平安 外语系	戴成 旅游系
第4组	宋浩楠 旅游系	肖靖 工商系	罗泽金 外语系	谢宇 财管系	钱秋杰 酒店系	李明玫 艺术系	刘子福 信管系	谢佳良 财管系
第5组	陶新宇 工商系	卓德杰 外语系	杨武林 旅游系	任龙宇 酒店系	张晓云 艺术系	漆轩宇 信管系	何佳鑫 旅游系	
第6组	蒋小浩 外语系	董芮麟 工商系	余红江 酒店系	曾俊 工商系	庞盛伟 艺术系	钟代男 外语系	王奇奇 信管系	
第7组	罗香龙 外语系	赵子雄 工商系	吉端尧 酒店系	周瑞祥 旅游系	张林 财管系	贺禹豪 艺术系	李美均 信管系	

田赛								
1		学生男子跳远		决赛	52人	1组	9:50	
黄潇锋 旅管系	许奥冉 艺术系	赵晨 工商系	林道帅 酒店系	罗香龙 外语系	张宇 外语系	韩学健 财管系	董泰源 信管系	吴晓达 信管系
戴成 旅管系	翟波 艺术系	塞飞宇 工商系	吉端尧 酒店系	张宇 外语系	罗浩 外语系	杨晨宇 财管系	陈伟 信管系	吴明刚 旅管系
彭思成 旅管系	赵操 艺术系	姜玮 工商系	冉强 酒店系	廖志豪 外语系	赵子雄 工商系	罗荣 外语系	杨润哲 财管系	李浩轩 信管系
侯相君 旅管系	陈长航 艺术系	钟林科 工商系	赵鹏飞 酒店系	温世巍 外语系	阳光 工商系	张金峰 财管系	谷和洋 信管系	廖嘉鑫 信管系
邓辉 旅管系	罗韬 艺术系	沈龙 工商系	雍志黎 酒店系	石睿昊 外语系	陈亮 酒店系	卿佳俊 旅管系	古熠涵 信管系	程康生 信管系
胡兴伟 旅管系	李康玄 艺术系	曾俊 工商系	郝翌阳 酒店系	李禄鑫 外语系	杨奇明 酒店系	辜时杰 财管系		
2		学生女子铅球		决赛	56人	1组	9:50	
刘燕 旅管系	杨秀兰 艺术系	张茜芮 工商系	郭颖 酒店系	唐玉芳 外语系	陈秋宇 艺术系	黎敏 财管系	李婉颖 信管系	蒋晴雯 信管系

5. 单项计分表

1) 径赛计分表

径赛计分表如表 4-20 所示。

表 4-20 径赛计分表

道次	1	2	3	4	5	6	7	8
班级								
姓名								
号码								
成绩								
名次								

2) 田赛计分表

田赛计分表如表 4-21 所示。

表 4-21 田赛计分表

项目：　　　　　组别：

号码	姓名	单位	前三次成绩			前三次最好成绩	后三次成绩			比赛最好成绩	名次	备注
			1	2	3		4	5	6			

6. 团体积分表

田径比赛团体积分表如表 4-22 所示。

表 4-22　团体积分表

成绩＼项目＼单位		100米	200米	400米	800米	1500米	3000米	4×100米	4×400米	1500米异程接力	跳远	跳高	铅球	二十人二十一足	拔河	旋风跑	…	总分
酒店系	男																	
	女																	
旅游系	男																	
	女																	
信管系	男																	
	女																	
艺术系	男																	
	女																	
财管系	男																	
	女																	
外语系	男																	
	女																	
工商系	男																	
	女																	

第五章　科学健身

第一节　影响大学生体质健康的因素

一、教学模式

影响大学生体质健康的因素有许多,但最不可忽视的就是教育模式的影响。虽然当前社会正大力提倡教育模式要全面发展、协调发展,但多数大学并没有落实到实际行动上,在实际行动上仍以文化教育为主,忽略了对学生体质方面的培养。甚至有部分学校体育设施建设都不完善,严重影响了大学生体质健康的增强。

二、网络因素

网络是影响大学生体质健康的关键因素。如今,网络技术十分发达,尤其在大学校园里,很多学校都已实现无线网络全面覆盖。学校的本意是帮助同学更便捷地获取网络资源。但由于上网便利程度的提高及网络中信息混杂的影响,出现了许多学生对网络过于沉迷的现象。只有部分学生利用网络来获取知识,大多数学生都是利用网络的便利来进行娱乐。适当的娱乐放松没有问题,但也要防止学生过分沉迷网络。学生对上网时间和体育锻炼时间的分配明显不协调,甚至出现了一种极端现象:部分学生将所有的空闲时间分配给网络,完全忽略了体育锻炼。

一天的时间有限,过于沉迷网络,势必会忽略对身体素质的锻炼。上网时的运动量非常少,大多数人都会选择坐或躺的形式进行上网娱乐。越来越多的人利用手机上网,形成了"低头族",其中大学生所占比例非常高。长期低头上网对颈椎和身体的其他部位十分不利,长此以往,势必会影响身体健康。

三、学生自身因素

大学生虽明白健康的重要性,但未能将身体素质培养与自身实践联系起来。大学生处于二十几岁的年纪,身体一般不会出现严重的问题,即使某些部位出现了健康问题,也会因为年轻而没有表现出来。学生虽懂得健康损害带来的威胁,但由于自身未能切身体会,往往不会主动进行体育锻炼。

四、家庭因素

受社会环境及时代政策的影响,许多大学生都是独生子女,十分受宠爱,其父母长辈不愿意让学生受苦,甚至部分家长对孩子十分溺爱,认为体育锻炼无益于学习,且会占用学生的休息时间,使其产生劳累感,于是有意阻止学生进行体育锻炼。长此以往,学生会认为体育锻炼无用。这种思想势必会影响学生对体育锻炼的抗拒,从而忽视了对自身身体素质的培养。

第二节 国家学生体质健康标准

一、定义

"国家学生体质健康标准"的内涵是测量学生体质健康状况和锻炼效果的评价标准,是国家对不同年龄段学生体质健康方面的基本要求,是学生体质健康的个体评价标准。"国家学生体质健康标准"涵盖的是与学校体育密切相关的学生身体健康范畴。

为建立健全国家学生体质健康监测评价机制,激励学生积极参加身体锻炼,教育部印发《国家学生体质健康标准(2014年修订)》(以下简称《标准》),要求各学校每学年开展覆盖本校各年级学生的标准测试工作,并根据学生学年总分评定等级。只有达到良好及以上的学生,方可参加评优与评奖。新修订的《标准》适用于全日制普通小学、初中、普通高中、中等职业学校、普通高等学校的学生,将学生按照年级划分为不同组别,身体形态类中的身高、体重,身体机能类中的肺活量,以及身体素质类中的50米跑、坐位体前屈为各年级学生共性指标。

(1)《标准》是国家学校教育工作的基础性指导文件和教育质量基本标准,是评价学生综合素质、评估学校工作和衡量各地教育发展的重要依据,是《国家体育锻炼标准》在学校的具体实施。

(2)《标准》的修订坚持健康第一,落实《国家中长期教育改革和发展规划纲要(2010—2020年)》《国务院办公厅转发教育部等部门关于进一步加强学校体育工作若干意见的通知》(国办发〔2012〕53号)和《教育部关于印发〈学生体质健康监测评价办法〉等三个文件的通知》(教体艺〔2014〕3号)有关要求,着重提高《标准》应用的信度、效度和区分度,着重强化其教育激励、反馈调整和引导锻炼的功能,着重提高其教育监测和绩效评价的支撑能力。

(3)《标准》从身体形态、身体机能和身体素质等方面综合评定学生的体质健康水平,是促进学生体质健康发展、激励学生积极进行身体锻炼的教育手段,是国家学生发展核心素养体系和学业质量标准的重要组成部分,是学生体质健康的个体评价标准。

(4)《标准》将适用对象划分为以下组别:小学、初中、高中按每个年级为一组,其中小学为6组、初中为3组、高中为3组;大学一、二年级为一组,三、四年级为一组。

(5)《标准》的学年总分由标准分与附加分之和构成,满分为120分。标准分由各单项指标得分与权重乘积之和组成,满分为100分。附加分根据实测成绩确定,即对成绩超过100分的加分指标进行加分,满分为20分;小学的加分指标为1分钟跳绳,加分幅度为20分;初中、高中和大学的加分指标为男生引体向上和1000米跑,女生1分钟仰卧起坐和800米跑,各指标加分幅度均为10分。

(6)根据学生学年总分评定等级:90分及以上为优秀,80~89.9分为良好,60~79.9分为及格,59.9分及以下为不及格。

(7)每个学生每学年评定一次,记入《〈国家学生体质健康标准〉登记卡》。特殊学制的学校,在填写登记卡时可以按规定和需求相应地增减栏目。学生毕业时的成绩和等级,按毕业当年学年总分的50%与其他学年总分平均得分的50%之和进行评定。

(8) 学生测试成绩评定达到良好及以上者,方可参加评优与评奖;成绩达到优秀者,方可获体育奖学分。测试成绩评定不及格者,在本学年度准予补测一次,补测仍不及格,则学年成绩评定为不及格。普通高中、中等职业学校和普通高等学校学生毕业时,按《标准》测试的成绩达不到50分者按结业或肄业处理。

(9) 学生因病或残疾可向学校提交暂缓或免予执行《标准》的申请,经医疗单位证明,体育教学部门核准,可暂缓或免予执行《标准》,并填写《免予执行＜国家学生体质健康标准＞申请表》,存入学生档案。确实丧失运动能力、被免予执行《标准》的残疾学生,仍可参加评优与评奖,毕业时《标准》成绩需注明免测。

(10) 各学校每学年开展覆盖本校各年级学生的《标准》测试工作,《标准》测试数据经当地教育行政部门按要求审核后,通过"中国学生体质健康网"上传至"国家学生体质健康标准数据管理系统"。测试和数据上传时间由教育行政部门确定。

二、功能

1. 教育激励

《标准》是促进学生体质健康发展、激励学生积极进行身体锻炼的教育手段。所选用的指标可以反映与身体健康关系密切的身体成分、心血管系统功能、肌肉的力量和耐力、关节和肌肉的柔韧性等要素的基本状况。《标准》的实施使学生和社会能够对影响体质健康的主要因素有一个更加明确的认识和理解,引导人们去积极追求身体的健康状态,实现学校体育的目标。《标准》的实施办法还规定,对达到合格以上等级的学生颁发证章,以激励学生对体育锻炼的内在积极性。

2. 反馈调整

《标准》是学生体质健康的个体评价标准,并规定了各校应将每年测试的数据按时上报至国家学生体质健康标准数据管理系统,该系统具有按各种要求进行统计、分析、检索的功能,并定期向社会公告。该系统为学生及其家长提供了在线查询和在线评估服务,向学生提供了个性化的身体健康诊断,使学生能够在准确了解自己体质健康状况的基础上进行锻炼。该系统还可为各级政府机关、教育行政部门、学校提供翔实的统计和分析数据,使其了解学生的体质健康状况,及时采取科学的干预措施。

3. 引导锻炼

新修订的《标准》增加了一些简便易行、锻炼效果较好的项目,并提高了部分锻炼项目指标的权重,对引导学生进行体育锻炼具有较强的实效性。同时,通过国家学生体质健康标准数据管理系统,学生还可以查询到针对性较强的运动处方,用于自身因地制宜地进行科学的体育锻炼,从而提高身体健康水平。

三、评价指标

《标准》中从小学到大学都分别规定了相应的评价指标,这些指标是根据《标准》中项目的测试值进行评价的。除BMI是根据所测得的身高和体重需要进行计算外,其他项目是直

接利用测试值进行查表评分。（见表 5-1）

表 5-1 评价指标查分表

组　　别	评价指标	分　　值
所有年级	体重指数（BMI）	15
	肺活量	15
小学一、二年级	50 米跑	20
	坐位体前屈	30
	一分钟跳绳	20
小学三、四年级	50 米跑	20
	坐位体前屈	20
	一分钟跳绳	20
	一分钟仰卧起坐	10
小学五、六年级	50 米跑	20
	坐位体前屈	10
	一分钟跳绳	10
	一分钟仰卧起坐	20
	50 米×8 往返跑	10
初中、高中、大学各年级	50 米跑	20
	坐位体前屈	10
	立定跳远	10
	男生引体向上、女生一分钟仰卧起坐	10
	男生 1000 米跑、女生 800 米跑	20

注：BMI＝体重（千克）/身高^2（米^2）。

四、评分表

各单项指标评分表如表 5-2 到表 5-17 所示。

表 5-2 男生体重指数（BMI）单项评分表（单位：千克/米^2）

等　级	单项得分	一年级	二年级	三年级	四年级	五年级	六年级	初一	初二	初三	高一	高二	高三	大学
正常	100	13.5～18.1	13.7～18.4	13.9～19.4	14.2～20.1	14.4～21.4	14.7～21.8	15.5～22.1	15.7～22.5	15.8～22.8	16.5～23.2	16.8～23.7	17.3～23.8	17.9～23.9
低体重	80	≤13.4	≤13.6	≤13.8	≤14.1	≤14.3	≤14.6	≤15.4	≤15.6	≤15.7	≤16.4	≤16.7	≤17.2	≤17.8
超重		18.2～20.3	18.5～20.4	19.5～22.1	20.2～22.6	21.5～24.1	21.9～24.5	22.2～24.9	22.6～25.2	22.9～26.0	23.3～26.3	23.8～26.5	23.9～27.3	24.0～27.9
肥胖	60	≥20.4	≥20.5	≥22.2	≥22.7	≥24.2	≥24.6	≥25.0	≥25.3	≥26.1	≥26.4	≥26.6	≥27.4	≥28.0

表 5-3 女生体重指数(BMI)单项评分表(单位:千克/米²)

等级	单项得分	一年级	二年级	三年级	四年级	五年级	六年级	初一	初二	初三	高一	高二	高三	大学
正常	100	13.3~17.3	13.5~17.8	13.6~18.6	13.7~19.4	13.8~20.5	14.2~20.8	14.8~21.7	15.3~22.2	16.0~22.6	16.5~22.7	16.9~23.2	17.1~23.3	17.2~23.9
低体重	80	≤13.2	≤13.4	≤13.5	≤13.6	≤13.7	≤14.1	≤14.7	≤15.2	≤15.9	≤16.4	≤16.8	≤17.0	≤17.1
超重	80	17.4~19.2	17.9~20.2	18.7~21.1	19.5~22.0	20.6~22.9	20.9~23.6	21.8~24.4	22.3~24.8	22.7~25.1	22.8~25.2	23.3~25.4	23.4~25.7	24.0~27.9
肥胖	60	≥19.3	≥20.3	≥21.2	≥22.1	≥23.0	≥23.7	≥24.5	≥24.9	≥25.2	≥25.3	≥25.5	≥25.8	≥28.0

表 5-4 男生肺活量单项评分表(单位:毫升)

等级	单项得分	一年级	二年级	三年级	四年级	五年级	六年级	初一	初二	初三	高一	高二	高三	大一大二	大三大四
优秀	100	1700	2000	2300	2600	2900	3200	3640	3940	4240	4540	4740	4940	5040	5140
优秀	95	1600	1900	2200	2500	2800	3100	3520	3820	4120	4420	4620	4820	4920	5020
优秀	90	1500	1800	2100	2400	2700	3000	3400	3700	4000	4300	4500	4700	4800	4900
良好	85	1400	1650	1900	2150	2450	2750	3150	3450	3750	4050	4250	4450	4550	4650
良好	80	1300	1500	1700	1900	2200	2500	2900	3200	3500	3800	4000	4200	4300	4400
及格	78	1240	1430	1620	1820	2110	2400	2780	3080	3380	3680	3880	4080	4180	4280
及格	76	1180	1360	1540	1740	2020	2300	2660	2960	3260	3560	3760	3960	4060	4160
及格	74	1120	1290	1460	1660	1930	2200	2540	2840	3140	3440	3640	3840	3940	4040
及格	72	1060	1220	1380	1580	1840	2100	2420	2720	3020	3320	3520	3720	3820	3920
及格	70	1000	1150	1300	1500	1750	2000	2300	2600	2900	3200	3400	3600	3700	3800
及格	68	940	1080	1220	1420	1660	1900	2180	2480	2780	3080	3280	3480	3580	3680
及格	66	880	1010	1140	1340	1570	1800	2060	2360	2660	2960	3160	3360	3460	3560
及格	64	820	940	1060	1260	1480	1700	1940	2240	2540	2840	3040	3240	3340	3440
及格	62	760	870	980	1180	1390	1600	1820	2120	2420	2720	2920	3120	3220	3320
及格	60	700	800	900	1100	1300	1500	1700	2000	2300	2600	2800	3000	3100	3200
不及格	50	660	750	840	1030	1220	1410	1600	1890	2180	2470	2660	2850	2940	3030
不及格	40	620	700	780	960	1140	1320	1500	1780	2060	2340	2520	2700	2780	2860
不及格	30	580	650	720	890	1060	1230	1400	1670	1940	2210	2380	2550	2620	2690
不及格	20	540	600	660	820	980	1140	1300	1560	1820	2080	2240	2400	2460	2520
不及格	10	500	550	600	750	900	1050	1200	1450	1700	1950	2100	2250	2300	2350

表 5-5　女生肺活量单项评分表（单位：毫升）

等级	单项得分	一年级	二年级	三年级	四年级	五年级	六年级	初一	初二	初三	高一	高二	高三	大一大二	大三大四
优秀	100	1400	1600	1800	2000	2250	2500	2750	2900	3050	3150	3250	3350	3400	3450
	95	1300	1500	1700	1900	2150	2400	2650	2850	3000	3100	3200	3300	3350	3400
	90	1200	1400	1600	1800	2050	2300	2550	2800	2950	3050	3150	3250	3300	3350
良好	85	1100	1300	1500	1700	1950	2200	2450	2650	2800	2900	3000	3100	3150	3200
	80	1000	1200	1400	1600	1850	2100	2350	2500	2650	2750	2850	2950	3000	3050
及格	78	960	1150	1340	1530	1770	2010	2250	2400	2550	2650	2750	2850	2900	2950
	76	920	1100	1280	1460	1690	1920	2150	2300	2450	2550	2650	2750	2800	2850
	74	880	1050	1220	1390	1610	1830	2050	2200	2350	2450	2550	2650	2700	2750
	72	840	1000	1160	1320	1530	1740	1950	2100	2250	2350	2450	2550	2600	2650
	70	800	950	1100	1250	1450	1650	1850	2000	2150	2250	2350	2450	2500	2550
	68	760	900	1040	1180	1370	1560	1750	1900	2050	2150	2250	2350	2400	2450
	66	720	850	980	1110	1290	1470	1650	1800	1950	2050	2150	2250	2300	2350
	64	680	800	920	1040	1210	1380	1550	1700	1850	1950	2050	2150	2200	2250
	62	640	750	860	970	1130	1290	1450	1600	1750	1850	1950	2050	2100	2150
	60	600	700	800	900	1050	1200	1350	1500	1650	1750	1850	1950	2000	2050
不及格	50	580	680	780	880	1020	1170	1310	1460	1610	1710	1810	1910	1960	2010
	40	560	660	760	860	990	1140	1270	1420	1570	1670	1770	1870	1920	1970
	30	540	640	740	840	960	1110	1230	1380	1530	1630	1730	1830	1880	1930
	20	520	620	720	820	930	1080	1190	1340	1490	1590	1690	1790	1840	1890
	10	500	600	700	800	900	1050	1150	1300	1450	1550	1650	1750	1800	1850

表 5-6　男生 50 米跑单项评分表（单位：秒）

等级	单项得分	一年级	二年级	三年级	四年级	五年级	六年级	初一	初二	初三	高一	高二	高三	大一大二	大三大四
优秀	100	10.2	9.6	9.1	8.7	8.4	8.2	7.8	7.5	7.3	7.1	7.0	6.8	6.7	6.6
	95	10.3	9.7	9.2	8.8	8.5	8.3	7.9	7.6	7.4	7.2	7.1	6.9	6.8	6.7
	90	10.4	9.8	9.3	8.9	8.6	8.4	8.0	7.7	7.5	7.3	7.2	7.0	6.9	6.8
良好	85	10.5	9.9	9.4	9.0	8.7	8.5	8.1	7.8	7.6	7.4	7.3	7.1	7.0	6.9
	80	10.6	10.0	9.5	9.1	8.8	8.6	8.2	7.9	7.7	7.5	7.4	7.2	7.1	7.0

续表

等级	单项得分	一年级	二年级	三年级	四年级	五年级	六年级	初一	初二	初三	高一	高二	高三	大一大二	大三大四
及格	78	10.8	10.2	9.7	9.3	9.0	8.8	8.4	8.1	7.9	7.7	7.6	7.4	7.3	7.2
	76	11.0	10.4	9.9	9.5	9.2	9.0	8.6	8.3	8.1	7.9	7.8	7.6	7.5	7.4
	74	11.2	10.6	10.1	9.7	9.4	9.2	8.8	8.5	8.3	8.1	8.0	7.8	7.7	7.6
	72	11.4	10.8	10.3	9.9	9.6	9.4	9.0	8.7	8.5	8.3	8.2	8.0	7.9	7.8
	70	11.6	11.0	10.5	10.1	9.8	9.6	9.2	8.9	8.7	8.5	8.4	8.2	8.1	8.0
	68	11.8	11.2	10.7	10.3	10.0	9.8	9.4	9.1	8.9	8.7	8.6	8.4	8.3	8.2
	66	12.0	11.4	10.9	10.5	10.2	10.0	9.6	9.3	9.1	8.9	8.8	8.6	8.5	8.4
	64	12.2	11.6	11.1	10.7	10.4	10.2	9.8	9.5	9.3	9.1	9.0	8.8	8.7	8.6
	62	12.4	11.8	11.3	10.9	10.6	10.4	10.0	9.7	9.5	9.3	9.2	9.0	8.9	8.8
	60	12.6	12.0	11.5	11.1	10.8	10.6	10.2	9.9	9.7	9.5	9.4	9.2	9.1	9.0
不及格	50	12.8	12.2	11.7	11.3	11.0	10.8	10.4	10.1	9.9	9.7	9.6	9.4	9.3	9.2
	40	13.0	12.4	11.9	11.5	11.2	11.0	10.6	10.3	10.1	9.9	9.8	9.6	9.5	9.4
	30	13.2	12.6	12.1	11.7	11.4	11.2	10.8	10.5	10.3	10.1	10.0	9.8	9.7	9.6
	20	13.4	12.8	12.3	11.9	11.6	11.4	11.0	10.7	10.5	10.3	10.2	10.0	9.9	9.8
	10	13.6	13.0	12.5	12.1	11.8	11.6	11.2	10.9	10.7	10.5	10.4	10.2	10.1	10.0

表 5-7 女生 50 米跑单项评分表(单位:秒)

等级	单项得分	一年级	二年级	三年级	四年级	五年级	六年级	初一	初二	初三	高一	高二	高三	大一大二	大三大四
优秀	100	11.0	10.0	9.2	8.7	8.3	8.2	8.1	8.0	7.9	7.8	7.7	7.6	7.5	7.4
	95	11.1	10.1	9.3	8.8	8.4	8.3	8.2	8.1	8.0	7.9	7.8	7.7	7.6	7.5
	90	11.2	10.2	9.4	8.9	8.5	8.4	8.3	8.2	8.1	8.0	7.9	7.8	7.7	7.6
良好	85	11.5	10.5	9.7	9.2	8.8	8.7	8.6	8.5	8.4	8.3	8.2	8.1	8.0	7.9
	80	11.8	10.8	10.0	9.5	9.1	9.0	8.9	8.8	8.7	8.6	8.5	8.4	8.3	8.2
及格	78	12.0	11.0	10.2	9.7	9.3	9.2	9.1	9.0	8.9	8.8	8.7	8.6	8.5	8.4
	76	12.2	11.2	10.4	9.9	9.5	9.4	9.3	9.2	9.1	9.0	8.9	8.8	8.6	8.6
	74	12.4	11.4	10.6	10.1	9.7	9.6	9.5	9.4	9.3	9.2	9.1	9.0	8.9	8.8
	72	12.6	11.6	10.8	10.3	9.9	9.8	9.7	9.6	9.5	9.4	9.3	9.2	9.1	9.0
	70	12.8	11.8	11.0	10.5	10.1	10.0	9.9	9.8	9.7	9.6	9.5	9.4	9.3	9.2
	68	13.0	12.0	11.2	10.7	10.3	10.2	10.1	10.0	9.9	9.8	9.7	9.6	9.5	9.4
	66	13.2	12.2	11.4	10.9	10.5	10.4	10.3	10.2	10.1	10.0	9.9	9.8	9.7	9.6
	64	13.4	12.4	11.6	11.1	10.7	10.6	10.5	10.4	10.3	10.2	10.1	10.0	9.9	9.8
	62	13.6	12.6	11.8	11.3	10.9	10.8	10.7	10.6	10.5	10.4	10.3	10.2	10.1	10.0
	60	13.8	12.8	12.0	11.5	11.1	11.0	10.9	10.8	10.7	10.6	10.5	10.4	10.3	10.2

续表

等级	单项得分	一年级	二年级	三年级	四年级	五年级	六年级	初一	初二	初三	高一	高二	高三	大一大二	大三大四
不及格	50	14.0	13.0	12.2	11.7	11.3	11.2	11.1	11.0	10.9	10.8	10.7	10.6	10.5	10.4
	40	14.2	13.2	12.4	11.9	11.5	11.4	11.3	11.2	11.1	11.0	10.9	10.8	10.7	10.6
	30	14.4	13.4	12.6	12.1	11.7	11.6	11.5	11.4	11.3	11.2	11.1	11.0	10.9	10.8
	20	14.6	13.6	12.8	12.3	11.9	11.8	11.7	11.6	11.5	11.4	11.3	11.2	11.1	11.0
	10	14.8	13.8	13.0	12.5	12.1	12.0	11.9	11.8	11.7	11.6	11.5	11.4	11.3	11.2

表 5-8 男生坐位体前屈单项评分表(单位:厘米)

等级	单项得分	一年级	二年级	三年级	四年级	五年级	六年级	初一	初二	初三	高一	高二	高三	大一大二	大三大四
优秀	100	16.1	16.2	16.3	16.4	16.5	16.6	17.6	19.6	21.6	23.6	24.3	24.6	24.9	25.1
	95	14.6	14.7	14.9	15.0	15.2	15.3	15.9	17.7	19.7	21.5	22.4	22.8	23.1	23.3
	90	13.0	13.2	13.4	13.6	13.8	14.0	14.2	15.8	17.8	19.4	20.5	21.0	21.3	21.5
良好	85	12.0	11.9	11.8	11.7	11.6	11.5	12.3	13.7	15.8	17.2	18.3	19.1	19.5	19.9
	80	11.0	10.6	10.2	9.8	9.4	9.0	10.4	11.6	13.8	15.0	16.1	17.2	17.7	18.2
及格	78	9.9	9.5	9.1	8.6	8.2	7.7	9.1	10.3	12.4	13.6	14.7	15.8	16.3	16.8
	76	8.8	8.4	8.0	7.4	7.0	6.4	7.8	9.0	11.0	12.2	13.3	14.4	14.9	15.4
	74	7.7	7.3	6.9	6.2	5.8	5.1	6.5	7.7	9.6	10.8	11.9	13.0	13.5	14.0
	72	6.6	6.2	5.8	5.0	4.6	3.8	5.2	6.4	8.2	9.4	10.5	11.6	12.1	12.6
	70	5.5	5.1	4.7	3.8	3.4	2.5	3.9	5.1	6.8	8.0	9.1	10.2	10.7	11.2
	68	4.4	4.0	3.6	2.6	2.2	1.2	2.6	3.8	5.4	6.6	7.7	8.8	9.3	9.8
	66	3.3	2.9	2.5	1.4	1.0	−0.1	1.3	2.5	4.0	5.2	6.3	7.4	7.9	8.4
	64	2.2	1.8	1.4	0.2	−0.2	−1.4	0.0	1.2	2.6	3.8	4.9	6.0	6.5	7.0
	62	1.1	0.7	0.3	−1.0	−1.4	−2.7	−1.3	−0.1	1.2	2.4	3.5	4.6	5.1	5.6
	60	0.0	−0.4	−0.8	−2.2	−2.6	−4.0	−2.6	−1.4	−0.2	1.0	2.1	3.2	3.7	4.2
不及格	50	−0.8	−1.2	−1.6	−3.2	−3.6	−5.0	−3.8	−2.6	−1.4	0.0	1.1	2.2	2.7	3.2
	40	−1.6	−2.0	−2.4	−4.2	−4.6	−6.0	−5.0	−3.8	−2.6	−1.0	0.1	1.2	1.7	2.2
	30	−2.4	−2.8	−3.2	−5.2	−5.6	−7.0	−6.2	−5.0	−3.8	−2.0	−0.9	0.2	0.7	1.2
	20	−3.2	−3.6	−4.0	−6.2	−6.6	−8.0	−7.4	−6.2	−5.0	−3.0	−1.9	−0.8	−0.3	0.2
	10	−4.0	−4.4	−4.8	−7.2	−7.6	−9.0	−8.6	−7.4	−6.2	−4.0	−2.9	−1.8	−1.3	−0.8

表 5-9　女生坐位体前屈单项评分表(单位:厘米)

等级	单项得分	一年级	二年级	三年级	四年级	五年级	六年级	初一	初二	初三	高一	高二	高三	大一大二	大三大四
优秀	100	18.6	18.9	19.2	19.5	19.8	19.9	21.8	22.7	23.5	24.2	24.8	25.3	25.8	26.3
	95	17.3	17.6	17.9	18.1	18.5	18.7	20.1	21.0	21.8	22.5	23.1	23.6	24.0	24.4
	90	16.0	16.3	16.6	16.9	17.2	17.5	18.4	19.3	20.1	20.8	21.4	21.9	22.2	22.4
良好	85	14.7	14.8	14.9	15.0	15.1	15.2	16.7	17.6	18.4	19.1	19.7	20.2	20.6	21.0
	80	13.4	13.3	13.2	13.1	13.0	12.9	15.0	15.9	16.7	17.4	18.0	18.5	19.0	19.5
及格	78	12.3	12.2	12.1	12.0	11.9	11.8	13.7	14.6	15.4	16.1	16.7	17.2	17.7	18.2
	76	11.2	11.1	11.0	10.9	10.8	10.7	12.4	13.3	14.1	14.8	15.4	15.9	16.4	16.9
	74	10.1	10.0	9.9	9.8	9.7	9.6	11.1	12.0	12.8	13.5	14.1	14.6	15.1	15.6
	72	9.0	8.9	8.8	8.7	8.6	8.5	9.8	10.7	11.5	12.2	12.8	13.3	13.8	14.3
	70	7.9	7.8	7.7	7.6	7.5	7.4	8.5	9.4	10.2	10.9	11.5	12.0	12.5	13.0
	68	6.8	6.7	6.6	6.5	6.4	6.3	7.2	8.1	8.9	9.6	10.2	10.7	11.2	11.7
	66	5.7	5.6	5.5	5.4	5.3	5.2	5.9	6.8	7.6	8.3	8.9	9.4	9.9	10.4
	64	4.6	4.5	4.4	4.3	4.2	4.1	4.6	5.5	6.3	7.0	7.6	8.1	8.6	9.1
	62	3.5	3.4	3.3	3.2	3.1	3.0	4.2	5.0	5.7	6.3	6.8	7.3	7.8
	60	2.4	2.3	2.2	2.1	2.0	1.9	2.0	2.9	3.7	4.4	5.0	5.5	6.0	6.5
不及格	50	1.6	1.5	1.4	1.3	1.2	1.1	1.2	2.1	2.9	3.6	4.2	4.7	5.2	5.7
	40	0.8	0.7	0.6	0.5	0.4	0.3	0.4	1.3	2.1	2.8	3.4	3.9	4.4	4.9
	30	0.0	−0.1	−0.2	−0.3	−0.4	−0.5	−0.4	0.5	1.3	2.0	2.6	3.1	3.6	4.1
	20	−0.8	−0.9	−1.0	−1.1	−1.2	−1.3	−1.2	−0.3	0.5	1.2	1.8	2.3	2.8	3.3
	10	−1.6	−1.7	−1.8	−1.9	−2.0	−2.1	−2.0	−1.1	−0.3	0.4	1.0	1.5	2.0	2.5

表 5-10　男生一分钟跳绳单项评分表(单位:次)

等级	单项得分	一年级	二年级	三年级	四年级	五年级	六年级
优秀	100	109	117	126	137	148	157
	95	104	112	121	132	143	152
	90	99	107	116	127	138	147
良好	85	93	101	110	121	132	141
	80	87	95	104	115	126	135

续表

等级	单项得分	一年级	二年级	三年级	四年级	五年级	六年级
及格	78	80	88	97	108	119	128
	76	73	81	90	101	112	121
	74	66	74	83	94	105	114
	72	59	67	76	87	98	107
	70	52	60	69	80	91	100
	68	45	53	62	73	84	93
	66	38	46	55	66	77	86
	64	31	39	48	59	70	79
	62	24	32	41	52	63	72
	60	17	25	34	45	56	65
不及格	50	14	22	31	42	53	62
	40	11	19	28	39	50	59
	30	8	16	25	36	47	56
	20	5	13	22	33	44	53
	10	2	10	19	30	41	50

表 5-11　女生一分钟跳绳单项评分表（单位：次）

等级	单项得分	一年级	二年级	三年级	四年级	五年级	六年级
优秀	100	117	127	139	149	158	166
	95	110	120	132	142	151	159
	90	103	113	125	135	144	152
良好	85	95	105	117	127	136	144
	80	87	97	109	119	128	136
及格	78	80	90	102	112	121	129
	76	73	83	95	105	114	122
	74	66	76	88	98	107	115
	72	59	69	81	91	100	108
	70	52	62	74	84	93	101
	68	45	55	67	77	86	94
	66	38	48	60	70	79	87
	64	31	41	53	63	72	80
	62	24	34	46	56	65	73
	60	17	27	39	49	58	66

续表

等级	单项得分	一年级	二年级	三年级	四年级	五年级	六年级
不及格	50	14	24	36	46	55	63
	40	11	21	33	43	52	60
	30	8	18	30	40	49	57
	20	5	15	27	37	46	54
	10	2	12	24	34	43	51

表5-12 男生立定跳远单项评分表(单位:厘米)

等级	单项得分	初一	初二	初三	高一	高二	高三	大一大二	大三大四
优秀	100	225	240	250	260	265	270	273	275
	95	218	233	245	255	260	265	268	270
	90	211	226	240	250	255	260	263	265
良好	85	203	218	233	243	248	253	256	258
	80	195	210	225	235	240	245	248	250
及格	78	191	206	221	231	236	241	244	246
	76	187	202	217	227	232	237	240	242
	74	183	198	213	223	228	233	236	238
	72	179	194	209	219	224	229	232	234
	70	175	190	205	215	220	225	228	230
	68	171	186	201	211	216	221	224	226
	66	167	182	197	207	212	217	220	222
	64	163	178	193	203	208	213	216	218
	62	159	174	189	199	204	209	212	214
	60	155	170	185	195	200	205	208	210
不及格	50	150	165	180	190	195	200	203	205
	40	145	160	175	185	190	195	198	200
	30	140	155	170	180	185	190	193	195
	20	135	150	165	175	180	185	188	190
	10	130	145	160	170	175	180	183	185

表 5-13　女生立定跳远单项评分表（单位：厘米）

等级	单项得分	初一	初二	初三	高一	高二	高三	大一大二	大三大四
优秀	100	196	200	202	204	205	206	207	208
优秀	95	190	194	196	198	199	200	201	202
优秀	90	184	188	190	192	193	194	195	196
良好	85	177	181	183	185	186	187	188	189
良好	80	170	174	176	178	179	180	181	182
及格	78	167	171	173	175	176	177	178	179
及格	76	164	168	170	172	173	174	175	176
及格	74	161	165	167	169	170	171	172	173
及格	72	158	162	164	166	167	168	169	170
及格	70	155	159	161	163	164	165	166	167
及格	68	152	156	158	160	161	162	163	164
及格	66	149	153	155	157	158	159	160	161
及格	64	146	150	152	154	155	156	157	158
及格	62	143	147	149	151	152	153	154	155
及格	60	140	144	146	148	149	150	151	152
不及格	50	135	139	141	143	144	145	146	147
不及格	40	130	134	136	138	139	140	141	142
不及格	30	125	129	131	133	134	135	136	137
不及格	20	120	124	126	128	129	130	131	132
不及格	10	115	119	121	123	124	125	126	127

表 5-14　男生一分钟仰卧起坐、引体向上单项评分表（单位：次）

等级	单项得分	三年级	四年级	五年级	六年级	初一	初二	初三	高一	高二	高三	大一大二	大三大四
优秀	100	48	49	50	51	13	14	15	16	17	18	19	20
优秀	95	45	46	47	48	12	13	14	15	16	17	18	19
优秀	90	42	43	44	45	11	12	13	14	15	16	17	18
良好	85	39	40	41	42	10	11	12	13	14	15	16	17
良好	80	36	37	38	39	9	10	11	12	13	14	15	16

续表

等级	单项得分	三年级	四年级	五年级	六年级	初一	初二	初三	高一	高二	高三	大一大二	大三大四
	78	34	35	36	37								
	76	32	33	34	35	8	9	10	11	12	13	14	15
	74	30	31	32	33								
	72	28	29	30	31	7	8	9	10	11	12	13	14
及格	70	26	27	28	29								
	68	24	25	26	27	6	7	8	9	10	11	12	13
	66	22	23	24	25								
	64	20	21	22	23	5	6	7	8	9	10	11	12
	62	18	19	20	21								
	60	16	17	18	19	4	5	6	7	8	9	10	11
	50	14	15	16	17	3	4	5	6	7	8	9	10
	40	12	13	14	15	2	3	4	5	6	7	8	9
不及格	30	10	11	12	13	1	2	3	4	5	6	7	8
	20	8	9	10	11		1	2	3	4	5	6	7
	10	6	7	8	9			1	2	3	4	5	6

注:小学三年级～六年级:一分钟仰卧起坐;初中、高中、大学:引体向上。

表5-15 女生一分钟仰卧起坐单项评分表(单位:次)

等级	单项得分	三年级	四年级	五年级	六年级	初一	初二	初三	高一	高二	高三	大一大二	大三大四
	100	46	47	48	49	50	51	52	53	54	55	56	57
优秀	95	44	45	46	47	48	49	50	51	52	53	54	55
	90	42	43	44	45	46	47	48	49	50	51	52	53
良好	85	39	40	41	42	43	44	45	46	47	48	49	50
	80	36	37	38	39	40	41	42	43	44	45	46	47
	78	34	35	36	37	38	39	40	41	42	43	44	45
	76	32	33	34	35	36	37	38	39	40	41	42	43
	74	30	31	32	33	34	35	36	37	38	39	40	41
	72	28	29	30	31	32	33	34	35	36	37	38	39
及格	70	26	27	28	29	30	31	32	33	34	35	36	37
	68	24	25	26	27	28	29	30	31	32	33	34	35
	66	22	23	24	25	26	27	28	29	30	31	32	33
	64	20	21	22	23	24	25	26	27	28	29	30	31
	62	18	19	20	21	22	23	24	25	26	27	28	29
	60	16	17	18	19	20	21	22	23	24	25	26	27

续表

等级	单项得分	三年级	四年级	五年级	六年级	初一	初二	初三	高一	高二	高三	大一大二	大三大四
	50	14	15	16	17	18	19	20	21	22	23	24	25
	40	12	13	14	15	16	17	18	19	20	21	22	23
不及格	30	10	11	12	13	14	15	16	17	18	19	20	21
	20	8	9	10	11	12	13	14	15	16	17	18	19
	10	6	7	8	9	10	11	12	13	14	15	16	17

表5-16 男生耐力跑单项评分表(单位:秒)

等级	单项得分	五年级	六年级	初一	初二	初三	高一	高二	高三	大一大二	大三大四
优秀	100	1'36"	1'30"	3'55"	3'50"	3'40"	3'30"	3'25"	3'20"	3'17"	3'15"
	95	1'39"	1'33"	4'05"	3'55"	3'45"	3'35"	3'30"	3'25"	3'22"	3'20"
	90	1'42"	1'36"	4'15"	4'00"	3'50"	3'40"	3'35"	3'30"	3'27"	3'25"
良好	85	1'45"	1'39"	4'22"	4'07"	3'57"	3'47"	3'42"	3'37"	3'34"	3'32"
	80	1'48"	1'42"	4'30"	4'15"	4'05"	3'55"	3'50"	3'45"	3'42"	3'40"
及格	78	1'51"	1'45"	4'35"	4'20"	4'10"	4'00"	3'55"	3'50"	3'47"	3'45"
	76	1'54"	1'48"	4'40"	4'25"	4'15"	4'05"	4'00"	3'55"	3'52"	3'50"
	74	1'57"	1'51"	4'45"	4'30"	4'20"	4'10"	4'05"	4'00"	3'57"	3'55"
	72	2'00"	1'54"	4'50"	4'35"	4'25"	4'15"	4'10"	4'05"	4'02"	4'00"
	70	2'03"	1'57"	4'55"	4'40"	4'30"	4'20"	4'15"	4'10"	4'07"	4'05"
	68	2'06"	2'00"	5'00"	4'45"	4'35"	4'25"	4'20"	4'15"	4'12"	4'10"
	66	2'09"	2'03"	5'05"	4'50"	4'40"	4'30"	4'25"	4'20"	4'17"	4'15"
	64	2'12"	2'06"	5'10"	4'55"	4'45"	4'35"	4'30"	4'25"	4'22"	4'20"
	62	2'15"	2'09"	5'15"	5'00"	4'50"	4'40"	4'35"	4'30"	4'27"	4'25"
	60	2'18"	2'12"	5'20"	5'05"	4'55"	4'45"	4'40"	4'35"	4'32"	4'30"
不及格	50	2'22"	2'16"	5'40"	5'25"	5'15"	5'05"	5'00"	4'55"	4'52"	4'50"
	40	2'26"	2'20"	6'00"	5'45"	5'35"	5'25"	5'15"	5'12"	5'12"	5'10"
	30	2'30"	2'24"	6'20"	6'05"	5'55"	5'45"	5'40"	5'35"	5'32"	5'30"
	20	2'34"	2'28"	6'40"	6'25"	6'15"	6'05"	6'00"	5'55"	5'52"	5'50"
	10	2'38"	2'32"	7'00"	6'45"	6'35"	6'25"	6'20"	6'15"	6'12"	6'10"

注:小学五年级~六年级:50米×8往返跑;初中、高中、大学:1000米跑。

表 5-17 女生耐力跑单项评分表(单位:秒)

等级	单项得分	五年级	六年级	初一	初二	初三	高一	高二	高三	大一大二	大三大四
优秀	100	1'41"	1'37"	3'35"	3'30"	3'25"	3'24"	3'22"	3'20"	3'18"	3'16"
	95	1'44"	1'40"	3'42"	3'37"	3'32"	3'30"	3'28"	3'26"	3'24"	3'22"
	90	1'47"	1'43"	3'49"	3'44"	3'39"	3'36"	3'34"	3'32"	3'30"	3'28"
良好	85	1'50"	1'46"	3'57"	3'52"	3'47"	3'43"	3'41"	3'39"	3'37"	3'35"
	80	1'53"	1'49"	4'05"	4'00"	3'55"	3'50"	3'48"	3'46"	3'44"	3'42"
及格	78	1'56"	1'52"	4'10"	4'05"	4'00"	3'55"	3'53"	3'51"	3'49"	3'47"
	76	1'59"	1'55"	4'15"	4'10"	4'05"	4'00"	3'58"	3'56"	3'54"	3'52"
	74	2'02"	1'58"	4'20"	4'15"	4'10"	4'05"	4'03"	4'01"	3'59"	3'57"
	72	2'05"	2'01"	4'25"	4'20"	4'15"	4'10"	4'08"	4'06"	4'04"	4'02"
	70	2'08"	2'04"	4'30"	4'25"	4'20"	4'15"	4'13"	4'11"	4'09"	4'07"
	68	2'11"	2'07"	4'35"	4'30"	4'25"	4'20"	4'18"	4'16"	4'14"	4'12"
	66	2'14"	2'10"	4'40"	4'35"	4'30"	4'25"	4'23"	4'21"	4'19"	4'17"
	64	2'17"	2'13"	4'45"	4'40"	4'35"	4'30"	4'28"	4'26"	4'24"	4'22"
	62	2'20"	2'16"	4'50"	4'45"	4'40"	4'35"	4'33"	4'31"	4'29"	4'27"
	60	2'23"	2'19"	4'55"	4'50"	4'45"	4'40"	4'38"	4'36"	4'34"	4'32"
不及格	50	2'27"	2'23"	5'05"	5'00"	4'55"	4'50"	4'48"	4'46"	4'44"	4'42"
	40	2'31"	2'27"	5'15"	5'10"	5'05"	5'00"	4'58"	4'56"	4'54"	4'52"
	30	2'35"	2'31"	5'25"	5'20"	5'15"	5'10"	5'08"	5'06"	5'04"	5'02"
	20	2'39"	2'35"	5'35"	5'30"	5'25"	5'20"	5'18"	5'16"	5'14"	5'12"
	10	2'43"	2'39"	5'45"	5'40"	5'35"	5'30"	5'28"	5'26"	5'24"	5'22"

注:小学五年级～六年级:50 米×8 往返跑;初中、高中、大学:800 米跑。

第三节 健身小常识

1. 最大心率

进行运动时,随着运动量的增加,耗氧量和心率也增加,到最大负荷强度时,耗氧量和心率不能继续增加,心率达到的最高水平即为最大心率。这个数值很难达到,通常用(220-年龄)来计算最大心率。减脂时需要达到最大心率的 60%～65%,并坚持 30 分钟以上。身体的脂肪可以简单分为内脏脂肪和皮下脂肪,皮脂就是指皮下脂肪。皮脂含量=(总体重-瘦体重)÷总体重×100%。一般来说,男性的皮脂含量以 15% 为宜,女性的皮脂含量以 20% 为宜。

2. 基础代谢

基础代谢是指你什么都不做的情况下,身体一天所消耗的热量。每个人的基础代谢都不一样,肌肉含量越多基础代谢就越高,基础代谢也是我们增肌和减脂的基础。

3. 力竭

力竭是指负重训练完成到最后一次无法再完成一次标准动作的时候。力竭使肌肉达到一定的疲劳状态,通常出现在多次训练中,多次训练达到力竭是加强肌肉刺激和增加肌肉耐力的好方法。

4. RM

在健身的地方经常会看到 8RM、1RM 等。RM 是指极限,8RM 是指能够完成 8 次试举的极限重量,1RM 则是指极限重量。刺激肌肉的生长通常需要完成 8RM~12RM 的负重训练。

5. 平台期

当训练量和肌肉体积长时间不出现增长时就说明健身的平台期已经开始出现了。

6. 黏着点

我们在负重训练中都会遇到黏着点,当我们试举到最后几次时,在举起重量的过程中,会出现中间停顿的现象,随着极限的到来,这个停顿也就越明显。停顿的位置便是动作的黏着点。

7. 训练保护

为了能够达到更好的肌肉刺激效果,找人帮助你安全地过度黏着点,这使你的训练更有效果而且更安全,训练保护多针对自由重量的训练。

8. 自由重量

自由重量是不受运动轨迹的限制,但是需要很好的肌肉控制力和肌肉力量的训练。初学者可以先由较轻重量开始练习,当习惯以后再增加重量,切勿急于求成。

9. 极限重量

极限重量是个人最大力量的 100% 以上,即按照规定的动作,用全力只能完成一次的重量。这个重量可以通过金字塔式训练来得到,一定要在有训练保护的情况下测试极限重量。极限重量是以后进行力量训练的依据,随着训练时间的增加,极限重量也会随之提高。大重量是指个人最大力量的 80% 以上;中等重量是指个人最大力量的 70% 左右;小重量是指个人最大力量的 50% 以下。

10. 组间间歇

组间间歇就是指负重训练中组与组之间的休息时间。要善于控制和利用组间间歇,增肌、减脂的组间间歇从 30 秒到 180 秒不等。

11. 金字塔式训练

金字塔式训练通常是指在训练中,逐渐增加训练重量、降低试举次数的过程。金字塔式训练既可以正着实施,也可以反着去做,即倒金字塔。在金字塔式训练过程中,重量的增加和次数的减少一定要匀速,通常每次试举增加 5 千克,次数减少 2 次,直到试举的次数降低到 3 次以内,这样的训练方法对找到自己的极限重量很有效。

12. 孤立练习

孤立练习也称为单关节动作,即在动作过程中只有一个关节进行活动,以局部肌肉集中用力,从而加深对局部位置的肌肉刺激。孤立练习主要锻炼肌肉线条和形态。

13. 复合练习

复合练习是指一个动作中有两个或两个以上关节参与运动,复合练习由主动肌群和协同肌群同时参与用力,协同肌群的用力可以举起更大的重量,如,卧推、硬拉、深蹲、划船等动作都属于复合练习。

14. 健身频率

通常,初学者每周健身3次即可,中等水平的练习者每周可训练3～4次,高水平的运动员在赛季可天天训练,甚至每天2次。经过一次剧烈的大运动量训练,2～3天身体机能都处于下降水平,3～5天恢复到原来的水平,5～8天身体机能才会产生超量恢复。所以,很多高水平的优秀运动员,都采用每个肌群每周只练一次的方法进行常规训练。

附录　大学生个人体育成长档案

大学生个人体育成长档案

年级：

系别：

班级：

学号：

姓名：

性别：

学期个人成长档案

学期:				
国家学生体质健康测试成绩				
身高	肺活量	坐位体前屈	立定跳远	50 m
体重	引体向上	仰卧起坐	800 m	1000 m
体育竞赛名次				
学期个人体育小结				
指导老师:				
俱乐部管理中心:				

学期个人成长档案

学期：				
国家学生体质健康测试成绩				
身高	肺活量	坐位体前屈	立定跳远	50 m
体重	引体向上	仰卧起坐	800 m	1000 m
体育竞赛名次				
学期个人体育小结				
指导老师：				
俱乐部管理中心：				

附录　大学生个人体育成长档案

学期个人成长档案

学期:				
国家学生体质健康测试成绩				
身高	肺活量	坐位体前屈	立定跳远	50 m
体重	引体向上	仰卧起坐	800 m	1000 m
体育竞赛名次				
学期个人体育小结				
指导老师:				
俱乐部管理中心:				

学期个人成长档案

学期:				
国家学生体质健康测试成绩				
身高	肺活量	坐位体前屈	立定跳远	50 m
体重	引体向上	仰卧起坐	800 m	1000 m
体育竞赛名次				
学期个人体育小结				
指导老师:				
俱乐部管理中心:				

附录　大学生个人体育成长档案

学期个人成长档案

学期：				
国家学生体质健康测试成绩				
身高	肺活量	坐位体前屈	立定跳远	50 m
体重	引体向上	仰卧起坐	800 m	1000 m
体育竞赛名次				
学期个人体育小结				
指导老师：				
俱乐部管理中心：				

学期个人成长档案

学期：				
国家学生体质健康测试成绩				
身高	肺活量	坐位体前屈	立定跳远	50 m
体重	引体向上	仰卧起坐	800 m	1000 m
体育竞赛名次				
学期个人体育小结				
指导老师：				
俱乐部管理中心：				

学期个人成长档案

学期：				
国家学生体质健康测试成绩				
身高	肺活量	坐位体前屈	立定跳远	50 m
体重	引体向上	仰卧起坐	800 m	1000 m
体育竞赛名次				
学期个人体育小结				
指导老师：				
俱乐部管理中心：				

学期个人成长档案

学期:				
国家学生体质健康测试成绩				
身高	肺活量	坐位体前屈	立定跳远	50 m
体重	引体向上	仰卧起坐	800 m	1000 m
体育竞赛名次				
学期个人体育小结				
指导老师:				
俱乐部管理中心:				